现代教育技术

张　波　代小华　主编

清華大學出版社
北　京

内 容 简 介

本书从现代教育技术科学背景、学习目标入手，全方位介绍了现代教育技术的发展简史、基本概念、设计环境、视觉原理、应用范畴、基本要素，以及未来憧憬；采用理论和实际案例相结合的方法，不仅介绍了现代教育技术本身的内容和特征，还阐述了现代教育技术这门学科的细节。

本书可以作为高等院校现代教育技术专业本科或专科的学习教材，也适合广大对现代教育技术感兴趣的读者学习参考。

图书在版编目(CIP)数据

现代教育技术/张波，代小华主编. —北京：清华大学出版社，2023.8(2025.8 重印)
ISBN 978-7-302-63666-3

Ⅰ. ①现… Ⅱ. ①张… ②代… Ⅲ. ①教育技术学 Ⅳ. ①G40-057

中国国家版本馆 CIP 数据核字(2023)第 100021 号

责任编辑：魏 莹
装帧设计：李 坤
责任校对：徐彩虹
责任印制：刘海龙
出版发行：清华大学出版社
网 址：https://www.tup.com.cn, https://www.wqxuetang.com
地 址：北京清华大学学研大厦 A 座 邮 编：100084
社 总 机：010-83470000 邮 购：010-62786544
投稿与读者服务：010-62776969, c-service@tup.tsinghua.edu.cn
质量反馈：010-62772015, zhiliang@tup.tsinghua.edu.cn
课件下载：https://www.tup.com.cn，010-62791865
印 装 者：三河市君旺印务有限公司
经 销：全国新华书店
开 本：185mm×260mm 印 张：13.5 字 数：328 千字
版 次：2023 年 8 月第 1 版 印 次：2025 年 8 月第 2 次印刷
定 价：49.00 元

产品编号：095981-01

前　言

党的二十大报告提出，推进教育数字化，建设全民终身学习的学习型社会、学习型大国。教育数字化是“数字中国”的重要组成部分，也是促进教育现代化、实现教育强国、建设学习型社会的重要举措。让数字化惠及每一位学生，为教育信息化发展提供支持。

现代教育技术，是指运用现代教育理论和现代信息技术，通过对教与学的过程和资源的设计、开发、利用、管理和评价，以实现教学优化的理论和实践。

教育技术是教育过程中所用到的各种物化手段的总称。从最基本的黑板、粉笔、文字教材、教具、投影仪、幻灯机、电视机、有线与无线扩音系统、视频展示台到多媒体计算机、CAW 闭路电视教学网络系统、计算机双向传输交互网络系统等都是教育技术的硬件组成部分。教育技术又是经过精心选择和合理组织的学习教材，这些学习教材不仅要满足社会和个人的学习需要，还必须符合认知规律，适合学生学习，这是教育技术的软件组成部分。教育技术也是设计、实施和评价教育、教学过程的方法。如中国古代教育家孔子所提倡的启发式教学法等各个阶段、各个时期的教育、教学方法。这也是教育技术的一个组成部分。所以，包含教学手段的硬件、软件和方法组成的系统是完整的教育技术的概念。换句话说，教育技术是教学硬件、软件和方法组成的系统。

全书共分 7 章，主要讲解了以下内容。

第 1 章为绪论。阐述了现代教育技术的概念，详细介绍了现代教育技术的五个理论基础，以及现代教育技术是如何产生和经历各个发展时期而形成的，结合实际情况，提出三点建议，有助于在校的师范生认真对待现代教育技术课程的学习，并在学习中注意方式、方法，力求学好、学活、学扎实。

第 2 章为教育媒体。对媒体与教育媒体进行了详细的介绍，说明了教育媒体的类型、基本特性、开发与利用，详细阐述了五种教育媒体：视觉媒体、听觉媒体、视听觉媒体、交互媒体及多媒体系统，有助于我们更好地了解教育媒体。

第 3 章为教育信息资源。阐述了教育信息资源的概念、类型和特点，以及教育信息资源的开发、管理和利用，阐释网络课程、专题学习网站和专业教学资源库的含义和开发过程，还有教育信息资源的管理和利用的基本途径与方法。通过学习本章内容，学会网络信息资源的搜索方法，能按要求快速获取所需信息，并能将之进行适当的分类、比较、评析，进而转化为有效的学习资源。

第 4 章为计算机网络与现代远程教育。介绍了计算机网络的定义、分类、发展历程和通信方式，有助于提高我们对教育网络应用方面的认识，对于更好地应用网络开展教育教学具有重要的意义。还介绍了现代远程教育的概述、模式和基本形式，为不同的学习对象提供方便的、快捷的、广泛的教育服务。

第 5 章为现代教育技术环境。介绍了三种媒体化教学环境、三种教学信息资源环境，以及五种网络化教学环境，具有教学媒体组合化、集成化，操作、使用方便化，信息传输网络化等特点，是学校现代化的标志，也是学校教学环境建设的重要组成部分。

第 6 章为教学设计。介绍的教学设计理论和方法主要涉及的是中小学课堂教学的领域。

它是广大中小学教师在课堂教学中研究教学过程、落实素质教育的教学技术，也是设计开发各种教学媒体所依据的理论和方法。

第 7 章为现代教育技术实践。主要介绍现代人工智能教育、慕课等优秀平台，配以案例实操，以便读者更好地运用掌握。

总之，现代教育技术培训是提高教师专业素质的一项重要内容，是推进基础教育课程改革、实施中职学校现代教育工程、促进信息技术与课程整合、提高广大教师实施素质教育能力的一个重要方面。

本书由长春师范大学生命科学学院的张波老师及代小华老师编写。由于编者水平有限，书中难免存在一些不足和疏漏之处，敬请广大读者批评指正。

编　者

目　　录

第1章 绪　论

本章学习目标

通过对本章的学习，你应能做到:

1. 了解现代教育技术的概念和基本知识;
2. 了解教育技术的各种基础理论;
3. 认知现代教育技术的发展现状和趋势。

1.1 现代教育技术的概念

现代教育技术，是指运用现代教育理论和现代信息技术，通过对教与学的过程和资源的设计、开发、利用、管理和评价，以实现教学优化的理论和实践。

现代教育技术起源于20世纪30年代的美国。我国现代教育技术的发展始于20世纪80年代，当时国内称之为电化教育。当时电化教育活动中使用的幻灯、电影等媒体比原始口耳之学以及后来的印刷媒体更多地应用于教学，其传播方式跃进了一大步，已属现代教育技术的范畴，但这还不是完整意义上的现代教育技术，只是现代教育技术发展的初级阶段。

1.1.1 现代教育技术的定义

所谓现代教育技术就是以现代教育思想、理论和方法为基础，以系统论的观点为指导，以现代信息技术为手段的教育技术。现代信息技术，主要指计算机技术、数字音像技术、电子通信技术、网络技术、卫星广播技术、远程通信技术、人工智能技术、虚拟现实仿真技术及多媒体技术和信息高速公路。它是现代教学设计、现代教学媒体和现代媒体教学法的综合体现，以实现教学过程、教学资源、教学效果、教学效益最优化的目的。

1.1.2 现代教育技术与相关概念的联系与区别

现代教育技术的重要特点是运用现代信息技术和现代教育媒体进行教学。在不同时期、不同国度，运用现代教育媒体的教育有着不同的名称，不同的名称之间又有着本质上的区别。

1. 现代教育技术与教育技术

现代教育技术和教育技术有所不同，教育技术是关于教育资源和教育手段的设计、开发、利用、管理和评价的理论与实践，以及对这些进行管理的方法和手段。现代教育技术和教育技术研究的方法、目的是一样的，只是研究的对象有所差异。教育技术涉及的是教育资源和教育手段，范围十分广泛，包括从事电教工作的所有人员、一切设计好的和现有的教育资料、一切专用的教育工具和设施。现代教育技术研究的对象利用了现代信息技术的教学过程，现代教育技术关注的主要是与现代信息技术有关的资源，在我国许多高等院校中，现代教育技术管理机构被称作教育技术中心或教育技术系。高校教育技术的工作重点是现代教育技术，因此，我们通常意义上所说的教育技术就是指现代教育技术，与上述教育技术的定义不完全相同。

2. 现代教育技术与电化教育

现代教育技术和电化教育是技术和实施技术活动的关系。

电化教育是我国独创的名称，始于 1936 年。在半个多世纪里，教育的发展变化是巨大的，人们对现代化的认识和感觉也在变化。过去认为“电”是现代化的唯一标志，而现在“电”不再是现代化的代名词。电化教育的内涵已不能完整、准确地反映教育的变化，甚至有时出现概念上的混乱，如中学的“电教课”与大学开设的“电化教育学”课程就有着本质的区别。

世界上与电化教育相似的概念已向“教育技术”概念转变，如美国的“视听教育”已被“教育技术”代替。为了与世界教育发展接轨，我国电化教育也应改为教育技术。

3. 现代教育技术与视听教育

凡是运用视听工具进行的教育、教学活动或直接通过视听获得知识的教育或教学活动，都属于视听教育。视听教育是教育技术的早期形式，就像电化教育是现代教育技术的早期形式一样。

4. 现代教育技术与现代化教育

现代化教育是相对传统教育而言的。它包括教育目的、制度、内容、手段、方法、形式、设施、管理等教育活动的全部要素。现代教育技术通过先进的技术实现现代化教育。

1.1.3 教育技术研究对象及范畴

1. AECT1994 与 AECT2005 教育技术领域定义

由于各个国家在发展教育技术的过程中所采用的方式、方法各有不同，因此，在具体定义教育技术的问题上也是略有区别的。美国教育传播与技术协会(Association for Educational Communications and Technology，AECT)于 1994 年给出了关于教育技术的最新定义：“教育技术是关于学习过程和学习资源的设计、开发、利用、管理和评价的理论与实践。”

AECT1994 教育技术定义的结构可用图 1.1 来描述。

它明确定义了：

(1) 教育技术研究的对象是“学习过程”和“学习资源”；

(2) 教育技术领域的研究形态是“理论”与“实践”；

(3) 教育技术研究任务的范畴，包括关于学习过程和学习资源的“设计”“开发”“利用”“管理”和“评价”；

(4) 教育技术研究的目的是“促进学习”。

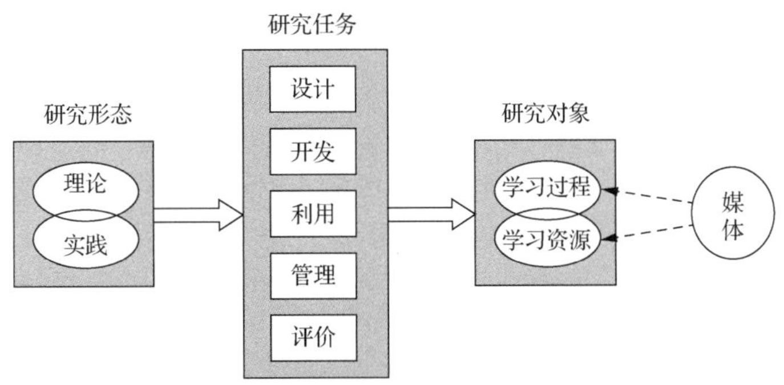

图 1.1 AECT1994 教育技术定义的结构

这一定义是一个规定性定义，规定了教育技术的内涵及其理论与实践领域，同前面我们论述过的教育技术定义相比较，其操作性更强，更便于不同领域的教育技术工作者进行交流。目前，这一定义已被学术界广泛认可。

AECT2005 定义的“教育技术”的英文表述为：Educational technology is the study and ethical practice of facilitating learning and improving performance by creating, using, managing appropriate technological process and resources.

AECT2005 定义：教育技术是指通过创建、运用和管理适当的技术过程和资源来促进学习和提升绩效的研究和符合职业道德规范的实践。

由此，我们可以得出 AECT2005 定义的主要内容有以下几个方面。

(1) 教育技术研究对象：适当的技术过程和资源。

(2) 教育技术研究内容：对适当的技术过程和资源的创建、运用和管理。

(3) 教育技术研究目的：促进学习和提升绩效。

(4) 教育技术研究领域：研究和符合道德规范的实践。

(5) 教育技术三个范畴：包括创建、利用和管理。

2. 教育技术研究对象

教育技术的研究对象是有关学习过程和学习资源。学习过程是学习者通过与信息、环境的相互作用获取知识和掌握技能的认知过程。这里所说的学习过程是指广义的学习过程，它既包括无教师参与的学习过程，也包括有教师参与的教学过程。“过程”是指为了达到预定结果的一系列操作和活动，是一个包括输入、行为和输出的序列。教育技术领域中关于过程的研究可表述为：在各种约束条件(输入)下，为达到某个(些)预定结果(输出)，而规定某种(些)方法(行为)。对学习过程的设计是否合理，取决于我们对学习资源、学习内容、学习者的有机安排。

学习资源是指支持学习者在学习过程中可被利用的一切要素，它可分为人力资源、非人力资源。人力资源包括学习者学习过程中可利用的教师、学习伙伴及管理人员等；非人力资源包括学习者可以利用的教学设施、教学材料和教学媒体等。

教育技术的研究对象表述为关于“学习过程”与“学习资源”的一系列理论与实践问题，改变了以往“教学资源”和“教学过程”的提法，体现教育技术从以教师的“教”为中心转向以学生的“学”为中心，从传授知识转向为学生创建有效学习环境及学习资源，促使学生有效认知的目的。

3. 教育技术研究范畴

根据 AECT1994 的定义，教育技术是关于学习过程和学习资源的设计、开发、利用、管理和评价的理论与实践，这表明教育技术的研究范畴应该包括设计、开发、利用、管理和评价五个领域，每个领域都有其具体的研究内容，如图 1.2 所示。

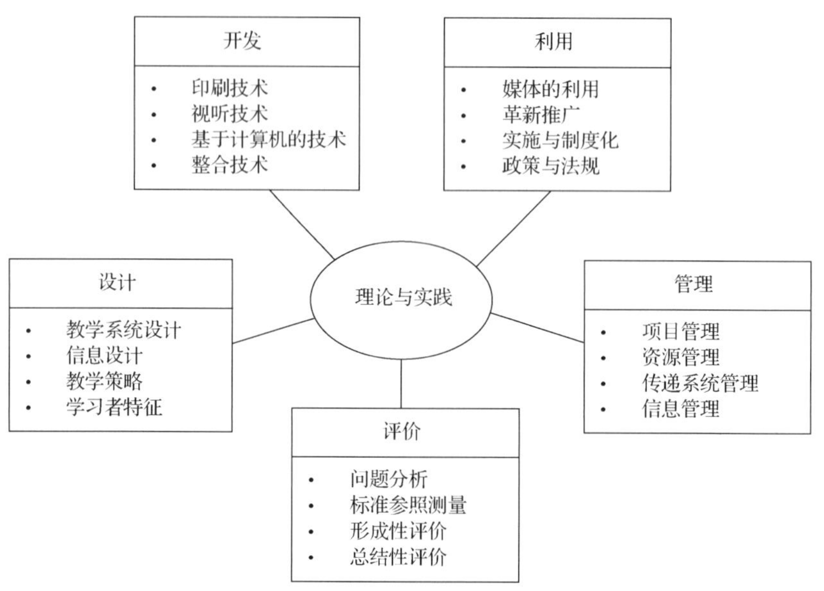

图 1.2　教育技术的研究内容

1)　设计领域

设计是详细说明学习条件的过程，其目的是生成策略或产品。设计领域的发展源于教学的心理学运动及系统理论在教学中的应用。设计在教育技术领域内表现为计划，既包括宏观层次的设计(如教学系统的设计)，又包括微观层次的设计(如某一课、某一单元的设计)。因为系统理论的影响，设计领域要研究学习资源和教学系统的各个组成部分；因为教学心理学的影响，设计领域更强调整体化及环境研究；设计领域的知识基础包括一系列过程模式、概念模式和理论。设计领域分为教学系统设计、信息设计、教学策略和学习者特征四个子领域。

(1)　教学系统设计是一个包括分析、设计、开发、实施和评价教学等步骤的有组织的过程。分析是确定要学什么的过程；设计是阐述如何学的过程；开发是编写和制作教学材料的过程；实施是在情境中实际使用材料和运用策略的过程；评价是确定教学效果的过程。

(2)　信息设计是为操作信息表现形式所进行的计划。所谓信息，是指为改变认知、情感或动作技能的符号或信号的形态。信息设计依据注意、知觉和保持的基本原理，对发送者和接收者之间交流的信息形态进行具体设计，它通过一些小的单元，如单一的视觉资料、序列、页和屏来处理最微观层次的信息。信息设计常常与媒体和学习任务的性质相关。

(3)　教学策略是对选择并安排一课中的事件和活动的详细阐述。不同的学习情境、学习内容性质、学习目标类型决定了不同的教学策略。教学策略又可分为宏观策略和微观策略。前者指组织多个内容教学的基本方法，如序列化、综合和总结所教的内容；后者指组织单个内容(即一个概念、原理等)教学的基本方法。

(4) 学习者特征分析是指影响学习过程有效性的学习者经验、背景的各个方面，包括智力因素、非智力因素及文化背景、宗教背景，等等。学习者特征分析以两个方面作为依据：一是学习者以前的成绩、操作与解决问题的方式与水平、学习技能；二是学习者的学习兴趣、学习自信心、学习态度、动机、努力程度等。

设计领域的研究与实践在发展中一直受到技术迅速更新的影响。技术的迅速更新为教学传递提供了新的平台，并为设计过程自身各方面的自动化提供了一种方法。作为一种可选择的传递方式，这些技术不仅允许更有效的视觉化，而且还提供迅速获取信息的途径、连接信息的能力、更合适和交互性更强的设计，以及通过非正规方式进行学习的可能性。

2) 开发领域

开发是把设计方案转化为物理形式的过程，包括在教学中广泛使用的各种技术，其基础便是媒体制作。开发领域分为印刷技术、视听技术、基于计算机的技术和整合技术四个子领域。

(1) 印刷技术是主要通过机械或照相印刷过程制作或发送材料(如书和静态视觉材料)的方法，包括文本、图形和照片等形式的显示和复制，即文本材料和视觉材料的开发。在很大程度上依赖于有关知觉、阅读、人的信息加工过程的理论及学习理论。教科书是最古老、最普遍的教学材料，它通过语言中介和印刷的视觉材料暗示的感觉印象来表征现实。印刷和视觉信息的组织方式对不同学习类型的产生有极大的影响。简单的教科书在最基本的层次上提供了顺序组织的，但可以以“用户友好”的方式随机获取的信息。印刷和视觉技术的特征：文本是以线性方式阅读的，而视觉材料是空间扫描的；两者通常都提供单向接收传递，都呈现静态的视觉材料，两者的开发都大量依赖语言规划和视知觉，都是以学习者为中心，信息可由使用者重新组织或重新建构。

(2) 视听技术是通过使用机械或电子设备来制作或发送材料以呈现听觉和视觉信息的方法。呈现视听信息的主要设备有幻灯、投影、录音、广播、电影、电视等，视听教学通过各类模像符号的显示以弥补抽象符号(语言符号、目视符号)之不足，便于学习者理解，同时作为具体事物的模像而使学习者能有效地与直接经验相衔接。视听技术的特征：本质上是线性的，通常呈现动态的视觉信息，一般以设计者和开发者给定的方式使用；一般是现实和抽象概念的实际表征；是根据行为主义和认知心理学的原理开发的；通常以教师为中心；学习者交互活动的程度较低。

(3) 基于计算机的技术是利用基于微处理器的资源来制作和发送材料的方法。基于计算机的技术区别于其他技术，是因为信息以教学数据而不是以印刷或视觉的形式电子化地储存。基于计算机的技术包括三个领域：基于计算机的教学、计算机辅助教学、计算机管理教学。其他教学上的应用：个别指导(呈现基本教学)、操练与练习(帮助学习者熟练掌握以前学过的材料)、游戏与模拟(提供运用新知识的机会)、数据库(使学习者获得大量的数据结构)。基于计算机的技术特征：既可以线性方式使用，也可以随机或无序的方式使用；既可以按设计者或开发者计划的方式使用，也可以按学习者期望的方式使用；观念通常以抽象的方式用文字符号和图形呈现；在开发中运用认知科学的原理；学习可以学习者为中心，并结合高度的学习者交互活动。

(4) 整合技术是指在计算机控制下的几种媒体形式的材料的制作和发送的方法。一个整合系统的硬件部分包括：一个有大容量存储器的计算机、一个大容量的内部硬盘和一个高分辨率的彩色显示器。由其控制的外围设备包括：视盘播放机、附加显示设备、网络硬件和音频系统。软件包括：视盘、CD、网络软件和数字化信息。这种技术的一个主要特征是学习者在各种信息资源中的高度交互活动。其他特征：既可以以线性方式使用，也可以随机的或无序的方式使用；既可按整合技术开发者计划的方式使用，也可按学习者期望的方式使用；观念常常在学习者经验背景中，根据与学习者相关的、在学习者控制下真实地呈现；认知科学和建构主义的原理被运用于课程的开发和使用；学习是以认知为中心而组织的，学习者在使用课件的过程中建构认识；材料整合了来自许多媒体资源的文字和影像。开发领域中，印刷技术和视听技术的发展及应用，集中于文本设计、视觉的复杂性、颜色的使用等方面；基于计算机的技术和整合技术的发展与应用，涉及交互技术的设计、建构主义和社会学习理论的应用、专家系统和自动开发工具、远距离学习的应用等方面。

3) 利用领域

利用是指通过教与学的过程和资源来促进学习者的学习活动。利用领域包括四个子领域：媒体的利用、革新推广、实施与制度化、政策与法规。

(1) 媒体的利用。它是对学习资源的系统使用，是依据教学设计方案进行决策的过程。美国视听教育家戴尔(Edgar Dale)于 1946 年发表的《教学中的视听方法》为媒体利用奠定了一个全面的理论基础。他从经验分类出发，将经验划分为三大类十个层次，并详细阐述了各类、各层次经验之间的联系及在教学中的运用特征。1982 年海涅克(Robert Heinich)等出版的《教学媒体和教学新技术》中提供了一个 ASSURE 模式，成为帮助教师在教学中计划和实施媒体使用的广泛流传的程序指导。

(2) 革新推广。它是为了使革新能被采纳而通过有计划的策略进行传播的过程。它的最终目的是要引起改革。任何教育改革的新观念、新技术都存在推广问题，作为教育改革制高点的教育技术也一样。教育技术既是一种观念与理论，同时也是一种实践与技术，教育技术的推广包括对教育技术的了解、信服、决定、实施和认可，这种推广既指向教育系统，又指向公众与决策者。

(3) 实施与制度化。实施是指实际的环境中使用教学材料和教学策略；制度化是指在一个组织的结构文化中对教学革新成果进行持续常规的使用。这两者都依靠个人的变化和组织的改革。实施的目的是确保组织中的个人对革新成果的合理使用，而制度化的目的是将革新整合到组织的结构和生活中。

(4) 政策与法规。它是影响教育技术推广和使用的各类组织的规则和行为。它通常受道德和经济问题的限制，其产生是领域中个人或团体的行为，以及领域外行为的结果，它们主要影响教育技术的实践领域。政策与法规包括：著录法规、电视法规、网络组织、设备标准、节目标准、行政机构设立，等等。利用领域最为关键的问题在于政策与法规，而这一问题又与行政和经济问题密切相关，这种自上而下的行为方式已成为教育改革的制约和教育技术的关键。

4) 管理领域

管理是指通过计划、组织、协调和监督来控制教学。管理领域分为项目管理、资源管理、传递系统管理和信息管理四个子领域。

(1) 项目管理是指计划、监督和控制教学设计和开发项目。项目管理的目的是考虑经费预算、人员和时间等约束因素的情况下获得最佳解决办法。项目管理与其他传统管理(如职业管理、职员管理)的不同点在于：项目成员可能是新的临时成员；项目管理者通常缺乏对成员的长期权威性(因为他们是临时的负责人)；项目管理者通常比在职人员组织中具有更大的控制权和灵活性。项目管理者负有计划、安排和控制教学设计或其他类型项目的责任，他们必须协商、预算、安装信息监控系统、评价进展情况。项目管理的角色通常是处理影响成功的事件和促成内部改革。

(2) 资源管理是指计划、监督和控制资源支持系统和服务。资源管理是一个重要的方面，因为它控制了获取资源的渠道。资源可包括人员、预算、供应、时间、设施和教学系统。学习的成本效益和有效性的论证是资源管理的两个重要特征。

(3) 传递系统管理包括计划、监督和控制组织教学材料分发的方法，是用于向学习者呈现教学信息的媒体和使用方法的组合。传递系统管理重点集中在产品问题(如硬件和软件要求及为使用者和操作者提供的技术支持)和过程问题(如设计者和教学者的指导)。在这些范围中，所作的决策必须使技术的特性与教学目标相匹配。有关传递系统管理的决策常常依赖于资源管理系统。

(4) 信息管理包括计划、监视和控制信息的存储、转换、处理和加工，其目的是为学习提供资源。信息的传递与转换常常通过整合技术进行。信息管理对于提供获取信息的途径和用户友好是十分重要的，其重要性在于改革课程和教学设计应用的潜力。

5) 评价领域

评价是对一个事物的价值的确定。在教育技术领域中，评价是对计划、产品、项目、过程、目标或标准的质量、有效性或价值的正式确定。评价领域包括：问题分析、标准参照测量、形成性评价和总结性评价四个子领域。

(1) 问题分析是指使用信息收集和决策策略来确定问题的本质和范围。问题分析从项目的概念形成和计划开始，评价工作包括确定需要、决定问题、约束条件、资源、学习者特征，以及决定目标和优先顺序。问题分析是教学活动的起点，并贯穿于整个教学活动过程。

(2) 标准参照测量是指确定学习者对预定内容的掌握程度的技术，是用预先规定的教学目标对试题取样。测量成绩表明对教学目标的达到程度，一般呈偏正态分布。

(3) 形成性评价包括收集达标方面的信息，并使用这些信息作为进一步发展的基础。形成性评价是在一个计划或产品的开发或改进过程中进行的。它是方案执行人员进行的评价，是在设计、开发、利用、管理及实际学习过程中使用的系统评价，是一种及时反馈方式。它还通过取得关于学生发展及程序缺陷方面的数据而重新调配学习资源，并对过程加以改进。学习过程中的评价，一般通过形成性评价测试来完成，其主要职能是矫正、强化和定量。

(4) 总结性评价包括收集达标方面的信息和使用这些信息来作出利用方面的决策。总结性评价是在完成之后进行的，它以目标作为评价依据，在一个学习阶段或教学活动阶段结束后，对总体学习结果或产品进行评价，其主要目的是给学生评定成绩，或为学生提供证明，或评审教学方案的有效性。

形成性评价和总结性评价使用的方法不同。形成性评价依赖技术(内容)的检查和个别指导、小组或大组的试用，收集数据的方法通常是观察、询问或小测验。总结性评价要求有更正规的程序和收集数据的方法。两者都需重视定量测量和定性测量之间的平衡。

1.1.4 现代教育技术的功能与作用

1. 现代教育技术的基本功能

1) 再现功能

在特定的条件下，现代教育技术不受时间、空间、微观、宏观的限制，根据教育教学的需要，将所要讲授的教育内容在大与小、远与近、快与慢、零与整、虚与实之间相互转化，可使教育、教学的信息以各种不同的信息符号进行传播，从而使教育教学内容中涉及的事物、现象、过程全部再现于课堂，使学生能直观地感受。

2) 集成功能

集成功能是指能够把教学信息以声音的、图像的、文字的形式融合到一起，向学生提供多重刺激，使学生获得视听觉多种感觉通道的信息。

3) 交互功能

交互功能是指能够不受时间和空间的限制，实现人—机之间的双向交流和人—人之间的远距离交互学习。

4) 扩充功能

现代教育技术能够提供丰富的大容量多媒体信息和网络信息，极大地丰富教师和学生在教与学过程中的需求。

5) 虚拟功能

由计算机仿真生成的虚拟现实世界，可以创造一种身临其境的完全真实的感觉，使学习者不仅能感知而且能操作虚拟世界中的各种对象。

2. 现代教育技术的基本作用

1) 提高教育质量

教育质量的高低，主要看学生是否在德、智、体等方面都得到发展。现代教育技术对学生进行思想品德教育，能促进学生思想品德的形成，道德行为的培养，有助于学生道德情感和意志的培养。形象直观的各种教学媒体，能够帮助学生认识生活、了解世界、明辨是非善恶，树立良好的道德行为和提高思想政治水平。现代教育技术能够促使学生知识能力的发展，提高掌握知识和能力的质量。因为它生动、形象、感染力强，易于激发学生的学习兴趣和能动性，为学生提供有利条件。它不受时间、空间、微观、宏观的限制，能直接表现各种事物和现象，使学生对所学内容易于理解、便于记忆。现代教育技术还有助于学生能力训练和智力发展。

2) 提高教学效率

教学效率的提高，是看能否在一定的时间内完成比原先更多的教学任务和学习任务。

效率问题，主要是速度问题，现代教育技术能够缩短教学时间，从而提高教学效率。为了说明这个问题，下面先看看关于对学习比率、注意比率、记忆比率三个实验研究的结果。

学习比率：这个研究表明，学习时，通过视觉获得的知识占 83%，听觉的占 11%，嗅觉的占 3.5%，味觉的占 1%，其他的占 1.5%，这说明，视觉和听觉在学习中所起的作用最大。

注意比率：这个研究表明，人们学习时，使用视觉媒体，其注意集中力的比率为 81.7%，使用听觉媒体的注意集中力的比率为 54.6%。

记忆比率：这个研究表明，对同一学习内容，采用口授，让学生光听，3 个小时后能记住 60%；采用视觉接收知识，让学生光看，3 个小时能记住 70%；视听并用，3 个小时后能记住 90%。三天后，三种学习方法的记忆比率分别为 15%、40%、75%。视听并用的记忆比率大于前两者之和。

采用现代教育技术能使学生充分利用视觉、听觉获得知识，能使学生综合利用多种感官进行学习，因而能使学生得到较佳的学习效果，提高教学效率。

3) 扩大教育规模

现代教育技术能扩大教育规模，加速教育事业的发展。我国正在进行科教兴国战略，充分利用现代教育技术开展各种远程教育，扩大教育规模。如广播电视网、计算机科研网、Internet 通信网等，开展多种形式的远程教育，向学校、社会、家庭传播各类教育课程。一个教师、一个教育信息源同时能为成千上万名学生上课；学生还可以通过各种计算机网络进行自主学习；使许多学校在网上开办不同类型和层次的学历和非学历教育，如中央电大的远距离教育、北大等学校的网上大学、国际间的网上大学，都在教育规模上得到极大的扩展，这也是教育的大趋势。

4) 促进教育改革

现代教育技术的发展，被人们公认为是中国教育改革与发展的制高点和突破口。它在教育上引起了多方面的变革，使得教育资源多媒化、教学信息数字化、教学形式网络化、教育传播远程化。如在教育教学手段方面，将现代教育技术手段引进教育领域，使教育手段实现了多媒体化；在教育教学方法方面，媒传教学法的应用，使教育方法实现了多样化；在教育教学模式上，现代教学媒体改变了原有教育过程的结构，形成了多种人—机—人的教育新模式；在教育教学观念方面，为教育的发展提供了新思路、新思想、新办法；在教育理论方面，由于手段、方法、模式、观念的改变与发展，使教育理论和理论研究得到更大的发展，促进了现代教育观、现代教学观、现代学校观、现代人才观的形成。

1.2 教育技术的理论基础

教育技术学是一门新兴的综合性应用学科，它综合了许多相关学科的有关理论，形成了教育技术自身的基础理论体系，推动了本学科的发展。下面介绍一些对教育技术发展起重要作用的相关理论。

1.2.1 视听教育理论

戴尔(Edgar Dale)所写的《教学中的视听方法》(*the Audio-Visual Method*)一书是具有权威性的视听教育著作，在这本书中，戴尔提出了“经验之塔”理论。

1. 戴尔的“经验之塔”理论

戴尔的“经验之塔”理论如图 1.3 所示，他将人们获得的经验分为三大类(即做的经验、观察的经验和抽象的经验)，依照抽象程度又分为十个阶层。

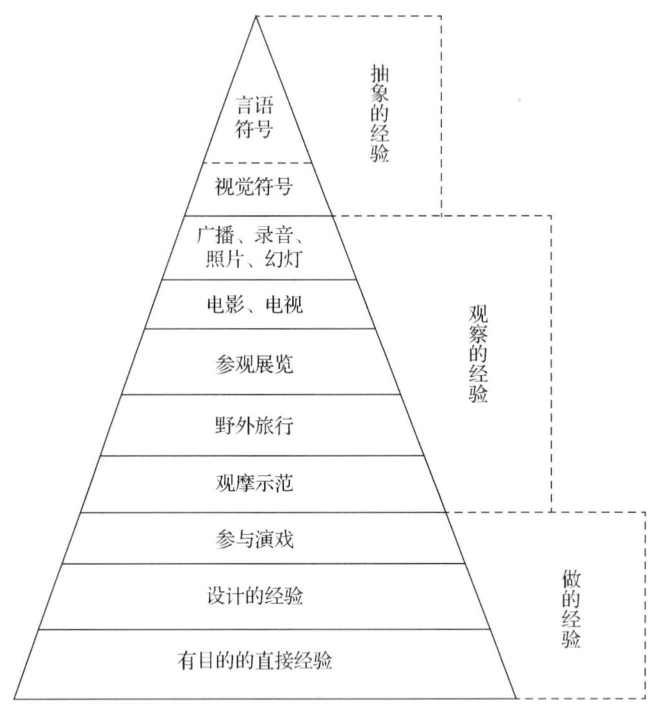

图 1.3 戴尔的“经验之塔”

(1) 有目的的直接经验。戴尔认为，塔的底层是直接的经验，是直接与真实事物本身接触的经验(即通过对事物的看、听、尝、嗅、做取得的经验)，是最丰富的具体经验。

(2) 设计的经验。这是“真实的改编”，这种改编，可以使人们对真实更易理解。如制作模型，模型与原物的大小和复杂程度有所不同，但通过制作模型，可以比用实物教学取得更好些的效果。

(3) 参与演戏。通过参与表演，使人们获得那些既无法直接经历又无法改编成设计经验状态的体验。

(4) 观摩示范。通过看别人怎么做，使学习者可以知道一件事是怎样做的，从而以后他可以自己动手做。

(5) 野外旅行。通过野外旅行可以看到真实事物和各种景象。

(6) 参观展览。通过观察了解获得经验。

(7) 电影、电视。屏幕上的事物是实际事物的代表，而不是事物本身，通过看电影、电视，人们可以获得代替的经验。

(8) 广播、录音、照片、幻灯。“一种感觉的经验”，它着重加强视觉或听觉某一方面的经验。

(9) 视觉符号。这主要指的是图表、地图等。

(10) 言语符号。其包括口头言语、书面言语(文字)、内部言语(无声言语)，是一种纯粹的抽象。

2. 戴尔“经验之塔”理论的要点

(1) 经验之塔最底层的经验最具体，越往上层越抽象，各种教学活动可以依其经验的具体抽象程度，排成一个序列。

(2) 教学活动应从具体经验入手，逐步进入抽象经验。

(3) 在学校教学中使用各种媒体，可以使教学活动更具体，也能为抽象概括创造条件。

(4) 位于“塔”的中间部位的那些视听教材和视听经验，比上层的言语和视觉符号具体、形象，又能突破时间和空间的限制，弥补下层各种直接经验方式之不足。

1.2.2 学习理论

学习理论是探究人类学习的本质，以及知识技能形成机制的心理学理论。在现代教育技术的理论体系中，学习理论是处于核心地位的。教育技术必须根据科学的学习理论，进行学习过程和学习资源的设计、开发、利用、管理，帮助学生进行有效的学习。纵观教育技术理论的发展，行为主义学习理论、认知主义学习理论、建构主义学习理论为教育技术的形成和发展奠定了坚实的基础。

1. 行为主义学习理论

在20世纪的前半个世纪，占主导地位的学习理论是行为主义学习理论，主要代表人物有桑代克(E.L.Thorndike)、华生(J.B.Watson)和斯金纳(B. F. Skinner)。

行为主义学习理论的主要观点如下。

(1) 学习是刺激与反应的连接。

(2) 学习过程是一种渐进的“尝试与错误修正”的过程。

(3) 强化是学习成功的关键。

以行为主义理论为基础的程序教学，在大量实践的基础上形成了一系列设计原则，这些原则成为早期计算机辅助教学(CAI)设计的理论依据，并且在当今的教学设计中仍然起着重要作用。我们在此简要介绍这些原则。

(1) 规定目标。将教学期望明确表示为学习者所能显现的行为。

(2) 经常检查。在课程的学习过程中经常复习和修正，以便保证能够适当地形成预期的行为。

(3) 小步子和低错误率。将学习材料设计成一系列小单元，使单元间的难度变化比较小，达到较低的错误率。

(4) 自定步调。允许学习者自己控制学习速度。

(5) 显式反应与即时反馈：课程中通常包含频繁的交互活动，尽可能多地要求学习者作出明显反应，当学习者作出反应时应立即给予反馈。

行为主义学习理论在研究中不考虑人们的意识问题，只是强调行为。把人的所有思维都看作由“刺激-反应”间的连接所形成的。这就引起了认知主义理论学派的不满，从而导致认知主义学习理论的发展。

2. 认知主义学习理论

1957 年，乔姆斯基(Chomsky)对斯金纳的《言语行为》(*Verbal Behavior*)提出了尖锐的批评。之后，学习心理学经历了一场科学的变革。学习理论从运用行为主义原则转移到运用认知科学的学习理论和模型。认知理论不仅认识到了大脑的作用，而且研究了大脑的功能及其过程。

认知主义学习理论的主要观点：

(1) 学习不是刺激与反应的直接连接，而是认知结构的重新组织；

(2) 学习过程不是渐进的尝试与错误修正的过程，而是信息加工过程。

认知主义学习理论认为，学习个体本身作用于环境，人的大脑的活动过程可以转化为具体的信息加工过程。生活在世界上的人既然要生存，必然要与所处的环境进行信息交换；人作为认知主体，相互之间也会不断交换信息。人总是以信息的寻求者、传递者甚至信息的形成者的身份出现，人们的认知过程实际上就是一个信息加工过程。人们在对信息进行处理时，也像通信中的编码与解码一样，必须根据自身的需要进行转换和加工。认知主义学习理论促进了 CAI 向智能教学系统的转化，人们通过对人类的思维过程和特征的研究，建立起了人类认知思维活动的模型，使得计算机在一定程度上完成了人类教学专家的工作。

3. 建构主义学习理论

建构主义在教育技术领域成为一种理论倾向虽然是近几年的事，但它的哲学根源可追溯到古代的苏格拉底(Socrates)、柏拉图(Plato)和康德(Immanuel Kant)，近代的建构主义代表人物则有杜威(John Dewey)、皮亚杰(Jean Piaget)等。

建构主义学习理论的主要观点为：学习是一种建构的过程；学习是一种活动的过程；学习必须处于真实的情境中。

建构主义学习理论认为：学习者的知识应该是他们在与环境的交互作用中自行建构的，而不是灌输的。知识来自人们与环境的交互作用。学习者在学习新的知识单元时，不是通过教师的传授而获得知识，是通过个体对知识单元的经验解释从而将知识转变成了自己的内部表述。学习过程并非是一种机械的接受过程，在知识的传递过程中，学习者是一个极其活跃的因素。知识的传递者不仅肩负着“传”的使命，还肩负着调动学习者积极性的使命。对于学习者的许多开放着的知识结构链，教师要能让其中最适合追加新的知识单元的链活动起来，这样才能确保新的知识单元被建构到原有的知识结构中，形成一个新的开放的结构。学习发生的最佳情境不应是简单抽象的，相反地，只有在真实世界的情境中才能使学习变得更为有效。学习的目的不仅仅是要让学习者懂得某些知识，而且要让学习者能真正运用所学知识去解决现实世界中的问题。建构主义学习理论提倡对学习者的创新能力的培养。

行为主义学习理论注重外部刺激的设计，认知主义学习理论着眼于知识结构的建立，建构主义学习理论则特别关心学习环境的设计。从建构主义认识论和学习观出发，教育专家得出了一系列教学设计原则，可以指导教学系统的设计和教学环境的设计，主要有以下几项。

(1) 所有的学习活动都应该与大的任务或问题挂钩。也就是说，学习活动应带有明确的目的性，并且学以致用。

(2) 支持学习者发掘问题作为学习活动的刺激物，使学习成为自愿的事，而不是强加给他们学习目标和以通过测试为目的。

(3) 设计真实的学习环境，让学习者带着真实任务进行学习。所谓真实的环境并非一定要真正的物理环境，但必须使学习者能够经历与实际世界中相类似的认知挑战。

(4) 设计的学习情境应具有与实际情境相近的复杂程度，避免降低学习者的认知要求。

(5) 让学习者拥有学习过程的主动权。教师的作用不是主观武断地控制学习过程、规约学习者的思维，而是应该为他们提供思维上的挑战。

(6) 为学习者提供有援学习环境。倡导学习者拥有学习过程的主动权并非意味着他们的任何学习活动都是有效的、正确的，当他们遇到问题或偏离方向时应给予有效的援助和支持。教师的作用不是提供答案，而是提供示范、辅导和咨询。

(7) 鼓励学习者体验多种情境和验证不同的观点。个人理解的质量和深度取决于一定的社会环境，其中人们可以互相交换想法，通过协商趋向一致，因此应该鼓励各种方式的合作学习。

1.2.3 传播理论

传播理论研究的是信息的传播过程、信息的结构和形式、信息的效果和功能等。传播理论对教育技术产生了重要影响，是教育技术的理论基础之一。

1. 传播理论简介

“传播”一词译自英语 communication，也有人把它译成交流、沟通、传意等，它源于拉丁文 communicure，意思是公用或共享。传播是指传播者运用一定的媒体和形式，向受传者进行信息传递和交流的一种社会活动。传播按其涉及人员的范围大小及对象，又可依次分为四种类型：人际传播、组织传播、大众传播和自我传播。传播理论和模式有多种，最主要的有工程学模式(Engineering Model)和心理学模式(Psychological Model)两种。

20 世纪 40 年代，数学家香农(Claude E. Shannon)首先提出了一个关于通信过程的单向直线式数学模型。不久，他与韦弗(Warren Weaver)合作改进了模型，添加了反馈系统。此模型后来被称为香农-韦弗模式，如图 1.4 所示。

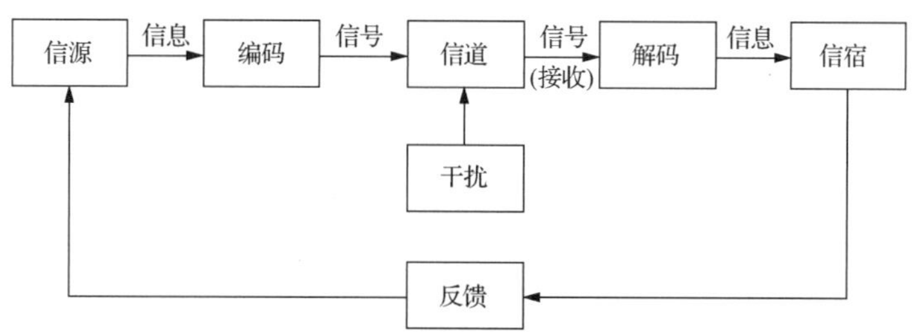

图 1.4 香农-韦弗模式

心理学模式关注的是信息源、接收者及传播产生的效果，尤其是传播对接收者来说发生了什么效果。

罗密佐斯基(A.J. Romiszowski)综合了工程学模式和心理学模式的优点，形成了一个比较适用于教育的双向传播模式，如图 1.5 所示。

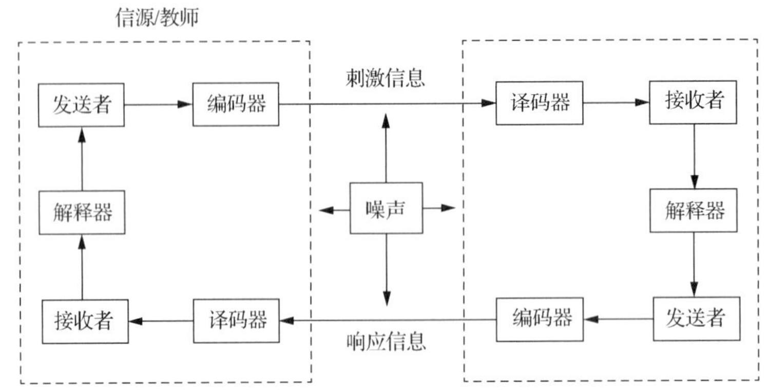

图 1.5　罗密佐斯基的双向传播模式

2. 传播理论在教学中的应用

许多研究者利用传播理论的概念及有关模型中的要素来解释教学过程，并提出了许多关于教学传播过程的理论模式，为教育传播学奠定了理论基础。其主要表现在以下几个方面。

1)　说明了教学过程所涉及的要素

美国政治学家 H. 拉斯韦尔(Harold Lasswell)提出了表述一般传播过程中的五个基本元素“5W”的直线型的传播模式，有人在此基础上发展成“7W”模式。其中每个“W”都类同于教学过程中的一个相应要素，这些要素自然也成为研究教学过程、解决教学问题的教学设计所关心、分析和考虑的重要因素。这“7W”所指的分别是：

Who	谁	教师或其他信息源
Says what	说什么	教学内容
In which channel	通过什么渠道	教学媒体
To whom	对谁	教学对象，即学生
With what effect	产生什么效果	教学效果
Why	为什么	教学目的
Where	在什么情况下	教学环境

2)　指出了教学过程的双向性

早期的传播理论认为传播是单向的灌输过程。它认为受传者只是被动地接收信息，只能够接收传播者的意图。这种传播思想忽视了受传者的主动性和自主性，显然是一种片面的认识。奥斯古德(Osgood)和施拉姆(Wilbur Schramm)提出的模式强调了传播者和受传者都是积极的传播主体。受传者不仅接收信息、解释信息，还对信息作出反应，说明传播是一种双向的互动过程，借着反馈机制使传播过程能够不断循环进行。教学信息的传播同样是通过教师和学生双方的传播行为来实现的，所以教学过程的设计必须重视教与学两个方面的分析和安排，并充分利用反馈信息，随时进行调整和控制，以达到预期的教学目标。

3) 确定了教学传播过程的基本阶段

教学传播过程是一个连续动态的过程。但为了便于研究，南国农、李运林教授将它分解为六个阶段，如图 1.6 所示。

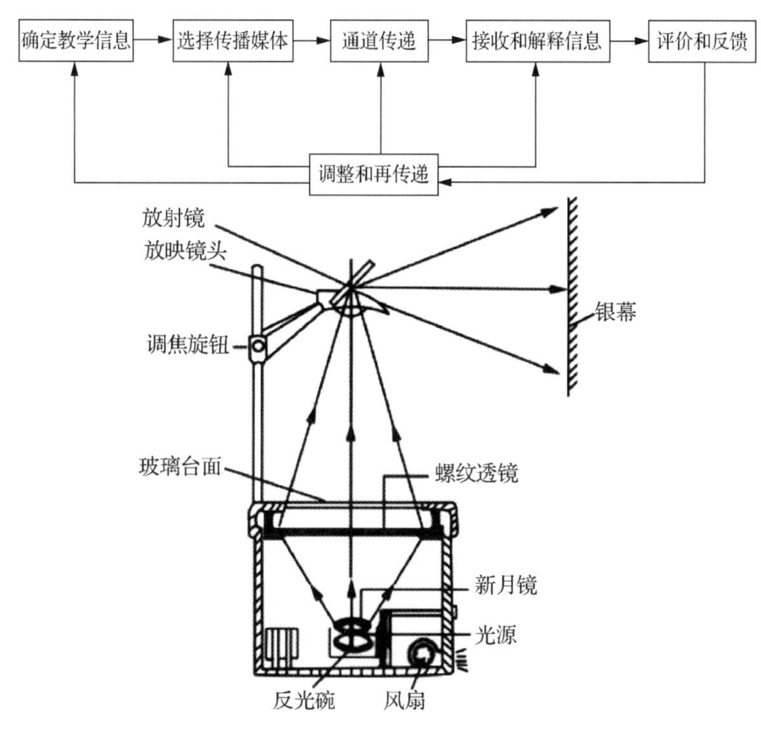

图 1.6 教学传播过程的六个阶段

(1) 确定教学信息。教学传播过程的第一步是确定所要传递的教学信息。传递什么信息，要依据教学目的和课程的培养目标来确定。一般来说，课程的文字教材是按照教学大纲由专家精心编写的，通常都体现了要传递的教学信息。因此，在这一传播阶段，教师要认真钻研文字教材，仔细分析每个单元的教学内容，将内容分解成若干个知识点，并确定每个知识点要达到的学习水平。

(2) 选择传播媒体。选择传递信息的媒体，实际上就是信息编码的活动。某种信息该用何类符号和信号的媒体去呈现与传递，是一个较为复杂的问题，需用一套原理作指导。例如，选择媒体要能准确地呈现信息内容；要符合学生的经验和知识水平，容易被接受和理解；容易得到，需要付出的代价不大，而又能取得较好的传播效果。

(3) 媒体传递信息(即通道传递)。这时首先要解决两个问题：一是信号要传至多远，多大范围。要根据信号的传递要求，应用好媒体，保证信号的传递质量。二是信息内容的传递顺序问题。在应用媒体之前，必须做好信息传递的结构设计，在媒体运作时，有步骤地按照设计方案传递信息。媒体传递信号时应尽量减少各种干扰，确保传递质量。

(4) 接收和解释信息。在这一阶段，学生接收信号并将它解释为信息意义，实际上就是信息译码的活动。学生首先通过各种感官接收经由各种媒体传来的信号，然后依据自身的经验和知识，将符号解释为信息意义，并随之储存在大脑中。

(5) 评价和反馈。学生接收信号解释信息之后，增加了知识、发展了智力，但是否达到了预定的教学目的，需要进行评价。评价的方式和方法很多，可以观察学生的行为变化，也可以通过课堂提问、课后书面作业，以及阶段性的反馈信息。

(6) 调整和再传递。通过将获得的反馈信息与预定的教学目的做比较，可以发现教学传播过程中存在的不足，以便调整教学信息、教学媒体和教学顺序，进行再次传递。例如，在课堂提问时发现问题，可即时进行调整；在课后作业中发现问题，可进行集体补习和个别辅导；在远距离教学中发现问题，可以增发辅导资料，或在一定范围内组织面授辅导。

4) 揭示了教学传播过程的若干规律

现代教学中随着传播学逐渐和教育学相结合，常把教学看成信息的传播过程，形成了综合运用传播学和教育学的理论与方法，来研究和揭示教育信息传播活动的过程与规律，以求得最优化的教育效果。

(1) 共识律。所谓共识，一方面指尊重学生已有的知识、技能的水平和特点，建立传播关系；另一方面指教师根据教学目标、内容特点，通过各种方法和媒体来为学生创设相关的知识技能、传授知识，以便使学生已经具有的知识技能与即将学习的材料产生有意义的连接，从而达到传播的要求。在教学传播活动中，共同的知识技能基础是教师与学生之间得以交流和沟通的前提。教学信息的选择、组合和传递必须首先顾及学生已有的知识、技能的水平和特点，并考虑到学生的发展潜能。由于教学传播过程的动态平衡特性和学生心智水平的不断发展，“共识”的状态总是相对的，总是按“不共识—共识—不共识”的循环反复地螺旋式上升的。例如，在创设共识经验的过程中，教师必须将教学目标设定在学生的“最近发展区”上，即学生能达到的知识水平层面上。

(2) 谐振律。所谓谐振，是指教师传递信息的“信息源频率”同学生接收信息的“固有频率”相互接近，两者在信息的交流和沟通方面产生共鸣。它是教学传播活动得以维持和发展，获得较优传播效果的必备条件。传播的速度过快或过慢、容量过大或过小都会破坏师生双方谐振的条件，从而造成传播过程中的滞阻现象。教师或信息源的传递速率和传递容量，必须符合学生的认知速率和可接受水平，但仅凭这点还不足以产生信息传播的谐振现象。教师还需要创设一种民主宽松、情感交融的传播氛围，即师生双方应该建立起合作关系；还需要时时注意收集和处理来自学生方面的反馈信息，以便及时调控教学传播活动的进程。为了产生和维持谐振现象，各种信息符号系统、方式和方法还应当有节奏地交换使用。

(3) 选择律。任何教学传播活动都需要对教学的内容、方法和媒体等进行选择，这种选择是适应学生身心特点、较好地达到教学目标的前提，并旨在以最佳的“代价与效果比”成功地实现目标，即最小代价原则。教育技术领域最为关注的是教学媒体的选择。教师和学生对媒体的选择，一般来说，总与可能获得的报偿或成效成正比关系，与所需付出的努力成反比关系。据此，选择媒体时就应考虑尽可能降低需要付出的代价，提高媒体产生的功效。如果产生的功效相同，我们应该选择代价低的媒体；如果需付出的代价相同，我们应该选择功效大的媒体。

(4) 匹配律。所谓匹配，是指在一定的教学传播活动环境中，通过剖析学生、内容、目标、方法、媒体、环境等因素，使各种因素按照各自的特性，有机和谐地对应起来，使教学传播系统处于良好的循环运转状态之中。实现匹配的目的在于围绕既定的教学目标，使相关的各种要素特性组合起来，发挥教学系统的整体功能特性，因为每一要素都具有多重的功能特性和意义。目标的特点决定了各相关要素必须发挥与目标相关的功能，以便优化地达成既定的目标。否则，这些相关要素会产生游离松散、功能相抵的现象。在教学传播活动中，必然要使用到多种传播媒体，而各种媒体有各自不同的且多重的功能特性，只有熟悉了解它们、扬长避短、合理组合、科学使用，才能使它们相得益彰，绝不是随便凑合在一起便可产生匹配的效果的。

3. 教育传播与教育技术的关系

教育传播是教育者按照一定的目的和要求，选定合适的教学内容，通过有效的媒体通道，把知识、技能、思想、观念等传递给特定的教育对象的一种活动，是教育者和受教育者之间的信息交流过程；教育技术则是对学习过程和学习资源进行设计、开发、运用、管理、评价的理论和实践。教育传播学是教育技术学的理论基础，它们有着千丝万缕的联系。

1) 目的

教育传播的目的在于借助各种传播手段及传播技巧来实现传播知识、传播技能，提高受教育者获取信息、分析信息、吸收信息、利用信息、交流信息的能力。教育技术的核心思想是系统方法：按照具体目标，根据对人类学习和传播的研究，以及利用人力与物力资源的结合以促进更有效地教学。它为了促进学习而设计或选择与使用学习资源，如信息、人员、材料设备、技巧和环境等。教育传播学与教育技术学的总体目标都在于为促进和改善人类学习的质量而服务。

2) 对象

教育传播研究教学中涉及传播系统、传播模式、传播内容、传播符号、传播通道、传播者与受传者、传播环境、传播效果等问题；教育技术是对学习过程和学习资源进行研究。与教育传播相对应，其中的学习过程各要素(教学者、学习内容、学习媒体、学习者)对应于传播过程的要素(传播者、信息、媒介、受传者)；而教学资源(包括信息、人员设备、学习环境等)也与传播各子系统相对应。

3) 实践领域

从媒体的角度来看，教育技术经历视觉教育、视听教育、视听传播的发展轨迹，即借助于视听媒体辅助和传播教学的模式以及其他资源以促进学习。我国的教育技术早期以电化教育的概念引进，当时主要研究视听媒体传播的应用，发展视听传播的功效正是教育技术的主要实践领域。

4) 方法

教育传播着重于对信息传递的方法处理。通过视听媒体传播的编码解码、媒体环境的选择、媒体传播技巧的实施来达到传播知识的效果。在教育传播活动前，传播者作为先行组织者，要为受传者设计相关的学习内容、学习途径、学习难度；在传播中，要通过媒体传播信息的延伸功能将教学知识有效地传递给受众；在传播活动后期，及时对受众的反馈信息及疑难问题进行分析，设计补救措施和解决办法。与此相似，教育技术运用系统方法，统筹分析教育、教学中的各个要素，以及环境之间的联系，进行课程开发与教学设计，制订相关的策略方案，来解决教育、教学中的问题，试行解决的方案并对试行结果进行修改，从而使教学过程顺利进行，进而达到最佳的教学效果。

5) 手段

教育传播的主要手段是利用媒体来传播知识，并注重教学过程中的双向交流。在知识传播中，媒体的应用起到了重要的中介作用。加拿大著名传播学者麦克卢汉(M.Mcluhan)提出了媒体即信息(The medium is message)的观点。媒体作为人体器官的延伸，将蕴含在其中的信息赋予人类感官。近年来，通过现代媒体的研究与运用，媒体的传播效果更加显著与广泛。而在现代教育技术中，一个重要的教学手段就是运用先进的媒介进行教学活动。如通过幻灯、投影媒体的运用，有助于教学效果的提高；通过互联网上漫游，受教育者可以获取更多、更全的知识。在现代教育思想方法的指导下，借助于种类众多、功能强大的现代教育媒体，不只教师能方便顺利地进行教学，甚至学生也可以成为自我传播知识的主体。媒体技术的发展已经成为现代教育前进的强大动力。

1.2.4 教学理论

教学理论是为解决教学问题而研究教学一般规律的科学，是人们思考教学过程所取得的成果，是人们对各种教学现象及其本质作出的能动的、系统的反应。对现代教育技术产生较大影响的教学理论主要有赞可夫(Zankov)的发展教学理论、布鲁纳(J. S. Bruner)的结构-发现教学理论和巴班斯基的教学最优化理论。

1. 赞可夫的发展教学理论

赞可夫是苏联心理学家、教育家、教育科学院院士，他的基本观点是：

(1) “以最好的教学效果来促进学生的一般发展”，要把一般发展作为教学的出发点和归宿；

(2) “只有当教学走在发展前面的时候，这才是好的教学”，要把教学目标确定在学生的“最近发展区”之内。教学要有一定的难度，要让学生“跳一跳”才能摘到“桃子”。

2. 布鲁纳的结构-发现教学理论

布鲁纳是美国当代的心理学家和教育家，他的基本观点如下。

(1) 学习一门学科，最重要的是掌握它的基本结构。

(2) 要学得好，必须采取发现法。发现法是以培养学生探究性思维方法为目的，在教师不加讲述的情况下，利用基本教材，使学生通过一定的发现步骤进行学习的一种教学方法。

3. 巴班斯基的教学最优化理论

巴班斯基是苏联教育科学院院士、副院长，他的基本观点是：

(1) 应该把教学看成一个系统，并用系统的观点、方法考察教学；

(2) 教学效果取决于教学诸要素构成的合力，对教学应综合分析、整体设计、全面评价；

(3) 教学最优化就是在一定条件下，用最少的教学时间取得最大的教学效果。

1.2.5 系统科学理论

系统科学理论，包括信息论、控制论和系统论等。它作为一门综合性的横向科学，具有浓厚的方法论特性。系统科学的基本原理(有序、整体、反馈原理)，提供了适合于现代科学研究与管理的新思路、新方法，是现代教育技术的重要理论基础。

1. 有序原理

有序原理是指任何系统不仅有开放，而且有涨落(即偏离平衡态)，才能走向有序。其内容如下。

(1) 有序是指一个系统的性质、结构、功能，由简单向复杂、由低级向高级的发展。它不是简单地反映时间的先后、位置排列的先后，而是系统的组织程度的提高、信息量的增加、熵的减少。

(2) 系统要发展，要从无序到有序，第一必要条件是系统必须是开放的系统，另一个必要条件是系统必须有涨落的作用(即远离平衡态)。

有序原理要求教学系统应该是一个开放的系统，要能从教学系统以外的其他社会系统获得有益信息，进行调整、优化，从无序走向有序，以满足社会发展对教育的要求。在教育中，促进学习者和学校成为开放系统，这对于学习的进步、教育的发展是大有好处的。

2. 整体原理

整体原理是指任何系统只有通过相互联系形成整体才能发挥整体功能。其内容如下。

(1) 整体性是系统的本质特征，是系统理论的核心。任何系统都是由要素构成的，系统的要素是相互关联的，它们之间受一定规律的制约。要素之间的联系形成系统的结构，不同的结构具有不同的功能。

(2) 系统都是由要素构成的，但不能孤立地考察一个要素，应把要素置于系统之中考察。系统也不是孤立的，它与环境紧密相关。所以，应把系统置于环境中去考察。

(3) 任何系统的整体功能应等于各孤立部分功能之和，再加上各部分相互作用而形成新结构产生的功能。

整体原理告诉我们，要优化教学过程，应从教学整体进行系统分析、设计，综合考虑教学过程中的各个要素，协调好教师、学习者、教学内容及教学媒体等要素的关系，才能充分发挥教学系统的整体优势和综合优势。

3. 反馈原理

反馈原理是指任何系统只有通过反馈信息，才能实现有效控制，从而达到预期目的。其内容如下。

(1) 一个控制系统既要有控制部分的控制信息输入到受控部分，更要有受控部分的反馈信息回送到控制部分，才能形成一个闭合回路。没有反馈信息的非闭合回路，不可能实现控制。

(2) 反馈有正反馈和负反馈两种。负反馈能维持系统的稳态，是一个可控过程。反馈原理告诉我们，教学系统作为一种系统同样存在正、负两种反馈。负反馈是教学系统保持稳定的因素，而正反馈则可以使教学系统越来越偏离原来的目标。因此，在教学过程中，要随时通过反馈信息掌握现状与目标之间的差距，调整教学的内容、教学信息传递速度和教学方法，来提高教学质量和学习效率。

1.3 现代教育技术的发展

随着信息技术的高速发展和广泛应用，以计算机为核心的信息技术用于教育教学，促进了教育技术的迅猛发展。教育技术的发展包括两个方面：物质形态的教育技术与非物质形态的教育技术。它构成了教育技术发展的两条主要线索，即教育媒体和系统方法，其中系统方法是以对心理认知规律、认识规律不断加深为动力而不断发展的，是教育技术的核心内容；教育媒体的发展则从物质层面为系统方法中目标的实现提供了更为丰富的平台和手段。教育技术的发展经历了由最早期的口耳相传，到文字形成后的简单媒体、视听、网络教育技术，再到最后现代教育技术。在这些外在形式变化的同时，教学理论、教学手段、教育媒体也在不断地发展着。

现代教育技术研究的内容如下。

(1) 学习过程与学习资源的设计，主要是针对教学系统中不同层次的教学设计，包括过程、教学软件、教学环境和教学模式。

(2) 学习过程与学习资源的开发。

(3) 学习过程与学习资源的利用。

(4) 学习过程与学习资源的管理，要强调对新型媒体和各种最新的信息技术手段的利用，并设法加以制度化和法规化，以保证教育技术手段的不断革新。

(5) 学习过程与学习资源的评价，既要注重对教育、教学系统的总结性评价，更要注重形成评价并以此作为质量监控的主要措施。

现代教育技术的发展趋势主要表现在以下方面。

(1) 网络化。随着互联网应用的急剧发展和网民用户的不断增加，网络远程教育必定会对传统教育模式产生很大的影响，无论是在教学手段和教学方法上还是在教育模式和教育体制上都会产生根本性的变革。这种不受空间、时间、地域限制的网络远程教育可以遍及世界每一个有网络信号的角落，这也使教育真正地达到了开放性和普遍性。我们可以在任何时间、地点选择任意的专家教授与他们交流，还可以下载到无限量的信息资源，而这些却只需要瞬间即可完成。

(2) 多媒体化。多媒体是指在计算机系统中，组合两种或两种以上媒体的一种人机交互式信息交流和传播媒体。使用的媒体包括文字、图片、照片、声音(包含音乐、语音旁白、特殊音效)、动画和影片，以及程序所提供的互动功能。而多媒体传输表现的多样化和教育影响效果是其他教学系统无法超越的。

当然，我们也要认识到现代教育技术的发展依然需要重视教育技术自身理论基础的研究，同时加强将认知学习理论应用于教育技术实际的研究。只有有了理论指导的应用，才能在未来的教育技术水平上有突破性的进展。

(3) 远程教育。随着信息技术的进一步发展，跨学校、跨地区乃至跨国家的远程教育研究与开发已开始启动。目前，互联网越来越普及化，中国教育科研网正在发挥着越来越大的作用，军队教育训练网络也正在建设之中，许多高校已建立了校园网。这就使得各个高校之间可以通过网络相互联通，实现教育资源共享；学生可以不进教室，通过上网自主式学习；学校的教师也许很难与学生见面，师生间的直接联系日趋减少；教师或学生可以随时通过上网参加国际间的学术交流与学习活动。总之，在这一阶段，现代教育技术的发展和应用将达到非常丰富而又高超的境界，将对传统的教学观念引起彻底性的变革，如“学校全球化”“没有围墙的大学”“传统意义上的教师不复存在”，等等，许多新观念、新模式将会应运而生。

值得注意的是，上述三个阶段与三个层次划分是相对的，并非是绝对的、对立的，事实上它们往往是融于一体的，相互包容与促进的。我们之所以如此划分，是为了便于把握现代教育技术发展的主线与趋势特征，以便更好地加以利用与因势利导地开展工作。

1.3.1 信息时代教育的特点

人类社会已经步入 21 世纪，21 世纪的社会又称为信息化社会，21 世纪的教育又称为信息化教育。信息化社会的教育与传统教育的区别如表 1.1 所示。

表 1.1 传统教育与信息化教育的区别

传统教育	信息化教育
按年级分段教学	持续的终身学习
内容导向	效果导向
相对成绩评估	按成果评估
班级统一教学	个别化学习
学习者的竞争	学习者的互助
在教室里学习	在学习中心、网络、教室，通过项目和任务学习
教师是知识的传播者	教师是辅导员和向导
书为工具	以最新的科技成果为依托
注重记忆	强调思考、理解和解决问题的能力

由表 1.1 可以看出，信息时代教育相对于传统教育表现出以下几个鲜明的特点。

第一，信息时代教育的特点首先体现在终身持续学习目标的确定。

研究结果表明，20 世纪 60 年代以前，人们在大学里学到的知识可以使用 20 年，20 世纪 80 年代以后知识的平均寿命已缩短到了 13 年左右。因此，持续学习、终身学习能力的培养就成为人们发展至关重要的问题。

第二，信息时代的教育强调的是学生的学习效果，注重学习者学习之后能够做什么、能够具备什么样的能力。“效果导向”即把改善教学效果放在首要的地位，内容是可以改变的。只有效果导向才可能打破传统的教学体系，吸收新鲜的教学内容，执行少而精的教学原则。

第三，传统教育教师是教学的主体，是知识的传播者，而信息时代的教师应该是学生学习的“向导和辅导员”，教师的作用是及时和有效地对学生的学习过程给予帮助。学生所需要的帮助不只是简单地传递和获得信息，而是要把所获得的信息转化为自己能够运用的知识和能力。信息技术的最新成果使得学生能够与教师同时获得多种最新的教学信息。比如，基于网络的远程学习，学习者只要具备上网条件，就可以选择与教师一起学习。教师的主要精力除了要研究如何传输自己掌握的知识外，更多的是要持续地更新和扩展自己的知识，分析和研究学习者可能发生的种种学习困难，以及设计帮助学习者的专门方法。

第四，传统教育偏重于记忆和考试，而信息时代的教育更多地强调思考、理解和通过解决实际问题来学到知识。

第五，教育的整体结构将越来越不强调层次，而会越来越强调交叉和网络。比如学校与社区的结合、不同背景学校的结合、乡村与都市的结合，社区与社区的结合等。

1.3.2 现代教育技术的产生和发展

1. 现代教育技术产生的原因

现代教育技术之所以能够产生主要有两个原因：一是心理原因，二是物质原因。

1) 心理原因

我们知道，每一个教师都有一个共同的心愿，即把书教好；所有学生都有一个共同的心愿，即把知识学好。但在实际教学工作中，教师们常常感到苦恼，自己在课堂上给学生讲了许多，可下课后学生能够记住的并不多，这是为什么？学生也感到苦恼，课堂上老师讲的都能听懂，可就是记不住，这是为什么？师生都在不断探寻新的更好的教好、学好的方法。教好是为了学好，如何才能学好？学习者首先要通过感官——眼、耳、鼻、舌、身。在这几种感官中，眼对学习最有用、最有效，其次是耳；眼耳结合，视听觉并用，对学习更有效。现代教育技术就是提供有效的视听手段，以帮助学生进行有效的学习，帮助教师进行成功的教学。师生们为了实现各自的心愿——教好、学好，都把希望寄托在现代教育技术上，因而促使了现代教育技术的产生。

2) 物质原因

现代教育技术的产生依赖于生产力的提高、科技的发展，制造出各种教学媒体，为现代教育技术的产生提供了物质基础。

2. 现代教育技术的发展史

在人类的教育史上曾经发生过三次大的教育革命。

第一次教育革命：专职教师的出现，把教育年轻一代的责任，从家族手中转移到专业教师手中，引起了教育方式的变化。

第二次教育革命：文字体系的出现。把书写作为与口语同样重要的教育工具，引起了教育方式的又一次变化，除了口耳相传，又有了书写训练。

第三次教育革命：教科书的普遍运用，引起了教育方式的再一次变化。人们不仅向教师学习，也可以向书本学习，极大地扩大了教育对象，使知识传播的速度与广度大大增加，传得更久、更远。班级授课制也随之产生。

目前，由于现代教育技术在教育领域的不断运用，人类教育史上正在发生着第四次教育革命。有了现代教育技术的参与，人们不仅能向教师和书本学习，还可以向更多的现代教育媒体学习，通过教育机器进行学习，从而使教育摆脱“手工业方式”的束缚，走上了现代化的道路，向着高效率、优质量的方向发展。现代教育技术的产生和发展，大致可以分为以下几个阶段，如表 1.2 所示。

表 1.2 现代教育技术的产生和发展

阶段	时间	新媒体的介入	新理论的引入或产生
萌芽阶段	19 世纪末	幻灯	夸美纽斯的《大教学论》
起步阶段	20 世纪 20 年代	无声电影、播音	《学校中的视觉教育》
初期发展阶段	20 世纪 30—40 年代	有声电影、录音	戴尔的“经验之塔”
快速发展阶段	20 世纪 50—60 年代	电视、程序教学机、计算机	斯金纳的操作条件反射学
系统发展阶段	20 世纪 70—80 年代	闭路电视系统、计算机教学系统、卫星电视教学系统	系统论、信息论、控制论
网络发展阶段	20 世纪 90 年代以后	多媒体系统、计算机网络系统等	建构主义学习理论

现代教育技术萌芽于 19 世纪末期的美国。19 世纪 90 年代，美国哥伦比亚大学的一位教授将幻灯机应用到教学中，揭开了现代教育技术的发展序幕。

20 世纪 20 年代，随着无声电影在教学中的应用，美国一些学校开始自制教学用影片，并先后成立了“全国视觉教育协会”等学术团体，在部分高校开设视觉教育课。1928 年，出版了第一本关于视觉教育的图书《学校中的视觉教育》。现代教育技术开始起步。

20 世纪 30—40 年代，是现代教育技术的初期发展阶段，在这一阶段，随着科技的发展，幻灯、投影、电影、录音等现代教育媒体逐渐产生并在教育中得到应用，体现了现代教育技术对提高教学效果的作用。40 年代末，美国视听教育家戴尔提出了“经验之塔”(Cone of Experience)理论，对视听媒体在教学中的作用进行了分析和论证。20 世纪 50 年代，随着电视、程序教学机、电子计算机等现代教育媒体的诞生并在教学中的运用，美国心理学家斯金纳的操作条件反射学、香农的信息传播学等理论的提出，使现代教育技术得到迅速发展。

到了 20 世纪 70 年代，随着闭路电视系统、计算机教学系统、卫星电视教学系统的产生，系统论、信息论、控制论等理论的提出，现代教育技术进入了系统发展阶段。

20 世纪 90 年代以后，随着多媒体计算机系统、远程通信系统、网络教学系统等的产生，以及建构主义学习理论的引入，从而使现代教育技术进入网络发展阶段，为建立新型教育体制和教育方式奠定了物质基础，推动了教育改革，大大加快了教育现代化的进程，使教育的全民化、多样化、自主化、国际化成为可能。

2004 年 12 月 5 日，我国教育部印发了《中小学教师教育技术能力标准(试行)》，这是中国颁布的第一个有关中小学教师的专业能力标准。该标准对教育技术作出如下定义：运用各种理论及技术，通过对教与学过程及相关资源的设计、开发、利用、管理和评价，实现教育教学优化的理论与实践。

中华人民共和国教育部 2018 年 4 月 13 日发布《教育信息化 2.0 行动计划》，教育信息化由 1.0 升级到 2.0，要实现从专用资源向大资源转变，从提升学生信息技术应用能力向提升信息技术素养转变，从应用融合发展向创新融合发展转变。这对新时代的教育技术提出了更高的要求，在智能化时代，人工智能、大数据、区块链等技术迅猛发展，将深刻改变人才需求和教育形态。

1.3.3 现代教育技术的发展趋势

1. 从硬件建设、软件制作向教学过程和教学资源方向发展

现代教育技术的发展从宏观的角度来看，经历了一条从硬件建设—软件制作—教学过程和教学资源的研究与开发的过程。当幻灯机、投影仪应用到课堂上后，标志着现代教育技术的诞生，人们在不断丰富、提高和完善现代教育技术硬件的同时，也时刻关注和研究相应的教学软件制作技术，随着各种电教硬件设备的不断普及、性能的不断增强、软件制作水平的不断提高，人们逐渐认识到这一切的目的是为了改善教学过程、提高教学质量和增进教学效率。为此，对学习过程的研究和教学资源的开发成为目前现代教育技术研究的重点和发展的主要趋势。

2. 从注重“教”向注重“学”的方向发展

“教学”是对信息和环境的安排和协调，其目的是达到对学习的促进作用；而“学习”是指学习者通过与信息和环境的相互作用而得到知识、技能和态度的长进。也就是说，在教学中，教师不仅要向学习者提供教学信息，而且要采用成功的方法、恰当的媒体、配套的设施来为学习者提供需要的指导和帮助。相应地，学习者在学习时不仅要与教学信息相互作用，而且还需要与教学方法、教学媒体、教学设施相互作用，并接受教师的指导和帮助才能学好。因而，作为教育技术工作者，要改变传统教育观念，从注重“教”向注重“学”的方向转变，即一方面要对教学硬件与教学信息的传输系统进行设计与研究；另一方面，要对教学过程和教学模式进行探索和开发。也就是要从学习者的角度出发，提出能够达到的学习效果和目标，设计学习过程，组织学习资源，从而改进学习者的学习效果，增长学习者的知识，提高学习者的学习能力。一切新技术、新媒体、新模式、新系统都需要有利于学习者学习主动性的调动，有利于学习过程的简捷和优化，有利于学习资源的获取、加工、保存、传输和发布，最终达到改善学习效果，提高学习者在现实世界里处理和解决问题的综合能力。

3. 向以认知主义学习理论为指导的方向发展

在现代教育技术的初期发展阶段，以行为主义学习理论为理论指导依据。这是因为行为主义学习理论的特点是重知识、技能的学习，重外部行为的研究，因而符合现代教育技术初期发展的需要。但随着现代教育技术向系统化、网络化方向发展，认知主义学习理论逐渐取代行为主义学习理论成为现代教育技术学科的理论依据。这是因为认知主义学习理论的特点是重智能的培养，重内部心理机制的研究。随着现代教育技术向深层次发展，人们逐渐将工作重点由起初的研究软硬件的设计、开发、使用等方面，向研究如何应用现代教育媒体提高教学质量与教学效率、促进学生学习的方向转变，因而指导现代教育技术的理论基础也由起初的行为主义学习理论逐渐向认知主义学习理论转变。

4. 从单媒体向多媒体、智能化、集成化、网络化媒体发展

随着科技的不断发展，应用于教育的各种现代教育技术媒体不仅数量在不断增加，而且功能日益现代化、集成化、智能化和交互化，特别是传统声像媒体与多媒体计算机技术

日益融合，对教学信息的处理、展示日益数字化，对教学信息的存储日益光盘化、大容量化，对教学信息组织的非线性化。

5. 从简单教学模式向多样化教学模式方向发展

随着各种现代教育媒体在教育教学中的广泛应用，现代教育技术不仅改变了传统教育过程的组织序列，也改变了分析和处理教育教学问题的思路，丰富了传统教学模式，而且还不断适应现代教育形势的发展，创立了新型的教学模式。如基于培训师范生教学技能的“微格教学”模式，以计算机的应用为核心的计算机辅助教学(CAI)模式，多媒体计算机教学(MCAI)模式，基于网络的远程教育模式等。

6. 从电化教育向现代教育技术的发展

“电化教育”一词是由我国独创的(并且只有我国使用)名词。20 世纪 20 年代，国外出现了视觉教育和听觉教育，并逐渐结合发展成为视听教育。从 20 世纪 30 年代开始，我国的教育工作者也开始了这方面的研究，把幻灯、投影、电影、广播等先进的电气设备应用于教学。1978 年，教育部成立了电化教育机构。同年 10 月，教育部召开各省(市)、厅、局电教工作汇报。邓小平同志于 1978 年 4 月 22 日在全国教育工作会议上强调指出“要制订加速发展电视广播等现代化教育手段的措施。这是多快好省地发展教育事业的重要途径，必须引起充分的认识”。同年年底，教育部党组织扩大党组会议决定成立电教局，1979 年，经国务院批准，创办了“中央广播电视大学”，由教育部和中央广播事业局负责。1986 年，国家九部委下达文件，文件中指出了大力发展我国电视教育，国务院给教育部门一个卫星电视转发器，从而开通了我国第一个卫星教育频道。同年 12 月，高等教育出版社在广州召开了电教专业教材选题规划工作会议，同时成立了电教丛书编委会。2017 年，党的十九大报告中明确提出“办好网络教育”。2018 年，《教育信息化 2.0 行动计划》提出到 2022 年基本实现“三全两高一大”的发展目标。2019 年颁布的《中国教育现代化 2035》的第八项战略任务便是“加快信息化时代教育变革”。2018 年，《高等学校人工智能创新行动计划》为进一步提升高校人工智能领域科技创新、人才培养和服务国家需求的能力提供了指导。2019 年，《教育部关于实施全国中小学教师信息技术应用能力提升工程 2.0 的意见》提出基本实现“三提升一全面”的总体发展目标。2019 年，教育部等十一部门印发的《关于促进在线教育健康发展的指导意见》为促进在线教育健康、规范、有序发展提供了指导。

这一阶段的信息化已经成为教育变革的内生变量，融合创新、智能引领是其主要特征。这时期要力争实现“三个转变”：从教育专用资源向教育大资源转变，从提升师生信息技术应用能力向提升其信息素养转变，从融合应用发展向创新发展转变。

从电化教育诞生到教育信息化时代，从学习国外经验到为世界提供中国教育信息化发展样板，从注重信息化环境建设、应用驱动到融合创新、智能引领，纵览中国教育信息化的发展历程，基础设施大幅改善，学校网络教学环境基本建成，数字化资源极大丰富，信息化教学与管理渐成常态，国家数字教育资源公共服务体系与教育管理公共服务平台正在发挥越来越大的效用。

7. 人工智能化

智能辅助教学系统由于具有“教学决策”模块、“学生模型”模块和“自然语言接口”

模块，因而具有能与人类优秀教师相媲美的功能。

(1) 了解每个学生的学习能力、认知特点和当前知识水平。

(2) 能根据学生的不同特点选择最适当的教学内容和教学方法，并可对学生进行有针对性的个别指导。

(3) 允许学生用自然语言与“计算机导师”进行人机对话。

8. 应用模式多样化

现代教育技术根据社会需求和具体条件的不同划分不同的应用层次，采用不同的应用模式。目前教育技术的应用大体上有以下四种模式。

(1) 基于传统教学媒体(以视听设备为主)的“常规模式”。在目前或今后一段时间内，仍然是我国教育技术的主要应用模式，尤其是在广大中小学。

(2) 基于多媒体计算机的“多媒体模式”。

(3) 基于互联网的“网络模式”。

(4) 基于计算机仿真技术的“虚拟现实模式”。

虚拟现实(Virtual Reality，VR)是由计算机生成的交互式人工环境。在这个人工环境中，可以创造一种身临其境的完全真实的感觉。要进入虚拟现实的环境，需要戴上一个特殊的头盔(Head-Mounted Display)和一副数据手套，多媒体计算机、仿真技术加上特殊头盔和数据手套可以产生一种强烈的幻觉，使得置身其中的人全身心地投入到当前的虚拟现实世界中。虚拟现实模式由于设备昂贵，目前还只应用于少数高难度的军事、医疗、模拟训练和科学研究领域，但它有着令人鼓舞的美好前景。在重视“常规模式”的同时，我国应加速发展“多媒体模式”和“网络模式”，这是现代教育技术发展的方向和未来。

1.4 学习现代教育技术的方法与要求

现代教育技术的实践使越来越多的人认识到，要想在教学中运用现代教育技术的需求变成广大教师的自觉行为，首先必须使广大教师对运用现代教育技术的意义有足够的认识，并掌握现代教育技术手段，没有全体学科教师对现代教育技术的掌握，全面推动现代教育技术工作将是一句空话。

在我国，不但重视在职教师的教学技能培训，也非常重视让在校师范生掌握现代教育技术的本领。早在1980年，教育部就对此提出了明确要求，在全国电化教育“九五”规划中再次重申：“所有的高、中等师范院校都应开好电化教育公共课，使学生具备电化教育基础知识和电化教学的基本能力。”双管齐下，大大提高了全体教师应用现代教育技术的能力。

能自如地运用现代教育技术手段进行教学，能根据教学需要设计制作教学课件，能对教学进行系统设计，是今后所有教师必备的基本功。因此，在校的师范生要认真对待现代教育技术课程的学习，并在学习中注意方式、方法，力求学好、学活、学扎实。

1. 重视技能的训练和提高

开设现代教育技术课程的主要目的是要使师范生毕业后走上工作岗位敢用、会用，并能用好现代教育媒体，因此学习现代教育技术这门课程，必须将主要精力放在现代教育媒体的使用、维护以及软件制作上，教学方法的学习上要对教材中有关内容弄懂、弄通。必须认真对待所安排的每一次技能训练实践，实践中不仅要掌握基本操作，而且要规范地操作、熟练地操作。对现代教育媒体的功能、结构、特点要多加分析，尽量多开发其功能。充分考虑所用媒体在使用中可能会出现的故障，明确如何避免以及快速排除的方法。随着科学技术的不断发展，教育媒体的更新速度必将加快，每一个教育工作者都必须接受新事物，不断提高自身素质，学好基础理论，勇于探索实践，从严从难要求。

2. 重视理论与实践的结合

在高等师范院校中开设现代教育技术必修课，课时少、内容多、学生多(公共课)、实践性强，这就要求学生必须处理好理论与实践结合的问题。理论是一切行动的指南，通过对现代教育技术基础理论、教学设计、教学方法的学习，可以减少实践中的盲目性，提高分析问题和解决问题的能力。理论与实践结合，理论指导实践，实践加深理论学习，相互促进，共同提高学习效果。

3. 重视不断学习

现代教育技术永远处于发展之中，今后必将不断有更新、更好的媒体应用于教育领域，现在的学习，只是现代教育技术这门知识学习的开始，通过本课程的学习，要以此为起点，注意了解现代教育技术发展的新信息，不断接受新知识、学习新方法、掌握新技术，审时度势，适时地将新技术和新方法引入课堂教学，使自己的教学永远与时代的发展合拍。

思考题

一、填空题

1. 现代教育技术，是指运用现代教育理论和现代信息技术，通过对教与学的过程和资源的________、________、________、________和________，以实现教学优化的理论和实践。

2. 学习资源是指支持学习者在学习过程中可被利用的一切要素，它可分为________、________。

3. 系统科学理论，包括信息论、控制论和系统论等。它作为一门综合性的________，具有浓厚的方法论特性。

二、选择题

现代教育技术产生的原因有(　　)。

A. 心理原因　　B. 物质原因　　C. 物理原因　　D. 心情原因

三、简答题

1. 简述现代教育技术的发展趋势。

2. 简述现代教育技术与教育技术的联系与区别。

3. 谈谈学习现代教育技术的方法与要求。

第2章 教育媒体

本章学习目标

通过对本章的学习，你应能做到：

1. 正确解释媒体、教学媒体的含义；
2. 阐述教学媒体的类型和本质；
3. 说明各种常用教学媒体的特性、教学功能及其应用特点；
4. 阐述选择、开发和运用各种教学媒体的原则与方法。

2.1 媒体与教育媒体

教育媒体是指在教育过程中承载和传递教育信息的媒体，其性能、特点、使用方法对教育的效率有很大影响。随着科学技术的进步和不断发展、丰富，使教师能够运用多种媒体传递教育信息，学生能通过广泛的渠道获得更大范围的学习经验。根据不同的分类方法，可分为传统媒体、单向媒体和双向媒体；课堂教学媒体和远距离教学媒体；听觉媒体、视觉媒体、触觉媒体和视听媒体；真实性媒体、模拟性媒体和符号性媒体等。

2.1.1 媒体与教育媒体的概念

媒体一词源于拉丁语 medius，是指传递信息的中介物。媒体有两重含义，一是指承载信息的载体，如文字、符号、语言、声音、图形、图像等；二是指存储和传递信息的实体，如书籍、画册、报纸、幻灯片、硬盘、云储存、计算机软件及其相关的播放设备等。当媒体承载的是教育信息时，被称为教育媒体，教育媒体是指传递教育信息的工具。

现代教育媒体是指直接介入教育活动、用来传递和再现教育信息的现代化信息工具，由硬件和软件两个要素组成。硬件是指传递教育信息的各种教学设备，如幻灯机、投影器、扩音机、电视机、计算机等；软件是指记录和存储教学信息的各种格式的文件，如幻灯片、网盘链接、社交软件、教育学习软件等。教育媒体的两个要素必须配合使用，缺一不可。

作为信息的载体，不同媒体承载信息所用的符号系统是不同的，其符号大致可分为以下三种。

(1) 数序符号，是指有先后顺序，不能打乱的抽象符号，如口头语言、印刷的文字等。

(2) 形状符号，是表示实际事物的抽象符号，如地图、图表等。

(3) 模拟符号，是指音乐或动作的符号，如视频、音乐等。

2.1.2 教育媒体的类型

教育媒体是教学内容的载体，是教学内容的表现形式，是师生之间传递信息的工具，如实物、口头语言、图表、图像以及动画等。教育媒体的常见分类如下。

1. 根据使用媒体的感知器官分类

(1) 视觉媒体，是指发出的信息主要作用于人的视觉器官的媒体。如印刷品、图片、黑板、教科书、挂图、标本、幻灯、投影等。

(2) 听觉媒体，是指发出的信息主要作用于人的听觉器官的媒体。如口头语言、录音机、广播等。

(3) 视听觉媒体，是指发出的信息主要作用于人的视觉器官和听觉器官的媒体。如电影、电视、计算机等。

(4) 交互多媒体，是指使用多种感官且具有人机交互作用的媒体。如多媒体计算机。

2. 根据教学组织形式的需要分类

(1) 课堂展示媒体：投影、黑板等。

(2) 个别化学习媒体：印刷品等。

(3) 小组教学媒体：图片、投影、白板等。

(4) 远程教育媒体：广播电视、计算机网络等。

3. 按媒体的物理性质分类

(1) 光学投影教学媒体：包括幻灯机和幻灯片、投影机和投影片、电影和电影片等。这类媒体主要通过光学投影，把小的透明或不透明的图片、标本、实物投射到银幕上，呈现所需的教学信息，包括静止图像和活动图像。

(2) 电声教学媒体：以声音的形式储存和播放传送。

(3) 电视教学媒体：主要有电视机、硬盘、学校闭路电视系统和微格教学训练系统等。它的主要特点是储存与传送的是活动的图像和声音信息。

(4) 计算机教学媒体：包括计算机和计算机课件等。它能在各种教学活动中实现文字、图表、图像、活动图像等教学信息的传送、储存与加工处理，与学习者相互作用，从而开展有效的教学活动。计算机网络可以实现基于网络的远距离教学，并且可以开展基于网络的协作学习、研究性学习等教学模式。

4. 按信息传播的方向分类

(1) 单向传播媒体，例如电影、电视。

(2) 双向传播媒体，例如多媒体计算机。

5. 按历史发展分类

(1) 传统学习媒体。

(2) 现代学习媒体。

除此之外，还有一些其他的分类方法，在此不再详述。

2.1.3 教育媒体的基本特性

各类媒体运载信息的符号不同，刺激接收者的感官不同，因此，教学功能也不同。在应用媒体进行教学时，应分析每种媒体的教学功能与特性，取长补短，综合应用。可以从以下几方面分析各种媒体的特性。

(1) 重现力。重现力是指媒体不受时间、空间的限制，将记录、存储的内容能随时使用的能力。有即时重现和事后重现之分。

(2) 表现力。表现力是指各类媒体表现客观事物的时间、空间、运动特性，以及表征声音、颜色特性的能力。

(3) 传播力。传播力是指媒体把信息同时传递到接收者的空间范围。有无限传播和有限传播之分。

(4) 参与性。参与性是指应用媒体教学时，学习者参与活动的机会。有行为参与和情感参与之分。

(5) 可控性。可控性是指使用者对媒体操纵控制的难易程度，分为易控和难控。

表 2.1 列出了几种媒体的教学特性。

表 2.1 几种媒体的教学特性

		录音	幻灯	电影	广播电视	电视录像	计算机
重现力	即时重现	✓				✓	✓
	事后重现	✓	✓	✓		✓	✓
表现力	空间特征		✓	✓	✓	✓	✓
	时间特征	✓		✓	✓	✓	✓
	运动特征			✓	✓	✓	✓
	声音特征	✓		✓	✓	✓	✓
	颜色特征		✓	✓	✓	✓	✓
传播力	无限传播				✓		✓
	有限传播	✓	✓	✓		✓	✓
参与性	情感参与	✓		✓	✓	✓	✓
	行为参与		✓				✓
可靠性	易控	✓	✓			✓	✓
	难控			✓	✓		

2.1.4 教育媒体的开发与利用

1. 教育媒体的开发

教育媒体的开发是指对硬件和软件的开发。其包括两层含义：根据教育发展，不断利用高新科技成果去研究开发新的教学设备和教材；根据教学需求，通过设计与选购各类现代教学媒体，建设学校自身的现代教育技术环境和教材体系。

1) 教育环境建设

教育媒体的开发，首先要在校园内建立一个充满教育教学信息、方便师生获取与利用信息的环境。主要要求如下。

(1) 多媒体化。各类现代教学媒体和传统教学媒体的教学特性与功能均各有长短，因此，在教育环境建设中，不能以某种“超级媒体”取代其他媒体。

(2) 网络化。多种媒体应构成网络，使使用者在任何终端都可方便地获取信息，达到资源共享。

(3) 系统化。多种媒体应构成有机的教、学系统，使之在教学上得到充分利用。

(4) 个别学习化。现代教学媒体不只是教师的教学工具，更是学生的学习工具，教育环境应使学生方便地利用多种现代教学媒体进行个别化的自主学习。

(5) 多样化。多样化是指在条件许可的前提下，课堂教学应尽可能地多选一些媒体，比如同一课中，即可放录音，也可放视频，或者做一些演示实验，这样运用多种媒体比只用一种媒体效果要好。

(6) 适度性。媒体的开发还应遵循适度性原则，既要注意多种教学媒体的优化组合，同时也要考虑多种媒体使用是否会变换频繁，导致学生眼花缭乱，感到疲劳，进而产生厌烦情绪。

根据上述要求，各级学校在现阶段应重视下列教育环境建设。

(1) 多媒体综合教室。多媒体综合教室是一种集传统媒体(黑板、挂图、模型等)和多种现代教学媒体(幻灯、投影、电视、计算机等)于一体的教学系统。班级教学用的教室是教与学活动的主要场所，应为师生提供便捷的多种多样的传统与现代相结合的教学媒体。

(2) 学科专用教室。根据不同学科的特点和要求，多媒体综合教室再补充一些特殊的专业设备，就可建设成一种学科专业教室，如语言实验室以及地理、历史、物理、生物、化学、数学等学科专用的多种媒体综合教室。

(3) 多媒体学习资源中心。传统的学校教学信息资源，主要是图书馆藏书。现在开发了多种现代教学媒体之后，应将原来的图书馆扩充为含有幻灯、投影、电视、计算机等各种现代教学媒体在内的教学资源中心。师生能利用多种媒体进行学习，开展教与学的活动。

(4) 闭路教育电视系统。该系统有多种构成方式：①单向电视播放系统，节目源在控制中心，终端电视机设在教室及其他教学场所，中心控制室播放节目；②双向控制电视播放系统，在终端可控制节目的播放；③电视演播系统，在控制中心可直播现场演出的节目；④电视监控系统，在教室及各种教学环境安装摄像装置，可对教学活动实施监测。

(5) 计算机网络教学系统。该系统包括计算机网络化教室、计算机校园网和连接校外的各种计算机网。这是当前校园信息化建设的重点，能扩展学习信息源，提高教育现代化管理水平。

2) 多媒体教材编制

多媒体教材的编制是现代教育媒体开发的重要方面，是用各种多媒体去表达教学内容的教材，应做到文字教材与多媒体教材同步建设。它的编制应依据一定的原则和原理，才能有效发挥作用。

多媒体教材编制应遵循以下几项基本原则：教育性、科学性、技术性、艺术性、经济性。同时，多媒体教材编制要依据传播效果原理。多媒体教材作为一种媒体用于教学传播活动，是否能够取得好的教学传播效果，取决于是否依据下面所述的传播效果原理。

(1) 共同经验原理。在教育传播中，教师通过媒体向学生传送与交换教育信息，师生沟通必须建立在双方共同经验的范围内。图 2.1 中两个圈各代表师生已有经验范围，其间重叠的部分是师生具有的共同经验，可以沟通。

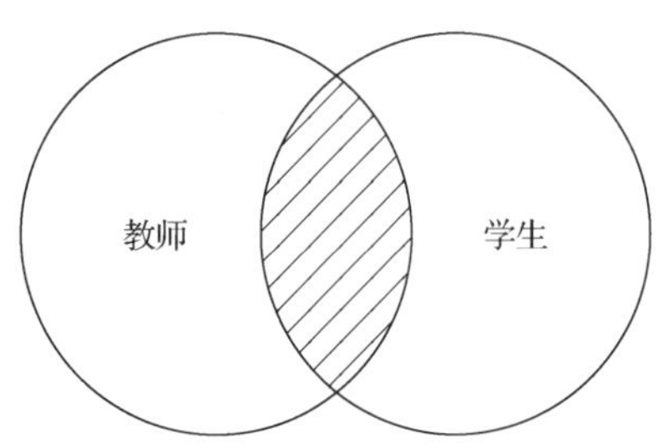

图 2.1　共同经验原理

当师生没有共同的直接经验时，可以运用媒体，如电视、计算机等，通过画面、声音、文本来呈现事物的运动状态与规律，使学生获取间接经验，在此基础上，引申到高层次的知识。多媒体教材的设计与编制必须充分考虑学生的经验与知识水平，才能取得良好的教学效果。

(2) 重复作用原理。重复作用是将一个概念在不同的场合、用不同的方式去重复呈现，以达到良好的传播效果。重复作用包括两层含义：一是将一个概念在不同的场合重复呈现；二是将一个概念用不同的方式去重复呈现。多媒体教材编制中，概念在不同场合的重复是必要的。

(3) 信息来源原理。传播学研究证明，有信誉的、可靠的信息来源对人有较佳的传播效果。因此，在多媒体教材编制中，选用的信息来源应该是有权威、有信誉、真实可靠的。

(4) 抽象层次原理。抽象是去掉事物的个别特征，取其共同点，用于概括、说明同一类事物的方法。学生的学习必须从具体到抽象，只有形象、没有抽象，不能把学生获取的信息变为知识与能力。多媒体教材所采用的素材必须在学生明白的基础上进行，并且能贯通该范围内的各个抽象层次。

(5) 最小代价原理。多媒体教材编制的选择率法则，用公式可表示为：$\frac{\text{媒体编制利用选择率}}{\text{需要付出的代价}}$=可能得到的教学效果。该公式表示：若多种媒体都能达到同样的教学效果，要选择成本低、付出代价少的媒体。比如，用投影片能胜任的教学内容，反而使用多媒体计算机来实施，显然是一种浪费。

选择教学媒体的依据如下。

(1) 教学目标。每个知识点都有具体的教学目标，为达到不同的教学目标常需要使用不同的媒体去传递教学信息。

(2) 教学内容。各门学科的性质不同，适用的教学媒体会有所区别；同一学科内容各章节内容不同，对教学媒体的使用也有不同要求。

(3) 教学对象。不同年龄阶段的学生对事物的接受能力不一样，选用教学媒体时必须顾及他们的年龄特征。

(4) 教学条件。教学中能否选用某种媒体，还要看当时、当地的具体条件，其中包括资源状况、经济能力、师生技能、使用环境、管理水平等因素。

(5) 依据客观条件。客观条件主要涉及媒体是否容易获得、适用性等。

2. 教育媒体的利用

下述传播学家、教育家关于媒体本质和利用的观点，对我们应如何合理开发和利用现代教育媒体具有重要的指导意义。

1) 克拉克的观点

克拉克(Clark)认为：①教学媒体只是信息发送的一种手段，无论是电视、书本还是面授，传递信息的内容没有什么不同，其教学效果也没有什么不同，所不同的只是信息的传递方式。②运用媒体的方式、方法在相当大的程度上决定学习的效果，媒体的使用不会“自动”促进学习。“能带来稳定且再三复现高质量教学的，与其说是所使用的媒体，不如说是软件的设计。”③如何运用可能比如何选择更为重要，传输什么比用什么手段传输更为重要。

2) 安东尼·贝茨的观点

安东尼·贝茨(Antony Bates)认为：①媒体一般是灵活的和可替换的，焦点是在给定的条件下，何种媒体最合适。②每种媒体都有其内在的规律，即有一套能发挥其功能的固有法则。对每种媒体的特性有待去探索，从而应去设计高质量的教学媒体。③并不存在某种“超级媒体”，所有媒体都有其长处和短处，而且一种媒体的长处往往正好是另一种媒体的短处。这个事实表明，采用多种媒体方案通常是极有希望成功的。④对于某些具体的教学目标来说，还是存在某种媒体的教学效果明显优于其他媒体的现象，即不同的媒体有不同的专长。

3) 布鲁纳的观点

布鲁纳认为：媒体在传授知识方面的功能是相近的，几乎毫无差别，而在发展技能方面是独特的，各自不同。如讲授事实，用电视、广播、印刷材料、面授都行，都容易达到目标。但如果要发展技能，那么，对于发展某一方面的技能，总会有一种相应的媒体比其他媒体更合适、更有效。

4) “经验之塔”理论

美国教育家戴尔于1946年所著的《教学中的视听方法》提出的“经验之塔”理论成了当时以及后来的视听教育的主要理论根据。戴尔将人们获得的经验分为三大类：做的经验、观察的经验和抽象的经验，并将获得这三类经验的方法分为十种。

“经验之塔”理论所阐述的是经验抽象程度的关系，符合人们认识事物由具体到抽象、由感性到理性、由个别到一般的规律；而位于塔中部的广播、录音、照片、幻灯、电影电视等价于做的经验与抽象经验之间，既能为学生的学习提供必要的感性材料，容易理解、容易记忆，又便于借助解说或教师的提示、概括、总结，从具体的画面上升到抽象的概念、定理，形成规律，是有效的学习手段。因此，它不仅是视听教育的心理学基础，也是现代教育技术的重要理论基础之一。

5) 马歇尔·麦克卢汉(Marshall McLuhan)的观点

马歇尔·麦克卢汉1964年在《媒体通讯，人体的延伸》(*Media are exlensions of the human body*)一书中提到：“媒体是人体的延伸，面对面的交流是五官的延伸，印刷媒体是人眼的延伸，无线电广播是人耳朵的延伸，电视则是耳朵和眼睛的同时延伸。每一项新的媒体的出现，每一项新的延伸，都会使人的各种感官的平衡产生变动，使某一感官凌驾于其他感官之上，造成心理和社会上的影响。”这一观点对媒体本质的认识是非常有意义的。

3. 利用媒体教与学的策略

近年来，现代媒体被广泛运用于教与学的各个方面，下面提出常用的几种利用现代媒体教与学的策略。

1) 辅助以教师为中心的课堂教学

当前我国学校教育，大多保留着以教师为中心的课堂教学方式。彻底改变这种教学方式，还需相当长一段时间。但多种现代媒体进入课堂，利用多种媒体优化组合配合教师的讲授，可以创建一种新型的教学模式，对解决教学重点、难点，提高教学质量，缩短教学时间，提高教学效率，将起到重大作用。

2) 利用媒体实施远程教学

利用无线电与电视广播、计算机网络可以将教学信息传送很远、很广的范围，这些媒体为实施远程教学提供了有利条件，近年来远程教学正在蓬勃发展。

3) 利用媒体进行学生技能的训练与实践教学

一些媒体特别适合于学生技能的训练与实践。例如，在语言实验室中，可以利用云储存中的优质录音训练学生的口语听说能力；在微格教学实验室中，可利用摄录像媒体训练师范生的教学技能。

4) 创建以学生为中心的课堂学习模式

多种多样的媒体进入课堂，有利于将课堂教学转化为以学生为中心的学习模式。例如，利用多种媒体去设置一定的教学情境，采用发现和探究式的学习方法，在教师指导下，学生通过媒体进行学习，不断发现问题、解决问题，直至达到掌握教学目标要求的知识与能力。利用多种媒体提供的条件，依据一定的教学思想与理论，从而创建有效的以学生为中心的学习模式，正在得到迅速发展。

5) 个别化教学

随着现代教育媒体的发展，特别是交互式计算机课件的开发与利用，为学生个别化自学提供了有利条件。在个别化教学中，学生能自主选择适合自身情况的媒体，媒体也能根据学生的知识水平和兴趣提供合适的内容，供学生进行有效的自学。个别化教学的方式正在随着教学媒体的发展而迅速发展起来。

6) 利用媒体进行学生技能的训练与实践教学

一些媒体特别适合学生技能的训练与实践。例如，在语言实验室中，可以利用音频训练学生的外语听、说能力。

7) 利用先进技术实施远程教学

利用远程会议或直播等形式可以将教学信息传送很远、很广大的范围，能达到和现场教学相似的效果。

多种多样媒体的开发与利用，正在引起教育的重大变革，我们应积极开展媒体教学实验，掌握媒体的特性与教学规律，创建多种有效的教学模式，促进我国的教育改革与教育现代化的建设。

2.2 视觉媒体

视觉媒体是通过图形、文字等视觉方式接收广告信息的媒体，如报纸、杂志等。视觉媒体分为非投影视觉媒体和投影视觉媒体。

2.2.1 幻灯投影设备

1. 投影视觉媒体

所谓视觉媒体，是指用眼睛来接收信息的媒体。视觉媒体是传播和存储教学信息的重要媒介。研究表明，人们的学习主要是通过视觉。非投影视觉媒体包括教科书、黑板、挂图、标本、实物教具等。投影视觉媒体包括幻灯、投影、实物投影等。投影视觉媒体是我国与世界其他各国在教学中普及率和使用率最高的现代教育媒体之一。投影视觉媒体在教学中的应用也最早，是现代教育技术发展的先驱。目前，虽然体现高新技术的新型媒体层出不穷、种类繁多，现代教育媒体也随之获得了突飞猛进的发展，但是在现代教育媒体中，光学投影媒体的构造最简单、使用最方便、价格最低廉。对于我国这个人口众多的发展中国家来说，在今后相当长的时期内，光学投影媒体仍有全面普及和长期应用的经济价值。

2. 幻灯机

幻灯机是利用凸透镜成像的光学原理制成的一种媒体设备。幻灯机的种类很多，但其基本结构和原理大致相同。幻灯机一般由光学部分、机身部分、机械传动部分和电气控制部分组成。光学部分是幻灯机的主要组成部分，其作用是用足够强的光线透射幻灯片，在银幕上呈现出放大了的清晰的影像。光学部分主要由光源、聚光镜、反光镜、隔热玻璃和放映镜头等组成，如图 2.2 所示。

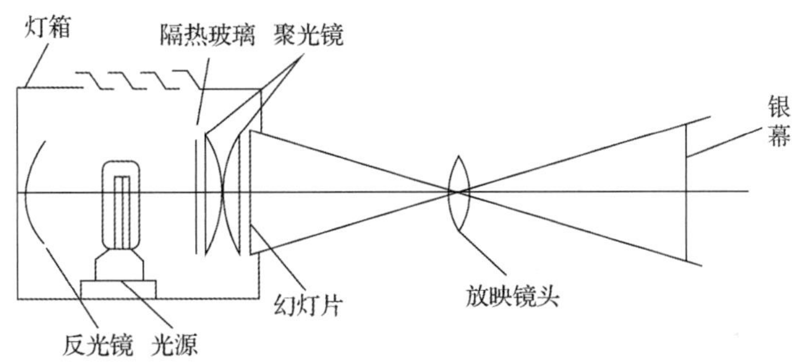

图 2.2 幻灯机光学部分结构示意

1) 光源

现代幻灯机能白昼放映，因此要求幻灯机的光源必须满足亮度高、发光效率高、温升低、寿命长的要求。目前常用的灯泡是溴钨灯。溴钨灯的规格常见的有 24V/150W、24V/250W、30V/400W 等种类。在更换灯泡时，要换用相同规格的灯泡。

2) 反光镜

反光镜是处于光源后的凹面镜，由金属抛光或玻璃镀银而成，其作用是把光源向后发射的光线反射回来加以利用，提高光源的利用率。

3) 聚光镜

聚光镜是由凸面相对的两块平凸透镜的组成，作用是将光线汇聚并均匀地照射在幻灯片上，使光源得到充分利用，增加银幕上影像的亮度和均匀度。

4) 隔热玻璃

隔热玻璃的作用是隔离自光源传来的热量，防止幻灯片受高温烘烤而变形。

5) 放映镜头

放映镜头本质上相当于一个凸透镜。为了提高成像质量，一般由多层不同透镜组成，并用镜头筒固定。放映镜头的作用是将幻灯片上的画面放大，并成像在银幕上。在镜头上标有焦距值，在近距离放映较大影像时，应选用焦距较小的放映镜头。幻灯机在工作时，光源发出的光经过反光镜反射到聚光镜上，聚光后使绝大多数的光线均匀而集中地照射到幻灯片上，透射光经过放映镜头，在银幕上呈现出放大的倒立的实像。由于凸透镜的成像是倒像，故在放映时幻灯片必须倒立在幻灯机的光路中。其缺点是：为了使投影清晰需要有较强的光线投射，对光源功率有一定的要求。当正常工作时，机箱内温度可高达200℃～1000℃，尽管装置了散热风扇，但在聚光区域的幻灯片仍受较高温度的炙烤，使感光胶片制成的幻灯片受热变形，无法顺利通过片门而出现卡片故障，所以幻灯片每格观看的时间不宜太长，否则会影响学习者长时间观看思考的要求，另外对观看环境也有一定要求，不能太亮，否则会影响画面的清晰度。

3. 投影器

投影器又称书写投影仪，是在幻灯机的基础上发展而来的。由于投影器构造简单、使用方便，因而在现代教育技术领域的应用十分广泛。其光学工作原理与幻灯机相似，也是利用凸透镜成像原理制成的。投影器由光学部分和机身部分组成，常见投影器的构造如图 2.3 所示。

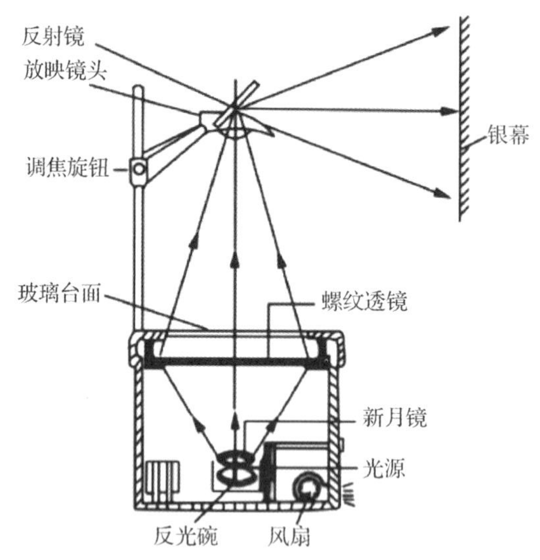

图 2.3　投影器结构示意

投影器的光学部分由光源、反光碗、新月镜、螺纹透镜、放映镜头、反射镜等部件组成。

1)　光源

投影器一般用溴钨类或镝灯作为光源。用溴钨灯作为光源，可即亮即灭，但亮度较低；用镝灯作为光源，亮度高，但需触发器触发方能点燃。使用镝灯作为光源的投影器又称高亮度投影器。

2)　反光碗

反光碗的作用与幻灯片内的反光镜作用相同，都是用来提高光源的利用率的。

3)　新月镜

新月镜实质上是凸透镜，由硬质玻璃制造，因其外形如月亮，所以称作新月镜。新月镜的作用有三个：一是起聚光作用，提高光能的利用率；二是起隔热作用；三是缩短聚光系统的焦距，从而降低机身的高度。

4) 螺纹透镜

螺纹透镜的作用相当于幻灯片中的聚光源，一方面汇聚光线，另一方面使光线均匀地照射到投影片上。螺纹透镜与平凸透镜相比具有厚度薄、重量轻、透光好、易加工等特点。它一般由聚丙烯压制而成，在温度高于 70℃时即发生变形，故在光源和螺纹透镜之间加放一块新月镜。

5) 放映镜头

放映镜头的作用是使载物玻璃上的投影片在银幕上成放大的清晰的像。

6) 反射镜

反射镜的作用是改变投影光路，调整像的高低，同时可缩短投影到银幕的距离。

投影器的最大局限在于其投放到银幕上的影像易产生梯形畸变失真，故要求银幕能改变倾角以克服这种畸变。

4. 实物投影器

以上所讲的投影只能投射透明的投影片或教具，称为透射式投影器。投影器的另一种类型是实物反射投影器，它可用来投映不透明的图片或实物。它是用强光照射实物或图片，由实物的漫反射光通过放映镜头在银幕上成像。它可以直接将印刷品、照片或小型实物等进行投影放大，具有使用简便、影像真实等优点。

图 2.4 是一种实物反射投影器，把实物放在机身下的托板上接受光照，其反射光经平面反射镜改变方向，通过放映镜头在银幕上成像。该投影器以镝灯作为光源，发光效率高、温度低，一般只能在半暗的教室中使用。实物投影器的放映镜头要求孔径大、像差小、解像力高，一般都选用透镜组。

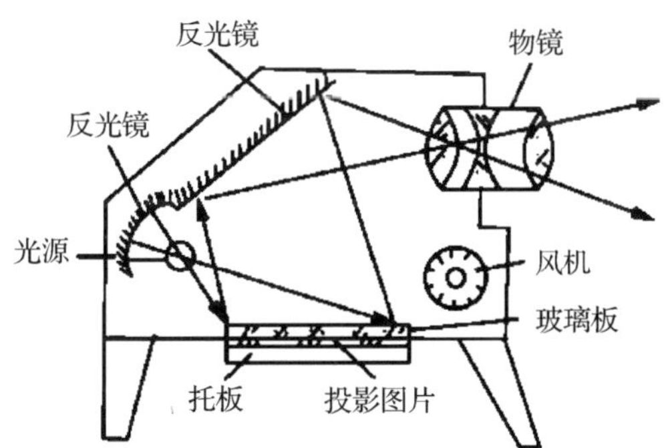

图 2.4 实物投影器结构示意

5. 全息投影技术

全息投影技术(Front-Projected Holographic Display)属于 3D 技术的一种，原指利用干涉原理记录并再现物体真实的三维图像的技术。而后随着科幻电影与商业宣传的引导，全息投影的概念逐渐延伸到舞台表演、展览、展示等商用活动中。

全息投影技术还能应用到远程教学当中，添加全息实时采集教学系统既可以实现一名教师以全息虚拟分身的形象出现在远方的教室进行授课，远方的学生也可以看到一个虚拟的教师正在给自己授课。同时，还能借助全息互动交互的功能同步呈现教学模型。这样的教学方式是远程沉浸式教学的重要代表应用，能够极大地提升远程教学的沉浸感和教学质量。

2.2.2 幻灯投影媒体的教学应用

1. 幻灯投影教材的获得

幻灯教材的获得可以购买，也可以根据教学需要自己制作。这种幻灯片是用负片—正片拷贝的方法或直接采用反转片冲洗的方法制成的。负片—正片拷贝法是用一般的 135 胶卷(负片)拍摄所需要的信息，经冲洗后得到与现实景物的明暗、色调相反的负像底片，再通过电影正片曝光、冲洗就可获得与负片明暗、色调相反的幻灯片。这样幻灯片经二次相反就完全与现实景物一致，即可用来放映。此种方法适宜于大量制作拷贝。反转冲洗法是用一种反转感光片直接拍摄所需要的信息，通过冲洗即可获得幻灯片，这种方法简单，但其一次拍摄只能得到一张幻灯片，不适宜大量拷贝。当然，无论哪种方法，只要所使用的感光片是彩色的，则制作出的幻灯片亦是彩色幻灯片。

幻灯视觉媒体采用拍摄冲洗的方法，容易制作。对同一个需要表现的物体，采用不同角度的拍摄，借以展现其三维景象，可弥补实物、实景的不足；特别是现代彩色摄影技术的发展，使影像更加逼真。自动幻灯机还可以控制节奏，适用于个别学习或集体学习。

投影较之幻灯的最大优点在于：它采用的投影软片尺寸较大，可以在上面书写、涂画或者用化学或热处理的方法印上图形制成投影片，甚至可以利用复印机制作投影片。由于采用明亮的光源和高效的光学系统，故能产生较强的光，通常对使用环境的光线没有什么要求，这极大地方便了使用者，还可以通过使用者设计的小技巧，如翻片、复片、遮挡等提高教学效果。

2. 幻灯投影媒体的教学功能

幻灯投影媒体在教学上可为学生提供大量形象直观的事物，从而为学生准确理解概念提供了感性材料，使学生从大量感性材料中概括出规律性的东西，便于学生对同类事物进行分析比较，从而了解该事物与其他事物的区别与联系，掌握本质特征。此外幻灯投影媒体还能为技能训练显示正确的操作方法，提供示范。投影媒体除呈现图像外，还能替代部分挂图，且体积小、重量轻、操作方便，从而增加了单位时间授课容量，并可反复使用，利于学生复习和教师辅导。另外，幻灯投影媒体还能随时书写文字、符号，简化了板书活动。幻灯投影教学突破了单纯用文字语言表达的单一形式，比传统教材更加活泼生动，便于调动学生的无意注意，强化记忆。实践证明，幻灯投影媒体应用于教学能有效地提高教学质量和教学效率。

3. 幻灯投影媒体的教学应用方法

幻灯投影、实物投影都能提供鲜明、清晰的视觉画面，而在人的学习过程中，视觉感受能力最强，所以这些视觉媒体在教育技术中的使用最为普遍。教学过程中着重要引导学习者观察投射画面中传递的教学信息，最大限度地理解画面内容并引导学习者思考画面蕴含的内涵。由于投影视觉媒体是通过仪器投射画面来传递信息，这就提出了教学使用中对放映节奏的控制，防止因信息量大而导致刺激强度过大，引起学习者的疲劳或产生急躁情绪而影响有效学习；对画面中的多种视觉要素(光、形、色等)要给予充分的考虑并协调好它们之间的搭配，防止这些要素影响学习者注意力的集中、保持和转移。

幻灯投影媒体的教学应用方法主要如下。

1) 图片启示法

从建构主义学习理论来看，就是使学生通过幻灯投影片这一媒体有效地建构当前所学知识的意义。这是幻灯投影教学中最基本、最常用的一种方法。在此，图片起着教学挂图的作用，为提高视觉效果，可在图片上着色，因为图片上色彩的变化能使人有兴奋的感觉，从而提高学习兴趣，促进思维活动。但色彩不宜过于复杂，以免干扰学生的正常思维活动。教师可以利用幻灯投影图片进行问答，引导学生在已有经验和知识的基础上积极思维，从而获得新知识。图片启示法还可以在教学幻灯投影片上边讲、边画、边写，针对一些教学内容中的重点、难点制成活动的图片，配合教学需要运用，更能优化教学过程、提高学习效果。

2) 导引教学法

导引教学法是根据教学需要，运用幻灯投影片创设教学情境，进而引导学生进入学习过程的一种方法。我们发现，学生是否经过引导就进入学习过程，其效果是不同的，而运用幻灯投影片创设情境则是引导学生学习的一种有效方法。由于创设情境能调动学生的学习动力，其思维活动具有指向性，注意力高度集中，处于最佳的状态，因而学习效果就好、效率就高。例如在初中化学课中，先用幻灯片放映一些氧气与人类之间关系的图片，以激发学生对氧气的求知欲，再做氧气的演示实验，就达到了导向学习的目的。创设教学情境可以运用幻灯投影片展示学生认识的事物或生活经验，通过设疑、激疑，一步步地把学生带入新的境界。这就是引导教学的具体方法。

3) 逐次显示法

逐次显示法分为两种：①增减法，即应用复合式教学投影片时，以递增或递减的方式，按学习需要逐步显示图文信息，让学生由简到繁、由局部到整体地去认识事物的结构，为帮助学生认识复杂图形，通常都运用这种方法。例如在中学化学课上投影一些复杂的工业生产流程图时，就可以采用增减法一部分、一部分地加以展示，以使学生观察、分析，最后构筑成一个完整的流程图。这种分散难点、循序渐进的教学方法，符合人的认识规律。②遮掩法，即在制作投影片时配上遮盖片，在投影时先将图文内容遮盖起来，然后根据教学需要逐渐移动遮盖片，按顺序呈现教学内容。在处理较多的投影内容时，经常运用这种方法。

4) 动感片法

动感片法是运用投影动感片，模拟和显示连动性变化形式的一种方法。常用的动感片有线条动感片和偏振动感片。线条动感片是利用在两张透明胶片上制作的不同密度、不同角度的平等线条，在相互叠加和错动过程中产生波纹动感而制成的教学投影片；偏振动感片是采用两组偏振片的交角，周期性变化形成明暗交替变化的动感而制成的教学投影片。它们都具有可显示连动性的特点，动感逼真，适用于模拟气、液的流动与扩散，电流的流动，各种波的传递，叶轮的转动等运动形式。例如石油的蒸馏实验，学生可以在实验中观察到蒸馏的一些现象，其中难以观察的气液流向(重点知识点)，便可采用动感片模拟表示。一些生产流程(如接触法制硫酸的生产流程)中流体的流向也可以运用这种方法来表示。

5) 实物投影法

实物投影法是用实物(如投影教具、实验仪器等)通过投影放大显示在银幕上以增大演示物件的可见度，供师生在同一时间里对所演示物体的构造、性能、现象以及变化过程进行观察的方法。实物投影法能真实地反映出实物的原貌以及变化过程，不需要加以模拟。在自然科学实验教学中，最适宜采用实物投影法。

通常用于实物投影的仪器有以下几个。①平面投影仪。在透明平底的仪器(如培养皿、烧杯等)里进行实验并放在投影仪的工作台上，就能把实验的过程和现象放大投影出来。如化学课的钠与硫酸铜溶液反应、钠(钾)与水反应、金属的腐蚀现象、碘升华等实验。②垂直投影仪(又称化学投影仪)。将在试管、烧杯里进行的实验，先置于方形水槽里(消除聚光透镜作用)，然后放于垂直投影仪里，就能做投影，尤其对一些微小的实验现象如原电池、电解等实验，两电极表面产生的微气泡现象可见度极低，而采用垂直投影仪就能把这些现象放大显示出来，可供多人同时观察。使用此方法的实验很多，几乎所有用试管进行有气泡、沉淀、变色出现而又不需要加热的化学实验，都可以使用这种方法。③实物投影仪。实物投影仪有多种，目前较为常用的是配有摄像镜头并把信号输入电视机或各种显示器，就能显示当前实物实景的实物投影仪，与闭路电视相仿。运用实物投影仪就能将实验操作的全过程连同实验装置、现象进行现场直播，通过较大的图像显示出来。实物投影仪的使用不受空间位置限制，色彩真实、功能多。如按需要可对某个位置进行一个大特写，基本上能满足对实物投影的各种要求。实物投影仪不仅可以用于投影实验，而且能投影图文资料(如随堂练习、教学插图等)，取舍自如，十分方便；也可用于投影学生的习作，在课堂上做共同分析。所以实物投影仪在教学上的使用具有普遍意义。其性能、效果也优于上述投影仪，但因其成本较高且需要相应配套设施，因而在普及使用上受到限制。

6) 声画教学法

在幻灯投影教学中，有些内容不仅需要幻灯投影显示画面，而且需要运用录音配以语言解说，做到声画同步，以增强教学效果。例如在语文、外语教学中，可利用声画教学法进行朗读、对话训练。

使用幻灯投影教学法，关键是要认识其在教学系统中的作用与地位，处理好其与教材、教师、学生的关系。要从教学实际出发设计、制作教学软件，使用幻灯投影片和投影教具。此外，还要把幻灯投影教学法与其他教学法有机地结合起来，从而实现教学过程的最优化。

2.3 听觉媒体

听觉媒体是接收者通过听觉刺激而感知广告内容的媒体，主要是广播、扬声器，以及数字声音等。

2.3.1 什么是听觉媒体

1. 听觉媒体的特点

听觉媒体是以听觉技术为基础发展起来的教学媒体，是现代教育媒体的一个重要组成部分。听觉媒体包括听觉设备及相应的软件。听觉设备在信息传递过程中起着很大的作用，在教学中也是首先被引进的一类设备。各种听觉设备按照不同的组合方式，可以构成各种不同的功能系统，主要有录音设备系统、无线广播系统、有线广播扩音系统、语言实验室等。在教学领域，这些功能系统既可以作为听觉媒体单独使用，也可以和视觉媒体结合为视听觉媒体。

2. 常见的听觉媒体

在媒介融合所构建的全新媒介生态系统中，媒介的定位发生了两种明显的转向：其一，从传播者视角转向接收者视角(或称用户视角)，即更多地从用户的角度出发去赋予媒介产品意义；其二，从工具视角转向功能视角，即对媒介的关注脱离单一的大众传媒工具属性，而更多地延展其各项功能化服务。正是在这样的转向中，传统广播媒体在拥抱媒介融合所带来的诸多机遇之时，还有望经历一次听觉生态位的超越——与其他所有以声音为传播符号、致力于满足人们听觉需求的各种新媒体形态相互打通、一体化发展，成为新型的听觉媒体。

数字技术对广播传播渠道的拓展使其迈出了脱离收音机匣子的第一步，走向广义上的听觉媒体。数字技术将声、光、电、磁等信号转换为数字信号，使图、文、音频、视频等各种信息都能以“0”“1”信号的形式在网上处理、传输、存储。这种技术在传媒信息采集、加工、制作、播出中的应用，直接促进了各种形态数字媒介的形成和发展。由此，广播也迎来了以融合、共享为特征的更为广阔的传播领域。数字压缩和卫星传播技术克服了通过中短波和调频波沿地表传导模式的诸多限制，解决了广播的广域覆盖和远邻近郊问题，同时提升了传播速度。数字化技术以及在此基础上发展起来的数字音频广播让传统广播的传播真正走向全球，成为继调幅、调频之后的第三代广播系统。最为关键的是，在数字技术与网络技术的结合下，一大批新型音频媒体形态发展起来，除了人们熟知的网络广播、手机广播、播客广播、移动电台等，还有以智能手机、汽车点烟器、车载智能音箱等实现的车联网广播，以及未来的可穿戴设备内置广播，它们都以声音为传播符号，主要诉诸人的听觉器官，却有着各式各样的传播载体和接收终端。通过这些形形色色的设备，人们接收到的声音既是跨渠道的，又是超越渠道的。从技术的外延力来看，跨渠道的声音传递也在重塑着人们的听觉习惯。越来越多的数字化收听工具的发展使私人听觉空间从公共听觉空间中分离，广播集体收听的历史被彻底改变，它不再是“广”播，而变成了“窄”播甚至是“点”播。移动互联平台上的新型听觉媒介，从传播链条各环节来说都不能再以“广播”而概括之。大众文化与新技术的结合使声音符号变得丰富且焕然一新，数字声音的来源之多元、创意之自由、内容之细分、选择之灵便，以传统广播难以企及的程度实现。

一方面，数字声音世界的开放性和共享性迎合了人类听觉的开放性和社会性，为人类创造、模拟出前所未有的敞开式的、与他人“共在”的收听场域；另一方面，数字化收听设备的普及为现代人赋予了独立、封闭化的听觉环境，私人听觉空间崛起，倾听日益成为一项私密的个人文化事件。在这种情况下，依托于技术载体对媒介生态定位的划分已经不再合理，广播媒体更为确切地说就是一种听觉媒体。

2.3.2 听觉媒体的教学应用

1. 听觉媒体的教学功能

由于听觉媒体具有可记录性、可再现性、可控制性和使用简便、经济等特点，在教学中其应用越来越广泛，已成为直观化、个别化教学的重要手段。

(1) 听觉媒体的使用打破了时空限制，扩大了教学信息的传送范围，从而扩大了教育的规模和范围。

(2) 通过听觉媒体可提供声音的真实感受，创设教学气氛。在语言和音乐等教学与训练中，可利用听觉媒体提供典型示范，同时，录音播放文学、音乐作品，可以提高学生的鉴赏能力。

(3) 学生可利用听觉媒体自己录、读、唱、奏、说，重放时可获得及时反馈，有利于自我鉴别，及时矫正问题。教师也可利用听觉媒体录制多种学习材料提供给不同水平的学生，因材施教，这有利于个别化教学。

(4) 利用听觉媒体使抽象的教学内容变得生动、形象、直观，有利于解决教学难点，提高教学质量。

2. 听觉媒体的教学应用方法

1) 听觉媒体的应用范围

(1) 在课堂教学中的应用。

听觉媒体在课堂教学中主要用于和听觉有关的教学内容。如：外语教学中的阅读、听力和发音训练；语文教学中的范文朗读、阅读欣赏和演讲技能训练；音乐教学中的听、唱练习以及演奏训练；幼儿及小学教育中的配乐故事、音响模拟以及乐音识别等其他应用；等等。

在进行听觉教学以前，教师应先向学生提出要求和问题或者介绍有关背景内容，然后再播放教材。这样可以让学生带着问题去听、去想。教材播放完毕，教师应根据教学目标的要求，及时启发学生思考或是指导学生练习。授课结束前，教师应总结概括教学要点，巩固录音教学效果。

(2) 在思想品德教育中的应用。

通过收集的各种名人讲话录音资料和先进人物的录音报告，或者利用精心编制的录音广播剧和电影录音剪辑等，可以对学生进行思想品德和法律道德教育，以收到良好的教育效果。

(3) 在第二课堂活动中的应用。

听觉媒体可以在第二课堂活动中广泛运用。如学生在教师指导下，自己编制广播节目、演讲、演唱或乐器演奏录音；在一些歌舞晚会或其他文娱活动中播放或录制音乐、歌曲等。

(4) 在家庭学习中的应用。

家庭听觉媒体可用于从婴幼儿一直到成年人的各种录音学习。如购买各种婴幼儿教育网课视频，对婴幼儿进行启蒙教育或素质培养；购置青少年或成人学习所需的各种音频教材，辅助课堂教学或供自学使用。

(5) 随时自由学习。

利用各种便携电子产品随时随地自由学习。如通过手机软件收听各种教学节目、收听外语或欣赏音乐等。

2) 听觉媒体的教学方法

听觉媒体常用的教学方法主要有以下几种。

(1) 录音示范法。

教师为学生提供规范性的听觉教材，让学生根据标准规范进行模仿和训练；教师随时采用灵活机动的方法对学生加强指导。这种方法常用于阅读、听力或演唱教学等。

(2) 创设情境法。

教师通过音乐、音响或者其他录音资料创设教学所需的声音情境，能够增强教学效果。这种方法常用于语文、自然或历史及思想品德等课程的教学。

(3) 反馈训练法。

这种方法主要运用于发音训练。学生可以用录音机或者在语言实验室随时录下自己的发音，然后立即播放，并与示范标准对照比较，能够及时获得学习反馈，并及时进行自我评价与改进。

(4) 交互对话法。

这种教学方法主要在语言实验室内进行。学生可以通过与教师或者在同学之间进行对话，加强语言交流，并相互评价指正，以利于培养学生开口说的能力。

3) 听觉媒体教学注意事项

(1) 应精心选择或录制教学材料。

教学所用的听觉材料一定要符合教学需要，有助于加强教学效果。声音材料的编辑制作，首先应该保证质量，做到声音清晰、流畅，无杂音干扰；其次，应注意编制的艺术性，增强声音教学的感染力。

(2) 精心进行教学设计。

在使用听觉媒体前，必须根据教学目标的需要，分析教学内容，确定声音材料的使用方法和使用时机，并根据教学反馈及时调整使用情况。

(3) 做好课前准备工作。

课前一定要对有关设备和现场情况进行检查，提前试机，避免临时出现问题，影响教学效果。

(4) 课后总结评价。

课后应进行总结和评价，以利于今后进行改进和提高。

2.4 视听觉媒体

视听觉媒体，是指既作用于人的视觉通道，又作用于人的听觉通道的教学媒体。其主要包括电影、电视、录像、影碟机、计算机及相应的教学软件。视听觉媒体以画面与音响的结合，传递视、听两方面的信息，形象生动。

2.4.1 视听觉媒体设备

最早的视听觉媒体是电影，电影教学虽然在教育的发展中起过十分重要的作用，但在现在的教学中使用比例已经很小。电视媒体是现代教育中主要的教学媒体之一，并发挥着越来越重要的作用。电视媒体主要包括电视机、电视制作和播放系统、激光视盘机等。

1. 什么是视听觉媒体

视听觉媒体，是指通过视听结合的方式向学习者呈现信息的媒体。例如，电影、电视、录像、激光视盘及相对应的媒体系统等。视听觉媒体以声、电、光信号传递教育信息，同时刺激视听觉器官。

视听觉媒体可以真实地展现各种活动事物，具有丰富的表现力和广阔的应用领域。在教学中，通过视听觉媒体，可以把教学内容形象生动、具体直观地表现出来，让学生耳闻其声、目睹其形，如身临其境，直接受到感染，这样容易启发学生的思考和想象，有利于形象思维的培养。

视听觉媒体有声有色，丰富多彩的画面具有极强的真实感，容易吸引学生的注意力。由于视觉和听觉同时使用能增强学生的记忆力，这样看得懂、记得牢，就能大大提高学习效果。利用视听觉媒体具有形、声、色、情、意的特点，对学生进行思想品德教育，通过潜移默化的作用可以收到事半功倍的效果。视听觉媒体可以跨越时空把时过境迁的事物重现出来。教学内容涉及古往今来、远方近地、大大小小千变万化的事物，如历史事件、自然景观等，学生不出教室就可以通过视听觉媒体了解到。

2. 什么是电视系统

1) 电视的基本原理

电视是伴随着无线电技术发展而产生和发展起来的一门现代化科学技术，是利用人眼的视觉特性以电信号的形式来传送活动(或静止)图像的技术。电视系统通常由摄像、传输、显像等部分组成，其基本任务是利用摄像管的光电效应，将景物随时间和空间变化的光信号变成电信号，以适当的方式传输，最终再利用显像管的电光效应，将电信号重新变成对应的光图像。

(1) 图像的顺序传送。我们知道，任何一幅图像都是由许多密集的细小点子组成的，如照片、图画等，这些细小点子是构成一幅图像的基本单元，称为像素。很显然，像素越小，单位面积上的像素数目越多，图像就越清晰。按照现代电视技术要求，一幅图像看起来要比较清晰，必须至少有 40 万个以上的像素。目前，电视是把被传送图像上各像素的亮度按一定顺序转变成电信号，并依次传送出去。在接收端的屏幕上，再按同样顺序将各个电信号在相应位置上转变为光信号，最终利用人的视觉特性合成完整的电视图像。

(2) 光和电的转换原理。图像的摄取与重现是基于光和电的转换原理实现的。实现光电转换的关键器件是发送端的摄像管与接收端的显像管。摄像的过程，即是把景物的光像转换成电信号的过程。摄像是由摄像管来完成的，摄像管主要由光敏靶、偏转线圈及电子枪组成。光敏靶上涂有光电导材料，这种材料具有在光作用下电导率增加的特性。当景物的光线通过摄像机镜头成像在光敏靶上时，由于光像各部分亮度不同，靶上各点的电导率也会发生相应的变化，于是图像上不同亮度的像素就转变为靶面上不同的电导率的各点，“光像”就变成了“电像”。从电子枪阴极发射的电子在电磁场作用下汇聚成一束加速射向靶面的电子束，管外偏转线圈产生的磁场使电子束在靶面上做从左至右、自上而下的扫描运动，通过电子束，形成了由阴极、靶面、负载电阻 R_L 及电源构成的闭合回路。在输出端便得到随亮度变化的图像电信号。这样，通过电子束在靶面上的扫描，完成了把图像分解为像素，并将光信号转换为电信号的过程。图 2.5 显示了摄像管的工作原理。

电视图像的重现过程称为显像，它是把图像电信号恢复成为人眼可见的光像。显像是由显像管来完成的。显像管主要由电子枪和荧光屏组成。显像时，受电视信号控制的电子束以扫描的形式轰击荧光屏上的荧光材料，使其发光强度随信号电流的大小而变化，于是再现出与原光学影像相对应的电视图像，如图 2.6 所示。

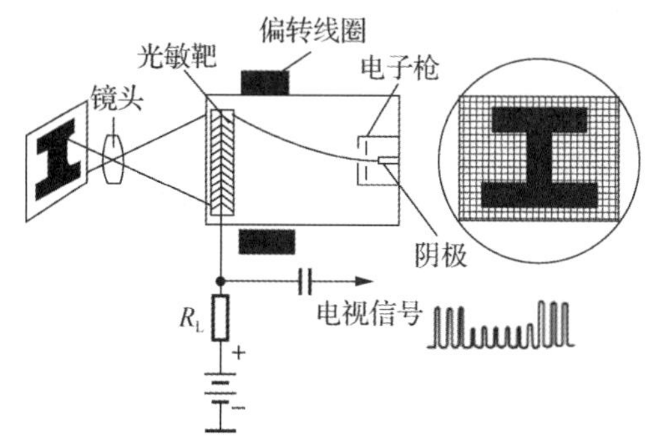

图 2.5　摄像管的工作原理

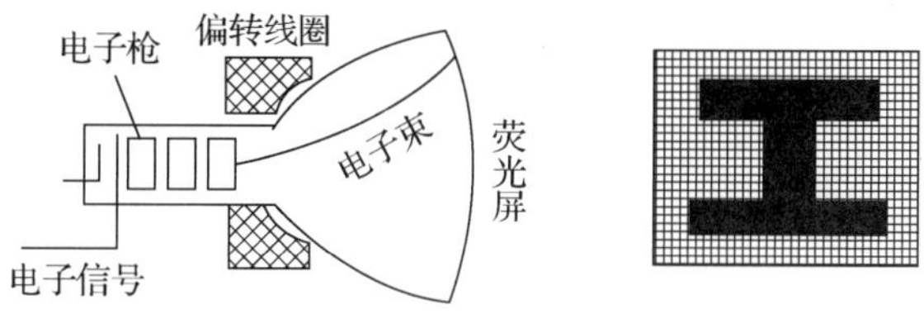

图 2.6　显像管的工作原理

(3)　扫描与同步。电视摄取和再现图像是通过电子束的扫描实现的，即在发送端，摄像管通过电子扫描把随空间位置变化的图像光信号转换为随时间变化的视频电信号。在接收端，显像管也通过电子扫描将随时间变化的视频电信号还原为随空间位置变化的图像光信号。这种将图像上各像素的光学信息转变为顺序传送的电信号的过程，以及将这些顺序传送的电信号再重现为光学图像的过程，也就是图像的分解与复合过程，称为扫描。

电子束的扫描方式是沿水平方向从左到右并逐渐自上而下地匀速扫过靶面。沿水平方向的扫描称为行扫描，自上而下的扫描称为垂直扫描或场扫描。为了既保证电视图像的清晰和稳定，又不增加电路的复杂性，在电视技术上采用了隔行扫描的方式。隔行扫描就是把一幅图像分两场扫描：第一场扫描 1、3、5、…奇数行，称为奇数场，第二场扫描 2、4、6、…偶数行，称为偶数场。

我国电视标准规定，一帧图像的行数是 625 行，行扫描频率是 15625Hz，每秒传送 25 帧图像，一帧分两场扫描，场扫描频率为 50Hz，每场扫描 312.5 行。由于一帧由两场组成，所以每帧画面仍为 625 行，图像清晰度并没有降低，而场扫描频率提高了一倍，消除了由于画面更换频率低而产生的闪烁现象。要使接收机的荧光屏上重现发送端的图像，显像管的扫描必须与摄像管的扫描步调一致，这种接收端与发送端的扫描运动互相保持严格一致的作用叫作同步。在全电视信号中，每一行有一个行同步信号作为时间基准，每一场有一个场同步信号作为时间基准，为了保证场扫描逆程回扫线不被显示，还要加有场、行消隐信号，因此，电视信号由图像信号、同步信号和消隐信号三部分组成。

(4)　电视信号。早期的黑白电视只传送图像的亮暗信息，因此黑白电视信号只包括亮度信号、同步信号和消隐信号。彩色电视则不同，要同时传送影像的亮度、色度和色饱和度三个信息。但在实际应用中为了解决用一个信道传输三个信息和与原有的黑白电视兼容的问题，彩色电视并不直接传送 R、G、B 三基色信号，而是先将它们转换成一个亮度信号 Y(与已有的黑白电视兼容)和两个色差信号 R-Y/B-Y(压缩了带宽)，然后再编码成一个全电视信号进行传送，最后在接收端将全电视信号分解还原出 R、G、B 三基色信号予以显像。因此，彩色电视信号要包括亮度信号、色差信号、同步信号、消隐信号等多种信号成分。这种复合型的彩色电视信号又叫全电视信号。

视频信号和射频信号是电视信号的两大主要形式。视频信号是图像的基本形式，是各种图像信号的总称。由视频信号可以直接获得电视图像。射频信号是指广播电视使用的发射频率范围内的电视信号。将视频信号与音频信号进行调制就得到相应频道的射频信号。射频信号可用于广播电视的发射与接收(开路传输)，也可以在电缆电视中使用(闭路传输)，传输效率比视频方式高，但在使用时需要先用解调器进行解调，解调还原出相应的视频和音频信号，然后才能获得图像和声音。由于要经过调制与解调两次信号处理，造成信号劣化，所以射频信号的传输质量要低于视频信号直接传输。

(5) 电视信号传输。电视信号的传输系统按信号的输送方式不同，可以分为开路电视系统和闭路电视系统两大类。开路电视系统通过无线电波把声像信息传送给广大用户，通常叫作广播电视；而闭路电视系统则是通过电缆把声像信息传送给用户。它们所传输的信号都是射频信号(RF)。

我国规定广播电视使用的频率为 48.5～958MHz，每一频道占 8MHz 带宽，可划分为两个波段、68 个频道，如表 2.2 所示。

表 2.2　电视频道信号划分

波　段	频道(CH)	频率范围(MHz)
VHFL	1～5	48.5～92
H	6～12	167～223
UHF	13～68	470～958

2) 有线电视系统

有线电视系统是由电缆将电视信号传递给电视机(有线传输)的一种电视系统，亦被称为共用天线电视系统，或电缆电视系统。

(1) 有线电视系统的组成。典型的有线电视教育系统一般由前端、干线传输、用户分配网络三个部分组成。

① 前端部分。前端部分由信号源部分和信号处理部分组成。作为教学的信号源是很多的，比如录制全国性的电视教育课程，也可以播出自办的一些节目。由于信号源部分获取信号的途径不同，输出信号的质量必然存在差异，有的电平高、有的电平低，有的干扰大、有的干扰小。信号源处于系统的最前端，若某一信号源提供的信号质量不高，则后续部分将很难提高该信号的质量。对于不同规模、功能的系统，必须合理地选择各种信号源，在经济条件许可的情况下，应尽可能选择指标高的器件。信号处理部分对信号源提供的各路信号进行必要的处理和控制，并输出高质量的信号给干线传输部分。前端信号处理部分是整个系统的心脏，应尽可能选择高质量器件，才能保证整个系统有比较高的质量指标。

② 干线传输部分。该部分的任务是把前端输出的高质量信号送给用户分配网络，若是双向传输系统，还需把上行信号反馈至前端部分。根据系统的规模和功能的大小，干线传输部分的指标对整个系统质量指标的影响不尽相同。大型系统的干线长，因此干线部分的质量好坏对整个系统质量指标的影响较大，起着举足轻重的作用。

③ 用户分配网络部分。该部分是把干线传输来的信号分配给系统内所有的用户，并保证各个用户的信号质量，对于双向传输还需把上行信号传输给干线传输部分。

(2) 有线电视系统的特点。

① 由于有线电视采用电缆传输，所受干扰小，所以可以接收到更为清晰的图像信号。

② 有线电视可以同时传送多种节目，在学校中可以更好地利用它来完成教育目的，灵活配合学校的作息时间，播放自己编制的教育和教学节目，也可在不同时间重播节目等。

③ 有线电视便于管理者进行管理经营，因为不接入有线电视网就无法接收相应的节目，即使接入电视网也可以控制接入的频道数量。

④ 可以实现有线电视网、综合业务数字通信网和国际互联网的信息在同一网络上传输。

⑤ 具备双向传输能力，更适应未来社会的发展，同时可以发展为双向的、交互式的教育电视，提高教学效率和教学质量。

⑥ 有线电视不占用空中的电波资源，而且其传输的容量很大，一根电缆可以传输上百套节目，从长远来看更节省资金。

(3) 双向闭路传输系统。对于学校的教学闭路电视系统，如果将播放系统和监控系统的功能合二为一，在前端控制室既配备信号播出设备，也配备接收显示教室终端情况的设备；在终端教室，既配备接收和显示信号的装置，也配备拾取和传出声像信号及遥控前端录像机信号的装置，并在两端配置互通信息的对讲电话，便形成双向传输的教室闭路电视系统。这是一种多功能的学校闭路电视系统，其用途如下。

① 召开全校性电视直播会议或有线广播会议。

② 定时播出校内新闻。

③ 按预约的时间向不同的教室播出不同的录像节目。

④ 教师可以通过遥控器控制前端录像机的开、关和各种走带方式。

⑤ 用于英语听力课教学和听力训练。

⑥ 考试监控管理。

⑦ 不影响课堂的观摩教学和课堂实况录像。

⑧ 教学实验的观测等。

3) 卫星电视系统

卫星电视系统，是指利用卫星设备接收从地面站发射的电视信号并将它发送到更为广阔范围里的系统。在其信号覆盖的地区，通过地面卫星接收站就可以收看广播电视节目。

(1) 卫星电视系统的构成。卫星电视系统的构成，指的是参与卫星电视链路运行的各种设备和设施。卫星电视系统主要由上行地面站、同步通信卫星、下行地面接收站以及遥测遥控跟踪站等组成。

① 上行地面站。上行地面站主要包括节目调制发送设备、监测设备、遥测设备及发送天线。它的主要任务是把从电视中心送来的广播电视信号加以处理，并经过调制、上变频和高功率放大，然后通过定向天线向卫星发送上行微波信号。同时也接收由卫星下行转发的微弱微波信号，以监测卫星转播节目质量的情况。上行站除主要地面站以外，尚可设多座上行分站和移动站(如组装型或车载型)。有的主站还兼设有遥测遥控和跟踪设施，可直

接监控卫星的姿态、轨道和各种工作状态。各分站设备比较简单，一般无直接监控卫星的设备，其他设备的功能与主站基本相同。而移动站则可用来灵活地从特定地区及时通过卫星向服务区进行实况转播。

② 同步通信卫星。同步通信卫星上的主要设备有电源、遥测指令系统、转发设备与天线四部分。它实际上相当于一座设置在赤道上空的转播台，是整个卫星电视广播系统中的核心部分。它的任务是接收来自上行站的广播电视信号，经放大、变频，然后以下行频率转发到地球上的卫星电视信号覆盖区域。为了实现广播电视信号的正常转发，要求卫星保持精确的姿态和轨道位置。卫星相对地球是静止的，以便地面卫星接收站方便地接收信号。目前随着新发射卫星的功能更强、尺寸更大，地面接收天线也可以越来越小，变得更加方便简单。

③ 下行地面接收站。下行地面接收站将卫星发送的下行电视信号，通过定向抛物面天线接收，再将接收到的信号由当地的开路电视传播系统或有线电视系统传输到观众和学习者的电视接收机上。接收站主要分为以下四种类型。

- 个体接收设备。当卫星向服务区转发的节目信号电波到达地面的功率通量密度足够大时，用户可用小型天线的简易卫星电视接收机设备直接接收卫星转发的电视节目。
- 集体接收站。它是一种较大天线的接收装置，接收广播卫星转播的节目，供集体收看。
- 无线收转站。该站主要用来接收卫星下发的电视信号，作为电视节目源，供设在该地区的电视台或转播台进行转播。为此，当接收到卫星转发的微弱信号后，须经过低噪声放大、下变频和调制变换，将卫星传送的调频信号变换为残留边带调幅信号，再经上变频和高功率放大后，通过天线发射，从而使服务区内的用户可用家用电视接收机收看卫星电视节目。
- 电缆网收转站。该站将收到的卫星电视信号经低噪声放大、变频和调制变换后，以 VHF 和 UHF 调幅电视信号形式，通过同轴电缆分送到各用户，供家用电视接收机收看电视节目。

④ 遥测遥控跟踪站。该站的主要任务是测量卫星的各种工程参数和环境参数，测控卫星的姿态和轨道位置，对卫星实施各种功能状态的切换。为了使卫星在空间轨道上能够正常工作，完成规定的任务，就须随时了解卫星在轨的姿态、位置和工作状况，并在必要时给卫星以一定的指令进行遥控。测控站是保证整个卫星电视广播系统正常工作和关系系统性能好坏的一个重要部分。

(2) 卫星电视的特点。

① 覆盖面大。传播距离较远的地区也能同时收看卫星转发下来的电视节目。如果在静止轨道上等间隔设置三颗广播卫星，除高纬度地区外，几乎可实现全球性广播。在卫星电视信号覆盖区内，不受地理条件限制，用地面接收天线就可以接收到卫星电视教育节目，极大地扩大了教育规模，特别是对于居住较为分散的、不发达的边远地区教育的普及和发展有明显的优势。卫星电视的这个优点有利于进行开放性教育和终身教育，有利于把高质量的教育材料同时送往范围广阔的地方，提高教育质量和教学效率。

② 信号质量高。利用卫星电视系统可以接收到图像清晰、质量良好的电视教育节目。卫星电视广播所传播的电视图像质量高是因为地面电视台的广播一般要经过多次中继和转播才能覆盖一定的面积，并且故障率也相当高，因而广播质量容易受到严重影响；而卫星电视广播的转播环节少，所以接收质量较高。另外卫星电视不受地理、气候条件的影响，受山峰和地面高层建筑物阻挡小，因而能够减少阴影和障碍物干扰。

③ 效益和利用率比较高。卫星电视系统的效益和利用率比较高。卫星电视的频率高、频带宽，因此能传送的信息容量大。它可实现高清晰度电视、立体电视、静止画面广播、传真广播等多种新的传输方式。此外，卫星不仅可以传送电视信号，还可以传送电话语音信号、计算机数据信号等，可以综合利用。

④ 卫星电视广播投资少、见效快。虽然卫星的研制和发射费用较高，地面接收设备较为复杂，造价也较高，但与建设庞大的地面发射台、转播站和节目传送网相比，卫星电视广播系统的总费用比地面电视广播系统仍然要低，并且随着服务区的扩大，此差别更显著。与此同时，建立卫星电视系统也有其特殊的要求并存在一些不足之处。例如，卫星电视系统需集中投资，一次建成；在卫星的研制、发射、控制和管理等技术上要求甚高；卫星的可靠性不高，寿命较短等。当然，随着卫星广播技术的发展和水平的提高，这些问题正在不断地得到解决。

4) 电视系统的新技术

随着科学技术的飞速发展，最新的数字革命、电子技术都给电视系统注入了新的活力，电视技术也正发生着翻天覆地的变化。电视技术的每一项新突破都可能导致电视系统的新应用。目前电视系统主要有以下几项新技术。

(1) 高清晰度电视(HDTV)。随着现代生活水平的提高，人们对电视清晰度的要求也越来越高，旧有电视525线的清晰度已不能满足人们的收视需要。20世纪70年代初，日本广播协会(NHK)与索尼(SONY)公司联合研制了高清晰度电视。HDTV与现存常规电视系统相比作了一些重要的改变，具体如下。

① 在屏幕形状方面，常规电视的幅形比是4∶3(宽比高)；高清晰度电视将屏幕比例改为16∶9，从而提供了一个宽角度的视野，更符合人的视觉习惯。

② 水平扫描行数达到了极大的分辨率，清晰度达到1125线，能够提供更多的图像细节。高清晰度电视就是因此得名的。

③ 音频信号的质量超过了现存系统，有了很大的提高。

(2) 数字系统。大多数现有系统的电视信号处理是基于模拟信号编码方式，因为模拟信号在复制时总会有些细微的改变，所以这种编码方式制约着电视的制作、传递与接收质量。而把模拟信号转变成数字信号或者刚开始就以数字方式记录具有以下几个优点。

① 数字式电视技术采用数字编码方式传递信号，即模拟信号被转换成0和1的二进制数字，因此，接收与复制时图像不损失，不会在传输和处理过程中产生噪声和失真。

② 采用数字技术还会给家用电视带来一些新技术。例如，数字化信号可以通过计算机处理并以简便的方法操纵，这种方法对于模拟信号而言是不可能的。

③ 数字式技术是未来电视发展的趋势，可以预期在不远的将来，所有的电视摄像机、录像机都将在数字领域进行工作。

(3) 教学电视定点传送服务系统。这是一种在教育领域使用越来越广泛的系统。这种系统采用无线电电波发送，能同时传送数套节目，使用特殊信号进行广播，普通电视无法接收，需配置专门的降频转换器，将其转换成普通电视信号才能收看。这种系统在教学服务方面有以下几个优点。

① 可以给观众提供大量的教学节目，而且该系统的运行费用比较低廉。它的设备价格比工作在 VHF 和 UHF 波段上系统中的相应设备价格要低。

② 由于这种系统的发射频率很高，所以传播距离受限(一般传播范围只有 32 千米左右)，有利于区域性使用。

③ 由于需要专门的设备接收信号，所以具有一定的保密性。

④ 具有双向传输功能。这包括声音反馈和电子计算机交互作用，有利于促进师生之间的交流。

目前这种技术多应用于人口密度高的商业机构间的数据资料传送与大学向社会提供教育服务。我国绝大多数大学采用了这套系统来传送教育节目，国内很多企业也采用该系统进行在职培训。随着设备价格的进一步降低，这种技术将进一步普及到家庭，其应用将更加广泛。

2.4.2 视听觉媒体的教学应用

1. 视听觉媒体的特性

1) 固定性

这是指视听觉媒体可以记录和储存信息，以供需要时再现。正是由于这一特性可以使信息量不断积累扩大，进而丰富教师的知识技能。

2) 开放性

视听觉媒体在传播信息的过程中是完全开放的，不受地域的限制。一个视听教室可以容纳上百名学生同时观看；电缆电视可覆盖几十万人的区域；而卫星电视传播的范围更为广阔，在瞬息间就可将信息传播至世界上每一个角落，地球成了名副其实的“地球村”。

3) 共享性

视听觉媒体传播的信息，受众是共同享有的，不存在对资料占有之间的矛盾。而视听觉媒体的共享性还使一起收看电视片的不同背景的人建立起相同的经验基础，从而有助于他们展开更为有效的讨论。

4) 重复性

视听觉媒体材料并不是一次性的，只要保存得好，这些媒体可以被反复多次使用，而信息的质与量并不改变。此外，视听觉媒体材料还可以被复制，因而扩大了其使用范围。这种重复性有利于重温记忆的需要，也达到了“温故而知新”的目的。而对于一些动作技能的模仿学习，视听觉媒体的重复性也取得了更好的效果。

5) 趣味性

根据调查，视听觉媒体可极大地提高学生的学习兴趣。视听觉媒体所承载并传递的教学信息能同时作用于人的视、听两种感官并引起刺激，它所具有的直观、鲜明的图像与生动的语言、语音、语调的有机配合，创造出一种新的氛围，不仅能充分地表达传递的教学信息，而且还有利于学习者处于积极的学习状态，促进对信息的接受、理解和记忆。

6) 时空操作性

视听觉媒体具有从不同时间、空间角度进行操作的能力。比如对空间的操作，视听觉媒体所展示的活动图像能让人们看到微观世界、现实世界和宏观世界的现象。它小到肉眼无法看到的细胞分裂，大到宏观的宇宙天体，视听觉媒体都有办法用动画、特技等手段展示，至于世界各地的风光、人物、事件更是可以任意记录，完全不受空间的限制。而对于时间的操作，“电视时空”能在短短的数小时内展现一段发展时间很漫长的事件，也可以把一件瞬息发生的事情进行时间扩展进而呈现种种细节。比如鲜花开放的时间比较长，而运用电视拍摄手法可以让学习者清楚地看到鲜花连续开放的姿态，而对于子弹穿透玻璃这个瞬间完成的动作，视听觉媒体又可以采用高速摄制、慢速放映的办法让学习者观察到整个过程的细节。

7) 组合性

视听觉媒体具有和其他教学媒体组合使用、相互促进信息表达的效果。如在某一教学活动中，几种媒体可按一定的顺序轮流使用，呈现各自的信息。此外，视听觉媒体还具有展现其他媒体的作用，这也是其组合性的一个体现。比如可用摄像机拍摄幻灯片、投影片，将其展示到屏幕上。

8) 辅助性

视听觉媒体的辅助性，是指其在教学过程中虽然具有良好的促进作用，但与人相比它仍处于辅助地位，归根到底，它也是由人制作、受人控制的，只能扩展和代替教师的部分作用，而即便是这部分作用也依赖于教师的精心编制设计。所以，视听觉媒体包括其他一切先进媒体，在教学活动中都处于辅助地位。

2. 电视教材的开发

电视教材是根据教学大纲的规定，采用电视图像和声音表达教学内容的一种音像教材。由于电视教材具有视听结合、突破时空局限、存储量大、传送方式多样化等优点，因此，它在教学中得到了广泛的应用。我国有世界上最大的广播电视教学系统，它是由连接中央到地方的各级广播电视大学的教学网络构成的。电视教材在其中发挥着十分重要的作用，是当前最主要的学习资源之一。在课堂教学领域，我国教育技术界已明确将“片段性内容”电视教材作为现代教学媒体材料的一种类型。这类电视教材，可以没有尾，也可以没有解说，只是就某一课程内容的问题提供形象化的片段材料，教师使用这类教材时，需要边展示边讲解。这类片段教材，尽管只有一两分钟时长，但往往是教学上非常珍贵的形象材料，对帮助教师提高教学质量很有好处，是一种值得提倡的电视教材。可见，不管是开发整门课程(或部分章节)的广播电视教材，还是电视教材片段，都是很有必要的。

1) 电视教材的策划与设计

(1) 确定教学目标。教学目标是教学活动的指南，在电视教材中，教学目标决定了电视教材所要表达的内容深度。教学目标包括认知目标、情感目标和动作技能目标。在认知领域的教学目标中，一般可分为识记、理解、应用、分析、综合、评价六个层次，它们反映了教学目标的不同水平，同时也反映了教学内容的难易程度。

(2) 分析教学内容。电视教材便于传输动态的图像、事物的变化过程。各门学科的教学内容一般可分为事实、概念、技能、原理、问题解决等几种类型。电视教材是以图像画面为主体构成的，有些过于抽象化、理论化的教学内容难以用相应的图像去表现，此类教学内容不宜制作成电视教材。

(3) 分析教学对象。电视教材不同于新闻、艺术和科普电视，它有特定的教学对象，有明确的目的和任务。特别是广播电视教学，通常是开放性的，受教育的对象量大、面广、层次不一，因此，需要分析学生的年龄特征、知识结构、生活经历等多个方面，以便依据其特点和差异来制定电视教材的教学任务。

(4) 表现方式。电视教材的表现方式通常有讲座型、主持型、对话讨论型、展示型、游戏表演型、角色扮演型等种类，电视教材的编制人员需要综合考虑教学内容和学习者的特征，然后从中选择合适的表现方式。不过，不管哪种表现方式都要遵循以下五项原则：符号的选择要有利于教学信息的传递，字幕的呈现要反映教学内容的结构，解说的内容要体现教学的引导作用，音响效果要反映教学过程的真实性，镜头的组接要符合知识之间的关系等。电视教学设计方案要落实到文字稿本上才便于编制人员理解。文字稿本的编写一般应由教师在教学设计人员和编导人员的帮助下根据教学目标、内容、对象和方式，运用教育心理学原则，进行综合处理，形成形象化的画面和有配音的文字材料。分镜头稿本是由导演依据文字稿本编写完成的，包括机号、镜号、景别、时间、技巧、画面、解说、音乐、音响、备注等内容，它是未来电视教材的蓝图，也是电视教材制作人员的工作依据。

2) 电视教材的摄录编制

电视教材的制作是电视教学设计方案得以实现的过程，是对电视教材蓝图的施工。电视教材的摄录过程可分为制作和后期制作阶段。

(1) 制作阶段。制作阶段是根据分镜头稿本，在导演的全面指挥下拍摄、录制视觉和听觉素材的过程。制作的主要工作包括场景摄录、音效采录，图表、动画、字幕录制等。

(2) 后期制作阶段。后期制作阶段就是编辑合成阶段。编辑合成是把前期制作阶段摄录的各种分散的视听素材，按照声像组接原则，进行编辑合成，构成完整的电视录像教材。后期制作阶段的主要工作包括审视素材、修订分镜头稿本、画面组接、配音合成、叠加字幕等。

(3) 编写内容简介。内容简介包括电视教材的主要内容和形式、欲达到的教学目标、适用对象、时间长度等信息，可方便地供师生检索，以便选择使用。

(4) 电视教材的使用和评价。在电视教材制作完成以后，要进行教学实验，取得教学效果的第一手反馈信息，据此作出修改，然后再推广使用，最后作出总结性评价。

对电视教材的科学评价要以预期目标作为标准，观察、调查和分析该教材在教学过程中被使用的情况，取得反映教师教学的质量和学生学习效果的反馈信息。观察或调查电视教材与其他教材在共同完成一个教学任务中的作用，分析电视教材实现教学目标的状况和程度。无论是哪种类型的电视教材，都要从其在教学过程中是否恰当地起到应有的作用、是否比其他媒体更适合表现该部分教学内容等方面来进行评价。

电视教材质量优劣的关键最终要看其实际效果。制约电视教材编制质量的因素是多方面的，有策划设计方面的，也有编制技术方面的；既有主观因素，也有客观条件的限制。所以，我们在评估的时候要认真细致地分析各种反馈信息，以确定是哪方面的问题，从而进行有效的改进。

3. 视听觉媒体的应用原则

多年来，视听觉媒体凭借自身的特点作为一种有效的辅助教育手段已被广泛地接受，特别是在一些中短期培训课程中，视听觉媒体的使用更为普遍。对于具体到某一种媒体，其主要的优缺点都可以很自然地被理解，而对于整个教学活动，这些视听觉媒体应如何搭配选择、何时选择，以及具体使用的规律有哪些，都是值得研究的。需要注意以下几点

(1) 选择具体适用的电视媒体时，应综合考虑各种因素。比如学习者的特点，同一种媒体对不同的学习者可以产生不同的效果。此外媒体的易获得性及使用的成本效益实际因素也应该在考虑之列。

(2) 电视媒体并非是能够起到决定性作用的万能媒体，它并非适合于任何教学目标。归根到底，它仍然是辅助教师工作的一种工具。因此，不能以电视媒体完全代替讲课，不同媒体具有不同的专长。

(3) 在电视媒体的使用过程中，教师对整个媒体特性的掌握程度和操作的熟练程度将在很大程度上决定媒体的使用效果。根据媒体特点、学生实际情况以及教学需要等因素，经过仔细选择、设计、编制的媒体，对学生的学习会有明显的帮助。因此，教师接受运用媒体的专门训练是很有必要的。

(4) 每种媒体都有其独特的内在规律，即有一套充分发挥其功能的固有法则。所以运用媒体的方式、方法在相当大的程度上决定了学习的效果，媒体的使用不会自动促进学习，如何运用要比如何选择更为重要，传输什么比用什么传输更为重要。

(5) 由于电视类媒体声像并茂的特点，而使学习者具有较强的使用欲望，于是在电视媒体的使用过程中很容易造成两种倾向：一种是对电视媒体的滥用，而很多时候利用它主要是为了方便，却并没有正当的教育理由，这种使用实际上已造成了教师放弃了对学生的控制；另一种倾向则是仅仅在使用过程中将媒体，作为装饰物，并没有将它的真正优势发挥出来。

(6) 对于造价昂贵的电视类媒体而言，由学校统一建立一个合乎要求的媒体中心或资源中心，比将同样的财力分散到各个教学部门分别配置设备所达到的教学效果要好得多。但有一点值得注意的是，在只有一个媒体中心的情况下，其教学效果的好坏在很大程度上取决于这个中心管理的完善程度和体制的合理程度。

1) 视听艺术应用应遵循一致性

一部好的多媒体课件无论是在色彩、布局还是配乐上都是风格统一的整体，不会给人有跳跃的感受。在课件设计的过程中，不能只凭个人对色彩、音乐感觉的好恶来表现，而要根据内容的主次、风格以及学习对象来选择合适的色彩、音乐作为课件的基调，如内容活泼的常以鲜艳、亮丽的色调来表现，添加的音乐也是以活泼动感为主；柔性的则以粉色系列来传达，以轻快、柔美的音乐来表现；政治、文化类的以绿色来衬托，以古典音乐来修饰；一些科技类及专业内容则以蓝色、灰色来定调，音乐则是以现代气息浓重的激情勃发的背景音乐为主。不管多媒体课件的层次多么复杂，课件的整体基调不能变，不能一会儿红、一会儿蓝，一会儿黑、一会儿白，那样，色彩就乱了，使课件内容首先从页面上失去了整体感，从而显得杂乱无章、不协调。在多媒体课件设计中，背景常采用深色或浅色调，一方面便于衬托媒体，更重要的是为了装饰和美化的方便，如在深色或浅色的背景上

可做一些过渡色及边框修饰，镶嵌一些图案、材质和花纹等，起到美观和深化主题的作用，而白色背景在装饰上就受到限制。音乐、解说、音响等的使用也不能随心所欲，也应该遵循整体基调的统一。不能在轻柔优雅的背景音乐中配以铿锵有力的解说，这就会使人心理上产生凌乱的感觉，影响学习者的学习效果。此外，音乐的音量也要高低强弱得当，这样才会达到良好的效果，所以在多媒体课件设计的过程中要添加音乐控制按钮，可以由教师和学生灵活控制。

总之，多媒体课件设计的整体把握原则是背景与所衬媒体的色调要基本一致，整幅页面要保持一个主色调；音乐要前后一致，且要与整个课件的色彩相搭配。同时，相互之间在颜色的深浅度上要形成反差，以使媒体(主要是文字)在和谐的背景衬托下显得清爽明亮，使整幅页面和谐美观。

2) 视听艺术的应用应遵循简洁性

(1) 界面设计应简洁。

多媒体课件界面设计的简洁性是指界面的清晰度、复杂度以及教学内容含量等应该与学习者的能力相当。即针对不同知识结构层次的学习者，设计复杂程度相当的界面，使学习者把注意力完全放在界面的内容上，而不是被吸引到界面的形式上。过分烦琐的界面，使用起来也很不方便，过于花哨的界面也容易使学习者分散注意力。界面要力求简洁、突出主题，与主题无关的或不能为主题服务的素材不要采用。因此，在设计界面时要突出主要画面，无关信息应尽量减少或剔除，以免分散学生的注意力。

具体来说，我们在设计、制作多媒体课件时应注意以下几点

① 课件所展示的内容应是教学中的重点、难点，避免将多媒体教材制作成教科书，避免面面俱到、冗长枯燥。应使界面友好，交互方便，文字内容准确、精练。

② 教学内容是具有系统性的，这要求界面设计应根据知识体系的划分，设计出封页、主页、各级子页。一个子页面内的教学内容一般应是同一个层级的内容。同一层级的界面也应具有统一的风格。

③ 应能根据使用者的需求，随意跳转，无论跳转到哪一级界面，都能很方便、快捷地跳转到其他级的页面，进而了解其他页所呈现的教学信息。

④ 在设计中，还要依据多媒体课件的不同类型，如演示型、训练型、模拟实验型等的不同特点，创设恰当的学习情境，设计出清晰、明了、易于操作的界面。除此之外，媒体选用上也应具有简洁性。在设计界面时，应依据所演示内容和学生的特点，对媒体元素进行选择，尽量要简洁。能够用文字表述清楚的(如定义、原理、概念等)尽量用文字媒体来呈现，不要为了尽可能多地使用多媒体工具的功能而盲目加入声音、动画；需用动画呈现的教学信息也应尽量选择占用空间最小的压缩格式。

(2) 色彩设计应简洁。

色彩是吸引学习者视觉器官的重点，因此视觉的设计尤为重要。然而多媒体课件中运用的色彩并不是越多越好，而是要依具体情况适当使用，一般的原则是在达到良好效果的前提下用得越少越好，色彩太多容易使人产生视觉上的凌乱感。具体来说，使用色彩时应注意以下几点。

① 限制同时显示的颜色数，避免颜色过多过杂。除图画、视频等媒体外，同一画面的颜色不宜超过 3～5 种，可辅以层次及形式来配合颜色增加变化。

② 注意色彩的敏感性和可分辨性，除非用于对比，尽量避免不兼容的颜色放在一起。

③ 注意色彩的含义和使用者的不同年龄、地域及文化差异，尽量符合冷暖色、象征意义等常规规则。从生理学和心理学角度来讲，不同年龄、不同民族的使用者对于不同的色彩的感受会有所差别，但色彩的感受也存在普遍性，因此在设计的过程中不但要考虑教学者的心理感受，也要考虑学习者的思维，找出两者的有效结合点，进而进行完美的配合。

(3) 声音应用应简洁。

多媒体课件中的听觉简洁性也就是声音应用的简洁性。声音应用的简洁性应从音乐、解说、音响几个方面来考虑。

① 背景音乐的使用多为轻音乐，轻音乐的节奏变化比较缓和，给人的听觉反差较小，听起来比较舒适，且不易分散学习者的注意力。

② 解说的简洁性体现在急缓配合、适当停顿方面。解说是对教学内容由感性认识上升到理性认识的重要手段，也是防止受教育者受自己思维、阅历等的影响对不同的具体形象表现理解产生偏差的有效办法。

③ 音响的简洁性体现在它的重低音、音量大小等的变化节奏的缓急。多媒体课件中的音响效果原则上要保持节奏舒缓，这样更容易使学生集中注意力，并容易将其情感与音响效果所要表现的情感融合。

3) 视听艺术的应用应遵循科学性

视听艺术应用的科学性，就是指要用科学的态度，以科学的教育原理为依据，结合画面简单、明了、清晰、协调，重点内容突出，演示效果明显等特点，尊重客观规律，实事求是，一切从实际出发，尊重科学依据来制作多媒体课件。例如，设计制作“平抛运动物体”演示课件时，一定要用科学的态度一丝不苟地来完成。如果在设计的过程中出现了误差，就会导致学习者学习的偏差，这不但没有达到应用多媒体课件所要达到的良好效果，还会对学习内容产生误导性。因此根据教材内容设计的课件一定要保证符合实际，特别是根据需要而进行的“微观放大”“慢放模拟”“过程分解”等模块的设计，不能任意发挥、自由想象，而必须符合实验事实，更不能用“模拟动画”掩盖物理过程的事实真相。在动画配音时也要尊重客观实际，尤其是小学生的分辨能力较低，配音中的男女老幼的不同声音一定要形象地表现出来，什么样的声音表达什么样的情感都要合理真实，避免对学生产业误导，要重视基础教育的重要性。

4) 视听艺术的应用应遵循变化性

多媒体课件的视听艺术要保持整体上的统一性，但为了更好地表达教学内容、突出重点，在不同的页面，根据不同的内容也要适当有所变化。比如教学中的重要文字应用与背景反差强烈的颜色或动态，可以应用其他艺术效果，能立刻引起学习者的注意。然而变化时要有一定的度，要注意这些手段的运用是将学习者的注意引向教学信息，是用来突出强调教学内容的，切不可使学习者的注意力集中在这些手段的本身。结合文字内容表达的不同情感、意境，课件的背景颜色也要变化，只有这样才能起到创造意境，激发、渲染学习者情感的作用。与此相应，生活中的音乐与语言文字也具有孪生的亲缘关系，是人类表达情感的同一载体。在多媒体课件中文字所传达的信息也都具有很强的内涵，然而在合适的语言表达的基础上再加入合适的音乐，不但会带给受教育者舒适的感觉，还有助于他们更好地理解内容。原则上，一个多媒体课件应该有一个贯穿始终的背景音乐，但根据不同内容及各个页面的差别应适当地变换使用，整个课件中的音乐不能超过三首，否则会使人心理上产生凌乱的感觉，就会影响学习者的学习效果。此外，音乐的使用也要依情况而定，并不是每个课件的背景音乐都要贯穿始终。音乐的音量也要高低、强弱得当，这样才会达到良好的效果。

总之，多媒体课件相对于传统的课堂有很大的优越性，它对教学的促进作用也逐渐被大家所认识并接受，而在课件中信息的表现主要依靠视觉元素和听觉元素。因此在多媒体课件设计中我们应把视觉艺术与听觉艺术有机地结合起来，扬长避短，更好地调动学生的各方感知，促进学生智力和情感的和谐发展，培养出具有创造性的人才。

2.5 交 互 媒 体

计算机是20世纪最重要的科技发明之一。自1946年第一台现代电子计算机ENIAC在美国诞生以来，计算机技术发展突飞猛进，在社会的各个领域都得到了广泛的应用。在教育领域，计算机尤其受到人们的青睐，与以往任何一种先进媒体的应用相比，计算机的应用在提高教育质量和教学效率方面所起的作用已为人们所公认。特别是20世纪90年代以来，计算机多媒体技术迅速兴起，计算机网络技术广泛应用，使传统的教育方式发生了更加深刻的变革。

2.5.1 计算机辅助教学的基本原理

计算机技术在教育领域的各类应用统称为计算机教育(Computer Based Education，CBE)。它涉及教学、科研和管理等教育领域的各个方面，随着时代的发展和计算机技术的进步，CBE的内容和深度将不断地发展。一般认为CBE包括两个主要方面：计算机直接用于支持教与学的各类应用，即计算机辅助教学(Computer Assisted Instruction，CAI)；计算机用于实现教学管理任务的各类应用，即计算机管理教学(Computer Managed Instruction，CMI)。目前，有学者认为应将计算机支持的学习资源(Computer Supported Learning Resources，CSLR)作为CBE的另一个重要方面。例如，计算机化图书馆和教学资料库、作为教学辅助材料的各类电子出版物、利用互联网上的丰富信息资源支持教师备课和学生课外学习，等等。CBE概念包括：计算机辅助教学(CAI)、计算机管理教学(CMI)、计算机支持的学习资源(CSLR)。CAI是CBE最重要的一个方面，也一直是CBE中发展最快、最具特色的部分。

1. CAI的基本概念

CAI是指以计算机为主要教学媒体所进行的教学活动，即利用计算机的功能和特点辅助教师教学和学生学习。例如，让学习者在计算机上做某些技能训练，并由计算机适时地提供帮助和鼓励；或是用计算机来呈现某个新知识点的内容，让学习者学习，然后计算机提出问题，由学习者应答，计算机进行判断再提供反馈；或是学习者通过计算机网络实现同伴之间的协作与交流等学习活动，都属于计算机辅助教学活动。

人们对CAI的研究与实践始于20世纪50年代末，近年来，随着计算机多媒体技术在CAI中的广泛应用，计算机辅助教学已经进入多媒体时代。多媒体计算机能将文本、图像、声音、动画、视频等表现学科教学内容和教学过程的媒体素材以数字方式存储、处理、传输和呈现，供教师和学生以人机交互方式使用，以实现计算机辅助教学。因此，现在人们常常将计算机辅助教学称为多媒体 CAI，以示与传统 CAI 的区别。

2. CAI 的一般过程

计算机作为教学媒体，与传统视听觉媒体的不同之处在于计算机除了具有视听功能以外，还是一种人机相互作用的系统。它要求学习者或教师必须积极介入活动，利用计算机的人机交互特性参与教学的每个环节。

1) 选择学习内容

学生根据自己的需要或教师的安排通过输入设备向 CAI 系统提出申请，来选择学习内容。

2) 计算机呈现教学内容

计算机将有关的教学内容通过输出设备按一定的结构，以文本、图像、动画、声音、视频等形式呈现出来。

3) 学生接收教学信息

学生接收计算机呈现的教学信息，经过思维活动加以理解和记忆。

4) 计算机提问

当一个概念讲解或演示完毕后，计算机立即通过输出设备提出多种形式的问题，要求学生回答。

5) 学生应答

学生根据对所学知识的理解，通过思考，利用输入设备将应答信息输入计算机。

6) 评价和反馈

计算机接收学生的应答，判断其正误，记录或呈现评价结果，并根据不同的情况给出适当的反馈信息。反馈信息可以是对学生的表扬、批评，也可以是错误原因分析或学习建议等。

7) 反馈的强化作用

学生在作出应答之后，对应答的结果特别关心，这时看到计算机提供的反馈信息，给他的印象就特别深刻，具有明显的强化作用。

8) 作出教学决策

根据对学生应答的评价结果，计算机作出下一步决策，呈现新的教学内容，或呈现原来的教学内容，或呈现更详细易懂的学习材料或结束。这些决策也可以由学生自己作出。

需要指出的是，上面描述的 CAI 的大致过程并不是说所有 CAI 都是这样，不同的 CAI 模式，其过程也不尽相同。

3. 多媒体 CAI 的特点

多媒体 CAI 具有以下几个突出特点。

1) 教学信息呈现的多媒体化

教学信息可以文本、图像、声音、动画、视频等多种形式来进行表现。利用这种优势，可为学习者创设多样化的情境，使他们获得生动形象的感性素材。

2) 教学过程的交互性

教学过程的交互性是多媒体 CAI 的一个突出优势。传统视听觉媒体也能实现教学信息呈现的多媒体化，但它不具备计算机的人机交互能力。计算机具有丰富友好的人机交互界面，利用这种交互特性，可以激发学生学习的兴趣，调动他们参与学习的积极性，从而使学习者的主体作用得以充分发挥。

3) 教学信息组织的超文本方式

超文本技术可以把教学信息采用超文本方式组织起来，即形成一种类似于人类联想式记忆结构的非线性网状结构。按超文本方式组织的教学信息，提供了多种教学信息进程结构供给不同需要的人使用，既可以为教师提供多种适合不同学习对象的教学方案，又可以为学习者提供多种不同的学习路径。

4) 教学信息的大容量存储

目前一张 CD-ROM 可以存储大约 650MB 的信息，能够为学习者提供大量丰富的学习材料，特别是多媒体计算机网络更是为学习者提供了近乎无限的学习资源。学习者可以通过各种丰富的学习资源，学会如何获取信息、探究信息，建构自己的知识结构，培养自身的学习能力。

5) 教学信息处理的智能化

虽然真正实现智能化目前尚有一定的难度，但现在已经取得了一些突破，如具有学生模型的阅读软件、具有自动批改功能的作文教学软件的研究已取得显著的成果。这些现代教育技术的优势，将十分有利于因材施教、有利于学生个性化发展。

2.5.2 计算机辅助教学的基本模式

所谓计算机辅助教学的模式，即 CAI 过程的稳定结构形式。它反映了以计算机为主要教学媒体进行教学活动的不同教学策略。早期的 CAI 主要用于提供联机训练，随着应用范围的不断扩大，特别是教学理论、学习理论的发展和计算机及相关技术的飞速进步，传统 CAI 模式得到了发展和完善，并且有新的模式不断出现。

典型的 CAI 模式如下。

1. 个别指导

个别指导(tutorial)是经典的 CAI 模式之一。此模式企图在一定程度上通过计算机来实现教师的指导性教学行为，对学生实施个别化教学。其基本教学过程是：计算机呈现学习内容—提出问题—学生应答—计算机对应答作出判别并提供反馈。目前，由于多媒体技术的应用，个别指导型 CAI 的教学内容呈现出图文并茂、声色俱全的特点，并使交互形式更为生动活泼。

2. 操练与练习

操练与练习是发展历史最长而且应用最广的 CAI 模式。此类 CAI 并不向学生教授新的内容，而只是用计算机来巩固学生已经通过其他途径学习过的知识或技能。

3. 教学测试

此类 CAI 只用于检测学生的学习成果。由计算机向学生逐个呈现问题，学生作答，计算机给予评分而不即时反馈，但通常会对测试结果进行各类统计与分析。

4. 教学模拟与教学游戏

教学模拟与教学游戏是利用计算机建模和仿真技术来表现某些系统结构和动态，为学生提供一种可供他们体验和观测的环境，是一种十分有价值的 CAI 模式，在教学上有广泛的应用。例如，可以模拟电子运动、原子裂变、落体运动等，以帮助学生加深对原理的理解；可以模拟构造一个微型公园，让学生通过合理设计和妥善经营形成相关的操作技能和解决问题的能力；等等。

教学游戏与计算机模拟有密切关系，多数教学游戏本质上也是一种模拟程序，只不过在其中刻意加入趣味性、竞争性、参与性的因素，做到寓教于乐。例如，在教学游戏中，学生可以扮演某些角色，如作为探险家在蛮荒险地求生、作为企业家在市场竞争中求发展，等等，从而使学生在娱乐中形成相关的能力。

5. 微型世界

微型世界(Microworld)是利用计算机构造一种可供学习者自由探索的学习环境，大多数微型世界是借助计算机建模技术构造的，它和教学模拟与教学游戏有密切的关系。微型世界的基本特点是学生可操纵模拟环境中的对象，可建构自己的实验系统，可测试实验系统的行为。

6. 问题解决

问题解决(Problem-Solving)是一个十分广泛的概念，但作为一种 CAI 模式，是专指利用计算机作为计算工具，让学生利用计算机的信息处理功能解决学科领域的相关问题。通常有两种不同的做法：一是让学生利用某种计算机语言来编制解决问题的程序，如 Pascal、Basic 等；二是向学生提供问题求解软件包，如统计分析软件 SPSS、工程数学计算软件 Matlab 等。就 CAI 范畴而言，第二种做法现已成为主流，因为它可使学生将精力集中于问题求解的方法而非编程细节。

7. 计算机支持讲授

计算机支持讲授(Computer Supported Lecturing)包括多媒体计算机在课堂教学中的多种应用。例如，采用电子讲稿在多媒体综合教室进行课堂教学，利用多媒体网络教室支持课堂演示、示范性练习、师生对话、分组讨论等。计算机在课堂教学中的应用使传统的教学形式得到新生，并且有助于教师在信息化时代的教学过程中继续发挥其应有的作用。

2.6 多媒体系统

许多模式，如课堂教学模式、个人自学模式、协作学习模式以及网络教学，实际上这里所指的多媒体教学有两层含义：一是运用网络教学模式等，这些模式之间的差别不只是方式的不同，更重要的是指导思想的不同，本书中所研究的主要是指课堂教学模式。以多媒体计算机为核心媒体的教学，由多种媒体(如幻灯、投影、电影、电视、录音等电教设备)组合的多媒体教学，把多媒体计算机作为一种新的教学媒体引入到媒体组合教学。二是以多媒体计算机为核心媒体的教学方式，这也是人们通常所理解的多媒体教学。但这本身实际上也属于教育技术领域。

1. 多媒体的特性

多媒体具有以下几个特性。

(1) 集成性。能够对信息进行多通道统一获取、存储、组织与合成。

(2) 控制性。多媒体技术是以计算机为中心，综合处理和控制多媒体信息，并按人的要求以多种媒体形式表现出来，同时作用于人的多种感官。

(3) 交互性。交互性是多媒体应用有别于传统信息交流媒体的主要特性之一。传统信息交流媒体只能单向地、被动地传播信息，而多媒体技术则可以实现人对信息的主动选择和控制。

(4) 非线性。多媒体技术的非线性特点将改变人们传统循序性的读写模式。以往人们读写方式大都采用章、节、页的框架，循序渐进地获取知识，而多媒体技术将借助超文本链接(Hyper Text Link)的方法，把内容以一种更灵活、更具变化的方式呈现出来。

(5) 实时性。当用户给出操作命令时，相应的多媒体信息都能够得到实时控制。

(6) 信息使用的方便性。用户可以按照自己的需要、兴趣、任务要求、偏爱和认知特点来使用信息，任取图、文、声等信息表现形式。

(7) 信息结构的动态性。“多媒体是一部永远读不完的书”，用户可以按照自己的目的和认知特征重新组织信息，增加、删除或修改节点，重新建立链接。

2. 多媒体技术

多媒体技术(Multimedia Technology)是利用计算机对文本、图形、图像、声音、动画、视频等多种信息综合处理、建立逻辑关系和人机交互作用的技术。

真正的多媒体技术所涉及的对象是计算机技术的产物，而其他的单纯事物，如电影、电视、音响等，均不属于多媒体技术的范畴。

多媒体技术中的媒体主要是利用计算机把文字、图形、影像、动画、声音及视频等媒体信息都数位化，并将其整合在一定的交互式界面上，使电脑具有交互展示不同媒体形态的能力。它极大地改变了人们获取信息的传统方法，符合人们在信息时代的阅读方式。多媒体技术的发展改变了计算机的使用领域，使计算机由办公室、实验室中的专用品变成了信息社会的普通工具，广泛应用于工业生产管理、学校教育、公共信息咨询、商业广告、军事指挥与训练，甚至家庭生活与娱乐等领域。

1) 多媒体计算机

多媒体技术的出现是现代科学技术发展的结果。多媒体技术是指依靠人们丰富的想象力把抽象的思维与现实存在的画面有机地结合在一起，可以制作或完成一些能反映物质结构的三维动画，同时可以进行声音处理及控制的一项新技术。20 世纪 90 年代，计算机设备的时代特征是计算机和信息在普通条件下无法完成或无法观察到的科学实验过程。多媒体计算机技术是集电子技术、计算机技术、工程技术于一体，能够完成数据计算，信息以及图像处理，工业、商业等方面新产品的设计，还可以实现人与机器的对话。

2) 多媒体计算机的特点

多媒体计算机与一般传统的教学设备相比，具有以下三个显著特征。

(1) 组成方面。多媒体计算机既是各硬件的集合，如高速 CPU、大容量的硬盘和内存，性能优良的数据、图形处理器、声音压缩卡及显示器等，又是软件的集合，如各种系统操作软件，数据、文字、图形、图像和声音处理软件等。

(2) 技术方面。多媒体计算机对各种信息的采集、处理、存储、传输和显示全部实现数字化，包括图像和声音，是一个智能化的终端。经过数字技术处理的信号无论是从质量上、还是数据处理上都远远超过传统的模拟技术的处理。

(3) 应用方面。通过操作多媒体计算机，可以非常灵活地调用处理和显示文字、图形、图像、声音等教学内容；通过各种互联网络可以方便地调用自己所需要的信息资源，面向世界、了解世界。

思考题

一、填空题

1. 根据使用媒体的感知器官分类，教育媒体有________、________、________、________。

2. 光学投影教学媒体包括________和________，________和________，________和________等。这类媒体主要通过________，把小的透明或不透明的图片、标本、实物投射到银幕上，呈现所需的教学信息，包括________和________。

3. 教育媒体的开发，首先要在校园内建立一个充满教育教学信息，方便师生获取与利用信息的环境。其中包括________，________，________和________。

二、选择题

以下哪个不是多媒体教材编制应遵循的基本原则。(　　)

A. 教育性　　B. 科学性　　C. 才艺性　　D. 技术性

三、简答题

1. 列举并阐释视听觉媒体的特性。
2. 电视材料的摄录编制有哪几个步骤，请简单描述。
3. 多媒体的特性有哪些，请简单描述。

第 3 章　教育信息资源

本章学习目标

通过对本章的学习，你应能做到：

1. 正确解释或说明教育信息、教育资源的概念和类型；
2. 阐释网络课程、专题学习网站和专业教学资源库的含义和开发过程；
3. 阐述教育信息资源的管理和利用的基本途径与方法；
4. 学会网络信息资源的搜索方法，能按要求快速获取所需的信息，并能将之进行适当的分类、比较、评析，进而转化为有效的学习资源。

3.1　教育信息资源概述

教育技术研究的核心是教与学的资源和过程。在开展教育技术的应用研究中，信息资源建设是一项关键性的基础工程。教育信息资源作为信息资源的重要组成部分，在提高教育教学质量、挖掘教育发展潜力上发挥着重要作用。

3.1.1　教育信息资源的概念

1. 信息、数据与知识

要知道什么是教育信息，什么是教育信息资源，必须先知道什么是信息。从客观上看，信息是指一切事物存在方式和运动规律的表征。它是事物的一种普遍属性，只要事物存在，就会有表征其属性的信息。人们正是通过自然界和人类社会中产生的不同信息来区别和认识各种事物的。从主观上看，信息是指人们对事物的认识所形成的各种知识、学问、消息等，它与人类的智能活动密切相关。这里所说的信息主要是指后者。在人类进入信息社会的时代，信息已成为发展科技、经济、文化、教育的重要支柱之一。

目前，人们普遍认为，物质、能量和信息是构成世界的三大要素和资源。作为与物质和能量不同的第三种资源，信息具有一些特有的性质。

1)　知识性

信息是关于事物运动状态与规律的表征，用于消除人们认识上的不确定性，这是信息的一个本质特征。如果人们对客观事物的运动状态与规律还不了解，对其缺乏必要的知识，那么对该事物的认识就不确定。当人们获得了该事物的有关信息后，知识就会增多，对该事物的认识就由不确定转向确定。

2)　无限共享性

当某个组织或个人拥有某一信息时，可以传送他人，而自己不会有什么损失，因此可以无限次与他人共享。例如，教师可以将知识多次传送给学生。

3) 永不枯竭性

一旦人们拥有某一信息，不会因为他们多次应用信息而使信息有所减少或丢失。

4) 开发增值性

信息通过人脑的加工处理，可以不断积累与分析综合，变为新的知识与信息，增加信息的价值。因此，人类需要尽量地开发与利用信息，获得更大的利益。

5) 应用性

信息只有在应用中才有意义，没有得到应用的信息没有价值。例如，知道某种教学资源对于某门学科的教学很有帮助，而在该门学科的教学中积极使用了该种教学资源，这个信息就创造了效益。但是如果不在教学中使用或是等待许久后才在教学中应用，就不可能创造什么效益，那么这个信息就失去了意义。

人类的生产和生活，每时每刻都离不开信息的收集、传送和处理。而且，随着社会的进步，人类需要处理的信息量越来越大，对信息处理的速度和精度的要求也越来越高，传统的信息处理手段已不能满足这一变化，于是，能高速、精确地处理大批量信息的计算机应运而生。

从原理上讲，计算机只能处理 0 和 1 所组成的二进制数据。因此，数值、文字、声音、图像、视频和动画等信息要能够被计算机识别、存储和处理，必须先转换为二进制数据。在计算机科学和教育技术学当中，在不严格要求的情况下，我们也可以将数据直接理解为数值、文字、声音、图像、视频和动画等信息。

数据是信息的素材。数据是在各种现象和事件中收集的。当我们根据一定的利用目的，采取相应的形式对数据进行处理后，就可得到新的信息。知识则是人类对各种信息进行思维分析、加工提炼，并加以系统和深化而形成的结果。

传统意义上，一般将知识分为以下三类：自然科学知识，主要指自然界的物质形态、结构、性质和运动规律的知识；社会科学知识，主要指各种社会现象及其发展规律的知识；思想科学知识，主要指揭示思维的矛盾性质和运动规律的知识。

联合国经济合作与发展组织(OECD)在《以知识为基础的经济》一书中则从知识经济学角度将知识分类为：知道什么的知识(Know what)，即关于事实的知识；知道为什么的知识(Know why)，即自然原理和规律方面的科学理论；知道怎样做的知识(Know how)，即技术和诀窍方面的知识；知道是谁的知识(Know who)，即人力资源方面的知识。

如果我们将数据、信息与知识的关系比作金字塔，那么数据就是塔的底座，信息是中段塔身，而知识则是塔的顶端。数据处理和信息加工的最终目的，就是产生大量供人们使用的知识。

2. 教育信息与教育信息资源

1) 教育信息

教育就其本质而言，是一种信息传递活动。信息传递具有以下基本特征：必须有信息的发出者；必须有信息的接收者；必须有某种可以传递信息的媒体；所传递的必须是“信息内容”，而不是其他。具体如图 3.1 所示。

因而在教育活动中，首先，要有教育信息的发出者，也就是要有某个人、某种组织或某种设备来发出教育信息，即“教育者”；其次，教育活动还要有教育信息的接收者，即“受教育者”；再次，教育活动还必须有某种可以传递教育信息的媒体；最后，在教育过程中，人们所传递的有意义的东西是教育信息，而不是其他。

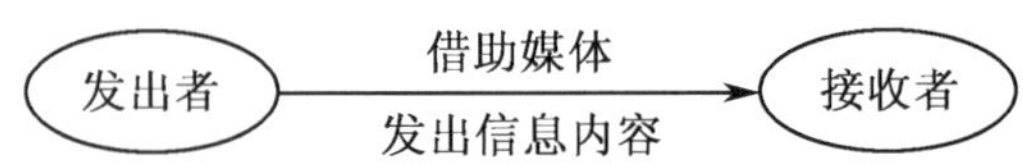

图 3.1 信息传递的过程

简而言之，教育信息是指在教学活动中传递、加工和处理的信息。教育的核心功能是教学活动。教学活动是一个以教师为主导，以学生为主体的双向活动过程，中心是使学生获取信息，具备信息加工处理的能力，并形成一定的知识能力和结构。在教学活动中，自始至终充满了种类繁多、形态各异、功能不同的教育信息的传递、加工和处理。有学者将教育信息归类为教学目标信息、预测学生信息、教师传送信息、实践教学信息、家庭教育信息、大众传媒信息、人际交往信息和学生反馈信息等。本书将教育信息界定为：①教育信息的开发、处理、发出者，包括一切从事与教育信息相关的技能人才；②教育信息开发、处理、储存、传递、展示的媒体，即教育信息技术中的硬件和软件，如互联网、校园网及教学平台等；③教育信息本身，如各种学科知识或其他知识等。教育信息作为教育特定领域中传递、加工和处理的信息，具有如下几个特性：

(1) 目的性。教学活动是一项有目的、有计划培养社会所需人才的活动，作为教学活动要素之一的教育信息，具有明显的目的性，它制约于特定的教育目的和教学目标，服务于特定的教学对象，所利用的教育信息均应服从培养人的需要。

(2) 科学性。在教学活动中应用的教育信息都应当是科学的，举例来说，对事物的命名，概念、定义的表达，所作的论证，引用的事实都要正确无误；对学生作业、试卷的批改和问题的回答都应正确无误，符合科学性；教学资源的开发与使用，应生动有趣，但不能违背科学原理。

(3) 系统性。按教学大纲编写的文字教材和配套多媒体与网络教学资源等，构成了某一门学科系统的知识体系，这样方便教师引导学生扎扎实实、循序渐进地掌握系统的知识和技能。

(4) 已获取性。教育信息都是人类历史积累的已被获取的信息，不像科学研究活动，要去研究获取人类尚未掌握的事物的信息。

(5) 可接受性。在教学活动中，要考虑学生的经验和知识水平，选用信息形态合适的媒体，才能使信息容易被学生接受和理解。

(6) 反馈性。教育信息的传送是双向的，不仅教师向学生传送信息，学生也向教师反馈信息，教师根据学生反馈信息来调整传送的教学信息，以取得最优的教育效果。20 世纪 80 年代以来，因微型计算机的普及而发展迅猛的多媒体计算机和网络技术越来越广泛地应用于教育活动之中，使教育信息传递活动具有了新的特点：一是多媒体计算机和网络技术使教育信息突破了时间、空间的限制，可以在任何需要的时间被利用，到达任何需要的地方；二是多媒体计算机和网络技术使教育信息突破了量的限制，可以实现信息的巨量储存、传递、增加。同时由于传递信息的媒体的变化，也使教育信息传递活动中其他诸要素发生着深刻的变化。

2) 教育信息资源

教育资源是指支持教育教学的资源，包括支持学与教的系统和教学材料与环境。广义的教育资源不仅指用于教与学过程的设备和材料，还包括人员、预算和设施，包括能够帮助个人有效学习和操作的任何东西。信息技术教育资源是指在以计算机和网络为主要特征的信息技术环境下，为教学目的而专门设计的或者能为教育目的服务的各种资源，包括教育环境资源、教育人力资源和教育信息资源。

(1) 教育环境资源，是指构成教育教学系统的各种硬件设备，如计算机设备、网络设备、通信设备等，以及维持教育教学系统正常运行的各类系统软件、应用软件、工具软件、教学软件等。

(2) 教育人力资源，包括教育教学机构人员、任课教师、教辅人员、行政管理者，以及能通过互联网等现代通信工具联系到的各个领域的专家、学者。

(3) 教育信息资源，是指经过数字化处理，可以在多媒体计算机上或网络环境下运行的多媒体信息材料，它能够激发学生通过自主、合作、创造的方式来寻找和处理信息，从而使数字化学习成为可能。

我们通常把教育信息资源理解为信息技术环境下的教育资源，以及为达到某种教学目的的教学支撑系统软件与资源管理系统软件等，包括数字视频、多媒体教学软件、教育网站、电子邮件、在线学习管理系统、计算机模拟、在线讨论、数据文件、数据库等。本章重点介绍教育信息资源，如不特别指出，本章的教育信息资源均指这种类型。

3.1.2 教育信息资源的类型

1. 按资源主要使用对象分类

教育信息资源可分为四类：学习资源、备课资源、科研资源和介于三者之间的管理资源。

1) 学习资源

学习资源是指供学习者使用的各学科的电子讲稿、网上教程、课程资料、学习论坛、讨论组、试题库、教学软件、招生就业信息等信息资源。

2) 备课资源

备课资源是指供教师备课使用的各种课程资料、教学软件、教案、指导刊物、学术会议资料、交流心得等。教师在教学准备过程中，需要收集大量的资料，网络为教师制作各种类型的教材提供了丰富的教学资源，有利于优化教学设计，提高备课效率。

3) 科研资源

科研资源是指供教育管理部门、教育科研人员，以及学习者使用的各学科的专业文献资料、各种政策法规、各种教育新闻、教育统计信息等。

4) 管理资源

管理资源是指供管理人员对各类教育信息资源及各类教学活动进行统一管理的数据库管理系统。学习资源、备课资源和科研资源的正常组织与使用都离不开管理资源，否则教学活动过程将变得凌乱无序。

2. 按资源的组织形态分类

教育信息资源主要包括媒体素材、试题、教学案例、教学软件、网络课程、网络教学支撑环境、教学资源管理系统、文献资料、常见问题解答(FAQ)、资源目录索引等类型。

1) 媒体素材

媒体素材是承载教学信息的载体，是构成各种资源的基础，也是传播教学信息的基本材料单元，可分为文本类素材、图形(图像)类素材、音频类素材、动画类素材、视频类素材五大类。

2) 试题

试题是测试中使用的问题、选项、正确答案、得分点和输出结果等的集合。试题是评价学生知识掌握情况的依据，也是教学过程中必不可少的一种教学资料。试题没有固定的存储格式，通常是以试卷或题库的形式存储。

3) 教学案例

教学案例是指由各种媒体元素组合表现的有现实指导意义和教学意义的代表性事件或现象。简单地说，案例是对某一事件的过程与结果的描述，以及对原因和效果的分析。教学案例通常是在教授某理论、原理或规律时作为典型实例提供给学生的，能够启发和促进学生对教学内容的掌握。

4) 教学软件

教学软件是实现信息技术与学科课程整合和教学活动过程的工具软件，根据运行平台可分为网络教学软件和单机版教学软件，其中网络教学软件需要标准浏览器环境的支持。

5) 网络课程

网络课程是指通过网络环境表现的学科教学内容及实施的教学活动的总和，它包括按一定的教学目标、教学策略组织起来的教学内容和网络教学管理系统。

6) 网络教学支撑环境

网络教学支撑环境是网络教学正常开展的保障，可为网上教育的实施者和学习者提供完整的教学辅助、教学管理与学习指导工具，包括网络课件写作工具、多媒体素材集成软件、网上答疑、网上讨论、在线测试等系统软件、工具软件及应用软件等。

7) 教学资源管理系统

教学资源管理系统是通过对教学资源产生、教学资源分类、教学资源使用、教学资源评价的动态循环管理，对原始数据(如视频、音频、动画、图片等)、半成品(如课件)、成品(如教案)等形式的教学资源进行全面整合，从而能实现校内资源管理、区域管理、Web资源管理、教师评估管理和资源共建共享管理的多层次、全方位的管理功能。

8) 文献资料

文献资料是指各学科的相关专业文献，有关教育方面的政策、法规、条例、规章制度，对重大事件的记录，重要文章，书籍等。

9) 常见问题解答(FAQ)

常见问题解答是针对某一具体领域，如某一学科中某一个具体的知识点最常出现的问题而给出的全面解答。

10) 资源目录索引

资源目录索引是列出某一领域相关的网络资源地址链接和非网络资源的索引。通过资源目录索引可以为学习者在信息海洋里提供清晰的导航，进而保障学习的顺利进行。

3.1.3 教育信息资源的特点

教育信息资源是人们从事教育活动的条件和产物。教育信息资源作为一种信息资源除了具备一般信息资源的属性，如知识性、无限共享性、永不枯竭性、开发增值性、应用性等外，由于其具有多媒体、超文本、友好交互、虚拟仿真、远程共享等特性，还表现出以下几个特点：

1. 信息形式的多样性

网络上的教育信息资源以超媒体形式组织，超媒体的组织方式不仅可以通过网络的超链接直接得到与主题相关的教学资源，还包括精美的画面、优美的音乐、逼真的动画和视频图像，极大地丰富了信息内容的表现力，有助于人们认知结构的更新和重构。

2. 信息获取的便捷性

网络上的教育信息资源检索简单、快捷、方便，可通过网络终端随时随地获取，这就避免了其他媒体信息在查找时所必需的时间、空间等因素的限制。例如我们可以通过互联网查询各在线图书馆的图书资料信息，节省奔波于图书馆的时间和精力，特别是奔波于外地图书馆之间的时间和资金。

3. 信息资源的共享性

互联网上的教育信息资源除了具备一般意义上的信息资源的共享性外，还表现为一个网页可供所有的上网用户随时访问，不存在传统媒体信息由于复本数量的限制所产生的信息不能获取现象。网络还提供了大量的免费检索工具、免费下载软件、免费信息资料等。

4. 信息传播的时效性

网络信息的时效性远远超过其他任何一种信息，网络媒体的信息传播速度及影响范围使得信息的时效性增强。同时，网络信息增长速度快、更新频率高也是其他媒体信息所不能比拟的。

因此，在教育信息资源的开发利用过程中，查找最新信息资料，网络是首选。

5. 信息传递的交互性

交互性是网络的主要特点之一。网络教育信息资源一改以往书籍等印刷信息以及广播电视等电子信息的单向传递方式，具备同步与异步双向传递功能，用户在接收相关的信息后可针对该信息随时向该信源提供反馈，网络用户既可以是网络教育信息资源的使用者，也可以是网络信息的发布者。

6. 信息内容的广泛性

网络教育信息资源内容丰富广泛，可为各个学科领域的师生提供参考。例如，最新的教学大纲与构思、教学资料、众多模式的教学软件、网上教程、丰富的课程参考文献、课程开发工具和图像资料、一线教师的教学经验，以及世界各地的各级学校的概况、世界各地教育管理部门的各种教育政策、措施、研究项目、网上期刊、各级印刷物及各种动态性信息和每日新闻、快讯、动态报道、会议通知、各种消息等。

7. 信息资源的创造性

数字化教育信息资源具有切合实际、及时可信的特点，既可用于多层次的探究，也可通过计算机网络工具对其直接进行操纵处理，富有创造性。

3.2 教育信息资源的开发

教育媒体是指在教育过程中承载和传递教育信息的媒体。其性能、特点、使用方法对教育的效率有很大影响。教育媒体随着科学技术的进步而不断发展和丰富，使教师能用多种媒体传递教育信息，学生能通过广泛的渠道获得更大范围的学习经验。根据不同的分类方法可分为：传统媒体、单向媒体和双向媒体；课堂教学媒体和远距离教学媒体；听觉媒体、视觉媒体、触觉媒体和视听媒体；真实性媒体、模拟性媒体和符号性媒体等。

3.2.1 教育信息资源开发的基本方式

在实际开发过程中，教育信息资源开发的基本方式为：第一阶段(也称为前期准备阶段)主要开展教学需求分析、系统设计、系统结构确立、文字脚本编写、系统设计和评价等工作；第二阶段(也称制作阶段)主要开展文本、图形图像、动画、声音和视频影像等多媒体素材的制作、界面的设计、程序脚本的编写、系统程序编写(如有需要)、多媒体信息资源的编辑整合等工作；第三阶段(也称测试与审查阶段)主要开展系统的测试、使用、问题反馈、修改、审查(包括复核、复查)等工作。本书中，教育信息资源的开发主要是指多媒体素材的制作和多媒体信息资源的编辑整合两部分工作。

多媒体素材大多先通过多媒体开发工具进行数字化处理，然后再利用多媒体创造工具进行集成与创作，编辑成适用于各种学习模式的各式学习资源。多媒体素材的准备与制作是教育信息资源开发的基础和关键环节，多媒体信息资源的编辑整合主要分为视听教材制作、电子幻灯片制作、网络课件制作、教学网站、教学资源库和网络课程开发等几种类型。这些工作都是在资源开发工具的支持下完成的。

3.2.2 多媒体素材与视听教材制作

1. 多媒体素材

多媒体素材按照媒体类型可分为文本、图形图像、音频、动画和视频五大类。多媒体素材的准备与制作是一项十分繁重而细致的工作。

1) 文本素材

文本素材是指主要以文字为媒介的素材，文本主要指字母、数字、符号等。学习内容的表达如概念、定义、原理的阐述、问题的表述等都离不开文本，文本是传播教学信息的重要媒体元素。文本一般可分为纯文本(文本)和图形文本。

(1) 文本输入与处理。常用的文本文件格式有 TXT、RTF、DOC、DOT、WPS 和 PDF 等。此类文本的制作方式通常为通过扫描仪扫描文本。对于现成的印刷品，人们常通过扫描仪将印刷文稿转化为由像素组成的图像，利用光学字符识别(OCR)技术，将图像识别成为可任意编辑处理的文本文件。扫描输入适合于文本的规模制作。

键盘输入。通过计算机文本编辑软件，可以很方便地利用键盘输入文本。当前常用的文本编辑软件有 Word 2021/Win10、WPS 2020、记事本等。常用的文本输入法有智能 ABC、微软拼音输入法、五笔字型输入法、语音输入、手写输入等。

直接从互联网上下载。常用的浏览器软件有 Internet Explore(IE)、NetScape、Safari、Firefox、Opera、Chrome 等。下载速度较慢时可以用下载软件，常用的断点下载工具软件有 Flashget、网络蚂蚁(Netants)、影音传送带(Net Transport)等。

(2) 图形文本。在图形文本软件中输入文本，可以将文本做成图形格式。其优点是可以对文字进行一些特殊效果处理，如渐变字、透视字、变形字、立体字等。教学信息资源开发时运用图形文本，显示时可以不受字库、文本样式等因素的制约。常用的图形文本处理软件有 CoreDraw、Photoshop、Firework、3D Studio Max 等。

2) 图形图像素材

图形图像是信息技术教学环境下表达教学信息的最有力手段之一，对于帮助学习者分析、理解教材及解释观念或现象都有重要的意义。

(1) 图形图像的类型。一般来说，图形图像可分为两种类型，一种是矢量图(Vector Graphic)，另一种是位图(Bitmap)。其区别如表 3.1 所示。

表 3.1 图形图像的类型

类型	基本单位	显示过程	变换	存储空间	表现复杂图画
矢量图	图元	按照图元顺序	无失真	较小	不适于
位图	像素点	按照像素顺序	有失真	较大	适用于表现真实照片图像和包含复杂细节的绘画等

(2) 图形图像文件格式。了解有关图形图像的文件格式，对于正确选择、使用、制作图形图像文件至关重要。常用的图形图像文件格式如表 3.2 所示。

表 3.2 图形图像文件格式

格式	来源
BMP	位图文件格式(Microsoft Windows DIB)
GIF	无损压缩图像，图像最多只能达到 256 色，可对图像进行交织处理，将图像做成透明、动画等形式，常用于制作网页图像文件
PCX	最早的位图格式之一，能支持 24 位彩色图像
TGA	支持 32 色，包括 8 位 ALPHA 通道显示实况电视能力
EPS	公共输出标准，为 PostScript 打印而开发
JPEG	有损压缩图像格式，可以很好地再现全颜色图像，较适合摄影图像的储存，常用于制作网页图像文件
TIFF	Macintosh 和 PC 机上广泛支持的位图格式

续表

格式	来源
DCS	按 CMYK 分色的格式
PICT	Macintosh 系统中自身图形格式，支持任何深度、任何尺寸和任何分辨率的图像
WMF	Windows 图形文件格式
DXF	Auto CAD 文件格式
PAL	调色板文件格式
PCD	Photo CD 文件格式

另外，还有一类文件格式是各种图形图像制作工具提供的特殊格式，一般只在本身的制作环境中使用，例如 Photoshop 中的 PSD，CoreDraw 中的 CDR 等。

(3) 图形图像的制作。

① 利用专门的图形图像制作工具。如 Photoshop、CoreDraw、Firework、AotoCAD、3DMax 等，它们的优点是“即见即得”，非常直观，并且都提供了各种各样的绘图工具与处理手段，可以制作专业级的图形图像。

② 屏幕捕捉或屏幕硬拷贝。利用 CapPicture、SnapIt、HyperSnap 等截图软件，可以捕捉当前屏幕上显示的任何内容，操作简单、使用方便，图像的色彩与清晰度都能满足需求。

Windows 也提供了直接拷贝屏幕的功能，如按下 Alt+PrintScreen 即可将当前的活动窗口显示画面置入剪贴板，按下 PrintScreen 即可全屏幕拷贝并置入剪贴板。

③ 扫描输入。利用扫描仪可将一些现成的照片、图画、图片等素材通过光电转换变为数字图像输入计算机中。

④ 利用数码照相机。数码照相机能将依赖空间、时间的图像转化成数字图像，暂存到相机的存储卡中，再利用输入转换工具可直接导入到计算机中，且输入的图像清晰度高、色彩鲜艳、输入速度快，因此这是多媒体图像制作的一种重要途径。

⑤ 视频帧捕获。利用 Video for Windows、超级解霸等视频播放软件，可以将屏幕上显示的视频图像进行单帧捕捉，变成静止图像储存起来。但由于视频图像本身已经过压缩，因此在色彩、清晰度方面都相对较差，因此抓取下来的图像文件分辨率较低，不适于制作大尺寸画面。

⑥ 引用或购买，甚至下载现成的图像库。已有相当一批商品化的图像光盘素材库进入市场，如图标、底纹、花卉、壁纸等专集，用户可以根据需要选择购买。这些图像素材有些可以直接在教学信息资源开发中使用，有些只需适当处理即可使用。当然，从网上下载也不失为一个好途径。

(4) 图像处理的一般步骤与方法。所谓图像处理，是指利用图像处理软件在图像上做各种变换，如放大、缩小、旋转、倾斜、镜像、透视等，也可进行复制、去除斑点、修补、修饰图像的残损等，以及将几幅图像通过图层操作、工具应用形成完整的、意义明确的各种图像合成等，最终使图像达到最佳效果。图像处理的一般步骤与方法如下。

① 输入。在图像处理软件中导入需要加工的图像。

② 图像的调整、校正与增强。如调整亮度、对比度、色彩平衡、色相、图像尺寸、画布尺寸、分辨率、色彩模式等。校正是纠正数字图像颜色和灰度，使之与原图相同。

③ 选择与屏蔽。标记图像上的一块特别区域，使编辑操作仅对标记出的区域进行，而不影响其他部分。

④ 修描。擦除一些缺陷或修改一些细节，使图形看上去更完美。

⑤ 绘画及艺术处理。根据软件提供的多种工具，以改变图形上某些部分的色彩；还可利用软件提供的各种滤镜实现不同的艺术效果，或对图像进行变形等。

⑥ 图像合成。把两幅或多幅图像中的一部分合并，定义单一的图案或在图像中进行剪切和粘贴来修改图像的内容等。

⑦ 输出。保存文件，也可通过打印机或绘图仪等将经过处理的图像输出到纸张上。

(5) 典型的图像处理软件。

图像处理工具十分丰富，从 Windows 自带的“画笔”软件到功能十分强大的 Photoshop 软件都可选用。利用它们能完成基本的绘制图像功能，并具有对从外部文件输入的图像数据进行处理的能力。Adobe 公司开发的 Photoshop 集位图和矢量图绘画、图像编辑、网页图像设计、网页动画制作、网页制作等多种功能于一体，是多媒体课件制作中不可缺少的图像素材编辑软件。Photoshop 提供的绘图工具让图像可以很好地融合起来，使图像合成得天衣无缝。校色调色是 Photoshop 中深具威力的功能之一，利用它可以方便快捷地对图像的颜色进行明暗、色彩的调整和校正，也可以切换颜色以满足图像在不同多媒体作品中的应用。

特效制作在 Photoshop 中主要由滤镜、通道及工具综合应用完成，包括图像的特效创意和特效字的制作，如油画、浮雕、石膏画、素描等常用的传统美术技巧都可通过 Photoshop 特效完成。Photoshop 经过多次升级后图像处理能力进一步完善，可操作性大大提高。例如，在 Photoshop 的工具中，修复笔刷(Healing Brush Tool)能让操作者毫不费力地除去照片上的灰尘、划痕、污点及皱痕。当从图内或从其他图片区域复制时，它能自动保留原图阴影、亮度、纹理等属性。

3) 音频素材

声音在信息化教学环境中的主要作用有两个：一是通过语音增强画面的表现效果以及起到辅助说明的功效；二是通过背景音乐对画面内容起到烘托作用。当然，对于语言及音乐类的教学信息资源，音频则成为主要的媒体对象。数字化音频主要包括语音、音乐、效果声三种类型。

(1) 音频的种类。

数字化波形音频(Wave Audio)。数字化波形音频是对模拟声波按照一定的频率进行数字化采样所形成的波形文件，其文件格式以 wav 最为常见。它是声音的实际表达，波形数据代表声音的瞬间能量或响度。波形音频的最大优势在于它重放时声音质量的一致性，它很容易编辑，不需要专门的乐理知识，但波形音频却需占用大量存储空间。由于原始声音数据量太大，解决方法之一是利用硬件或软件方法进行压缩，另外一种方法是适当降低音质。

CD-DA 激光唱盘音频。CD-DA 激光唱盘音频是一种特殊的数字音频，其质量要求较高，采样频率固定为 44.1kHz，每个采样使用 16 位存储，CD 音频在播放处理时不是由计算机的 CPU 处理，而是由 CD-ROM 中特定的芯片处理，因而在播放 CD 音频时，CD-ROM 不能传送其他数据，只能由用户读出，仅用于播放，而且文件长度太大。

MIDI 音频。MIDI 音频即 Musical Instrument Digital Interface(乐器数字接口)，是一种专门用于音乐数字化的国际标准。与数字化波形音频不同的是，MIDI 音频并不直接记录声音，它只记录发送给 MIDI 设备的一系列指令，实际发声的是合成器或音频。它不是像数字音频那样对连续的模拟乐声进行数字化，而是对产生乐音的音符进行数字化。它用一些特定的数字表达产生音符的键号、通道号、持续时间、音量和力度等。PC 机和 Mac 机都能使用 MIDI 文件，并且其长度比 CD 级数字化波形音频文件小 200～1000 倍，不会占用很多的内存、硬盘空间和中央处理器资源，比较适合于乐器声的应用。

MP3 音频。采用压缩技术的音频格式，可以将 CD 质量的音频文件压缩至原来的 1/10，甚至更小，且声音质量的损失非常小。在互联网上用得比较多，可用于给主页加上主题音乐等方面。

在教学信息资源开发中，MIDI 一般用来制作各种电子音乐素材及部分音效素材，如教学软件的背景音乐。而波形音频的应用较广，不但可以制作成音乐、音效素材，更多的是用来制作语音素材。与波形文件相比，MIDI 文件的容量小得多，因此在多媒体课件中的应用广泛。它的主要缺陷是表达能力有限，无法重现自然声音，还是就是 MIDI 文件只能记录有限的几种乐器的组合。

(2) 音频制作的硬件条件。

教学信息资源开发中音频素材的制作需要一定的硬件条件。硬件用于声音的输入、输出及压缩、存储等，主要包括声效卡、话筒、CD 播放机、CD-ROM 驱动器、电子琴等，专业一些的设备还有 DAT 数码录音机、MD 机等。

(3) 音频制作的软件。

音频素材制作所需的编辑软件主要用于录制、编辑、合成和特殊效果等音频数据处理。常用的音频处理软件有 Windows 系统本身提供的录音机、声卡本身附带的软件包、CreativeWave Studio(录音大师)、CoolEdit、Macromedia Sound Edit 等。MIDI 音乐创作方面有 Twelev 公司的 Cake Walk 等工具软件。

(4) 音频素材制作的途径。

引用或购买现成的音频素材。在不至于引起版权争议的情况下，使用一些现成的 WAV、MID 和 MP3 格式的声音库(主要是音乐和音效)是最直接、最方便的方法。而且这些音乐素材都是经过专业人员精心制作而成的，既具有较高的质量，又可以节省时间。

自行制作、录音编辑、MIDI 合成等。通过话筒等音频输入设备利用音频编辑软件进行编辑合成。

现有音频的格式转换。由于教学信息资源开发工具对音频格式的支持有差异，为了得到符合要求的格式，常利用一些转换工具进行转换，供相关的教学信息资源开发工具调用。

(5) CREATIVE SB 简介。

Creative Wave Studio 录音大师是随 SB Creative 16/32/64AWE 等系列声卡所附带的声音制作软件。录音大师可在 Windows 9x/Windows 2000 /Windows XP 环境下录制、播放和编辑 8 位(磁带质量)和 16 位(CD 质量)的波形数据。录音大师不但可以执行简单的录音，还可以运用众多特殊效果和编辑方式，例如反向、添加回音等制作出独一无二的声音效果。此外，录音大师还能够同时打开多个波形文件，使编辑波形文件的过程更为简单方便，它还可以输入及输出声音(VOC)格式文件和原始(RAW)数据文件。

录音大师的窗口操作界面分为六个区域：标题栏、菜单栏、工具栏、编辑窗口、预览窗口以及状态栏。工具栏是一组用于快捷操作的图标按钮，用户只要将窗口光标移至相应的图标上停留约 1 秒钟即可出现相应的图标功能的提示。编辑窗口是显示声音波形的地方，可以同时打开多个编辑窗口进行编辑。预览窗口显示当前活动编辑窗口中波形的全部数据。在预览窗口中可以通过鼠标拖拽的方式选择波形中的一段数据。左下角的速度指示器指示波形文件播放的进度。录音时，应根据实际连入声卡的声音源，在混音器中设置录音源以及音量或电平的大小。混音器的设置是否合适，可以在播放声音的同时查看录音对话框中录制电平的大小。多媒体计算机中的光驱可以在软件驱动下直接播放 CD 光盘的语言或音乐，通过录音大师可以直接将 CD 盘中的声音采集存储成 WAV 格式的文件到磁盘中。有些播放器软件还允许将其压缩存储为高质量的 MP3 格式的文件，例如“超级解霸”等。

4) 动画素材

动画可用来模拟事物的变化过程、规律，说明科学原理，能够增强学习内容的直观性、生动性、趣味性。动画是利用人类视觉暂留的特性，通过把一连串微小变化的画面按照一定的时间间隔显示在屏幕上，从而产生画面中物体运动的效果，只要以每秒 24 帧(幅)以上的速度播放连续的静态画面，就使人感觉不到画面的切换而只是看到画面中物体的连续运动。动画也包括缩放、旋转、切换、淡出、淡入等画面显示的特殊效果。

(1) 动画的类型。

动画从其制作的画面效果进行分类，主要有两大类：一类是二维(平面)动画，其主要特点是色彩鲜艳、清晰度高、容易掌握和使用；另一类是三维(立体)动画，其主要特点是立体感强、动画效果逼真。常见的动画格式有 GIF、FLI、FLC、SWF、AVI、MOV、PIS 等。

(2) 动画的制作。

多媒体制作等教学信息资源开发工具一般都提供一些简单的二维动画制作功能。如 Authorware，提供了固定的目的地、固定轨迹、刻度轨迹、线性刻度轨迹和 X-Y 刻度五种移动效果。此外，利用制作工具本身的一些特殊效果显示功能，如划变、百叶窗等也可以产生一些有趣的简单动画。

利用专门的动画创作软件。如果要创造逼真的、专业级的动画，必须考虑选用专门的动画创作软件，如二维动画的制作软件有 Animator Studio、Gif animator，三维动画制作软件有 3Dmax、C4D、Maya，三维动画文字效果制作软件有 Cool 3D，矢量动画制作软件有 Macromedia Flashmx 等。利用专门的动画制作软件的优点是制作周期短、修改方便、动感逼真，可以制作出比较复杂、立体感非常强的动画。

Macromedia Flash 是目前最为流行的二维动画制作工具，Flash 的出现可以说开创了网页多媒体动画制作的新天地。Flash 文件的扩展名为 SFW。与 GIF 和 JPG 格式的文件不同，Flash 动画是由矢量图组成的，不管怎样放大、缩小，它还是清晰可见的。Flash 动画的文件小，便于在互联网上传输，而且它采用了流技术，能一边播放一边传播数据。交互性更是 Flash 动画的迷人之处，可以通过点击按钮、选择菜单来控制动画的播放。此外，Flash 不但可以生成平面动画文件，还可以加入三维创作，添加动画音乐，真正形成多媒体网页界面，给浏览者带来更多美的享受。Flash CS5 以后的版本中 ActionScript 的语法已经完善，能够独立制作交互方面的设计，Flash 作为多媒体交互制作软件，开始广泛地应用于光盘、触摸屏等领域。

具体来说，Flash 具有如下几个特点。

① 生成矢量动画。制作的动画是矢量格式的，不论怎样放大，图片质量不会改变。

另外，还有将位图转换成矢量图的功能。

② 支持 MP3 音乐压缩格式。原来的版本只支持 WAV 格式，现在已支持 MP3 压缩格式。

③ 提供 BUTTON 制作功能。根据 UP、OVER、DOWN、HIT 四个状态的灵活设置，可以制作出极为动感的 BUTTON，在各状态下还可以加 MOVIE CLIP。另外 MOVIE CLIP 还支持 HTML、FS COMMAND，且可以任意地定义 ACTION。

④ 强大的 LAYER 功能。LAYER 功能的强大，几乎可以随心所欲地制作各种人们能够想得出来的图片。

⑤ 独特的 TIMELINE。这是用来控制时间的，TIMELINE 是以 FRAME 为单元的，每个 FRAME 还可以设置各种 ACTION、LABEL 及 FSCOMMAND。

⑥ 灵活的 ACTION 和 FS COMMAND 设置。Flash 交互性的大部分设置就在 ACTION 和 FS COMMAND 里，通过对 ACTION 和 FS COMMAND 的设置，可以随意地设置各事件发生的效果，还有对变量及函数的设置。

5) 视频素材

视频素材表现的是完全活动的真实景物，并且图、文、声并茂，因此适宜地运用视频可以增强教学资源的表现力与感染力。用电视摄录设备制作的视频信号一般都是模拟信号，如果要在计算机中使用这些视频，首先要将这些视频信号数字化。用以实现把模拟视频信号转换成数字视频信号的设备称为视频压缩卡或视频捕获卡。通过视频压缩卡，配合专门的视频处理软件，便可以把一般的录像带等的视频信号转换到计算机中，供制作教学信息资源使用。

(1) 视频文件格式。

常见的视频文件格式有 AVI、WMV、MPEG、MP4、M4V、MOV、ASF、FLV、RMVB 等。

① AVI 格式。AVI 是由微软公司发布的视频格式，在视频领域可以说是最悠久的格式之一。AVI 格式调用方便、图像质量好，压缩标准可任意选择，是应用最广泛、也是应用时间最长的格式之一。

② WMV 格式。WMV 是一种独立于编码方式的在互联网上实时传播多媒体的技术标准，Microsoft 公司希望用其取代 QuickTime 之类的技术标准以及 WAV、AVI 之类的文件扩展名。WMV 的主要优点在于可扩充的媒体类型、本地或网络回放、可伸缩的媒体类型、流的优先级化、多语言支持、扩展性等。

③ MPEG 格式。MPEG 是包括了 MPEG-1、MPEG-2 和 MPEG-4 在内的多种视频格式。MPEG 系列标准已成为国际上影响最大的多媒体技术标准，其中 MPEG-1 和 MPEG-2 是采用相同原理为基础的预测编码、变换编码、熵编码及运动补偿等第一代数据压缩编码技术；MPEG-4(ISO/IEC 14496)则是基于第二代压缩编码技术制定的国际标准，它以视听媒体对象为基本单元，采用基于内容的压缩编码，以实现数字视音频、图形合成应用及交互式多媒体的集成。

MPEG 系列标准对 VCD、DVD 等视听消费电子及数字电视和高清晰度电视(DTV&HDTV)、多媒体通信等信息产业的发展产生了巨大而深远的影响。

④ MP4 格式。MP4 是一套用于音频、视频信息的压缩编码标准，MPEG-4 格式的主要用途在于网络流、光盘、语音发送(视频电话)，以及广播电视。

⑤ M4V 格式。M4V 是一种应用于网络视频点播网站和移动手持设备的视频格式，是 MP4 格式的一种特殊类型，其后缀常为.MP4 或.M4V，其视频编码采用 H264，音频编码采用 AAC。

⑥ MOV 格式。MOV 即 QuickTime 影片格式，是 Apple 公司开发的一种音频、视频文件格式，用于存储常用数字媒体类型。用于保存音频和视频信息，甚至 Windows 7 在内的所有主流计算机平台支持。

⑦ ASF 格式。ASF 是 MICROSOFT 为了和 Real player 竞争而发展出来的一种可以直接在网上观看视频节目的文件压缩格式。ASF 使用了 MPEG-4 的压缩算法，压缩率和图像的质量都很不错。因为 ASF 是以一个可以在网上即时观赏的视频“流”格式存在的，所以它的图像质量比 VCD 差一点并不奇怪，但比同是视频“流”格式的 RAM 格式要好。

⑧ FLV 格式。FLV 是 FLASH VIDEO 的简称，FLV 流媒体格式是一种新的视频格式。由于它形成的文件极小、加载速度极快，使得网络观看视频文件成为可能，它的出现有效地解决了视频文件导入 Flash 后，使导出的 SWF 文件体积庞大，不能在网络上很好地使用等缺点。

⑨ RMVB 格式。RMVB 是一种视频文件格式，其中的 VB 指 Variable Bit Rate(可变比特率)。较上一代 RM 格式画面要清晰很多，原因是降低了静态画面下的比特率。

(2) 视频卡和视频制作软件。

为完成视频资料的录入和编辑任务，用户通常采用视频卡和视频制作软件来共同完成。

常用的视频卡有 Creative Video Blaster 系列等。在进行多媒体视频制作中，由于广播级的视频卡比较贵，因此视频卡一般选用一些支持 VCD、非编辑性编辑及一些视频叠加的中低档类，如 Creative 的 Video Blaster SE 100、FS 200 或 RT 300。

常用的视频制作软件包括视频卡附带的软件包和其他通用类视频制作软件。在视频素材制作时，用户可以使用视频卡附带的软件包，也可以使用一些通用类视频制作软件，如 Premiere、Ulead Media Studio 等。

(3) Premiere 简介。

Adobe Premiere Pro，简称 Pr，是由 Adobe 公司开发的一款视频编辑软件。常用的版本有 CS4、CS5、CS6、CC 2014、CC 2015、CC 2017、CC 2018、CC 2019、CC2020、CC2021 以及 2022 版本。Adobe Premiere 有较好的兼容性，且可以与 Adobe 公司推出的其他软件相互协作。这款软件广泛应用于广告制作和电视节目制作。

Premiere Pro 是视频编辑爱好者和专业人士必不可少的视频编辑工具。它可以提升用户的创作能力和创作自由度，是易学、高效、精确的视频剪辑软件。Premiere 提供了采集、剪辑、调色、美化音频、字幕添加、输出、DVD 刻录的一整套流程，并和其他 Adobe 软件高效集成，使用户足以完成在编辑、制作、工作流上遇到的所有挑战，满足用户创建高质量作品的要求。

2. 视听教材制作

视听教材主要包括三种，分别为投影教材、录音教材和电视教材。

1) 投影教材的制作

投影教材是指以静止的直观影像为主，按照教学大纲要求编制的，记录教学信息的投影片或投影教具等。投影教材在具体动手制作前，需要根据教学内容编写稿本。表 3.3 所示为投影教材稿本的一般格式。

表 3.3　投影教材的稿本格式

片号	教学内容	技巧	画面设计	解说词	使用说明

在编写好稿本的基础上，就可以根据稿本来具体制作教学投影片了。教学投影片的基本制作方法主要有摄影放大法、直绘法、烫印法、非银盐感光胶片制片法、静电复印法、闪光制版机制作法、印刷法等。教学中使用的投影片几乎都是用这些基本方法制作的。下面介绍常用的五种投影片的制作方法。

(1) 摄影放大法。

摄影放大法制作投影片，是在摄影冲洗后得到负片影像的基础上，用放大机将底片上影像放大，投射到银盐胶片上曝光，经冲洗后得到正像投影片。用来放大制作黑白投影片的感光胶片必须具有反差大、片基透明度高的特点。其中全色胶片可以用来将彩色底片上的彩色负像转制为高质量的黑白投影片。使用时，可根据影像层次的需要而选用不同感色性能的胶片。

摄影放大法制作投影片的制片要点。

① 安放底片前，需对底片夹、放大镜头等部件上的灰尘、指纹、污迹等进行清洁，以免影响放大效果。

② 负片应安放在底片夹的中间，对准镜头主轴，使画面亮度均匀；负片、感光胶片的药膜面均朝向镜头方向。

③ 放大尺寸确定后，开大光圈，精确调焦。着重观察影像中线条分明的部位，如头发、眼睛、字迹、建筑物等的清晰程度，尤其要以主体物的影纹清晰为准。

④ 为了改善镜头的成像质量，控制放大加工效果，提高光线均匀度和扩大景深，调焦完毕，一般要收缩两级光圈左右。但不能收缩得太小，否则降低放大效率，影响投影片的制片质量。

⑤ 可采用梯级曝光法进行曝光试样，以取得准确的曝光时间，提高试样的效率。

(2) 直绘法。

直绘，即用手工描绘制片，是在透明片基材料上用笔直接绘写上教学所需的图文等内容。

常用的透明片基材料主要有玻璃纸、涤纶片、明胶片等。直绘法通常又分为如下两种方式。

① 墨绘法。墨绘法制作的投影片是黑白片，制片时，首先在普通纸上画上要表现的画面内容作为底图，然后将透明片基覆盖在底图上固定好，用笔将图形、文字临摹下来即成投影片。墨绘时笔迹要浓黑，笔画不可太细，每个汉字大小不小于 1cm^2。

② 彩绘法。彩绘法是用彩色书写笔、照相透明水彩、油溶性彩色笔等在透明片(一般为明胶片)上写上所需内容，或对画面着色制成彩色投影片。绘制时，同样先在普通纸上做好草图，固定在明胶片的背面，在调色盘中调好彩色水，在需要着色的部位先用毛笔或湿

棉球湿润一遍，再用毛笔蘸色水着色。着色时要注意由浅到深，一层一层来回渲染，做到各处着色均匀。然后用挤干的湿棉球或干净毛笔将多余的浮水、泡沫擦抹掉。着色完毕需勾边、画线的，可在颜色干后用毛笔、碳素墨水钢笔、水彩笔、钢笔尖等进行。

(3) 烫印法。

烫印法制片又称升华转印制片，是利用一些特殊的分散染料高温下升华的特性，在加热加压的条件下，将染料图像渗透到透明片基分子间而形成彩色投影片。烫印法制作投影片一张底图可烫印2～3张投影片，它具有色彩鲜艳、经久耐用、制片方便等优点。

① 染料的选择与配制。烫印制片的颜料一定要选用分散染料，只有分散染料受热后才会升华，渗入涤纶片的聚酯纤维中，成为十分牢固的透明色彩。分散染料在印染行业中广为使用，规格型号不同，其升华温度也不一样。制作投影片宜选用升华温度在150℃～180℃之间的分散染料。粉末状的分散染料要加水调制成染料液才能用来描绘。

② 画转印图。画转印图一般要求选用吸湿性强、不化水、表面光洁、结构匀密的纸，如60～80g胶版纸。首先用铅笔在纸上画上底图，再用所配制的染料液着色。着色要力求均匀，并稍深浓些，但不可结块。因为结块会阻挡染料升华，导致色彩深浅不一。相邻色块着色时，待一块染料干后，再涂另一色块，避免相互混色。图形画好后，应用深色勾画轮廓。

③ 烫印。烫印宜选用厚度为0.05～0.1mm的涤纶片作为片基，过薄易受热变形，过厚会减慢烫印速度。烫印可用专门的烫印机，也可用调温电熨斗，将温度调至170℃左右进行。桌面上可垫上几层纸，将转印图覆盖在涤纶片上，待温度大体稳定后紧压转印图背面2～3分钟，纸上的染料图案就升华转印到涤纶片上，一张彩色投影片就制成了。

(4) 非银盐感光胶片制片法。

非银盐感光胶片有微泡片、重氮片、自由基片等，常用来代替卤化银感光胶片制作幻灯片和投影片，具有价格便宜、亮室操作、工艺简便、所用仪器少等优点，但也有感光度低、需紫外光曝光等不足。常用来拷贝制成高反差的线条图案文字片。目前用得较普遍的是微泡片制片。

微泡片是以重氮盐作为感光剂、热塑性树脂作为载体制成的乳剂，涂布在涤纶片基上制成的。拷贝时用紫外光曝光，重氮盐感光后分解出氮气，在树脂胶膜内部形成潜影。加热显影时，热塑性树脂软化松弛，氮气在内膨胀而形成直径为0.5～2μm的小微泡。这些细密微泡对照射光线产生漫反射，起阻光作用，使其投影成黑色。显影后，在正常光照下，微泡片中未感光的重氮盐会慢慢分解，分解出的氮气在不加热的情况下慢慢向外逸出，不能凸起成泡，便消除了重氮盐的感光性，这就是定影。

微泡片的制片过程。

① 制备底图。在描图纸上用绘图墨水画好所需的图形和文字，也可在明胶片、玻璃纸、玻璃片等透明片基上绘图写字作底图。

② 曝光。曝光光源应选择含紫外线量大的光源，如镝灯、晒版荧光灯或阳光，镝灯投影器是最好的曝光光源。将底图与微泡片的药膜面相对放在两块玻璃之间夹紧，让曝光光线透过底图使微泡片曝光。曝光时间可根据光源强度和底图透明度试验确定。

③ 显影。微泡片的显影采用热显影，其显影温度在100℃～130℃，显影时间通过观察显影效果而定。热显影可以使用调温电熨斗、恒温箱、上光机，也可直接将曝光后的微泡

片放入开水中显影。热显影一般要求非药膜面接触热源，以免出现药膜粘连而使图像受损。

④ 定影。显影后的微泡片在室内自然光条件下，黄绿色逐渐转为灰色，即已完成了微泡片的定影。定影操作一般不需单独进行，通常在使用过程中也就完成了定影过程。

(5) 静电复印法。

静电复印法制作投影片，是利用静电复印机将书刊上的图文直接复印到透明片上而制得投影片。由于其操作简便、自动化程度高、制作周期短，对原件可任意放大、缩小等优点，在教学投影片制作中广为使用。静电复印机是利用光导体在不同光照条件下形成不同导电能力的特性进行资料复印的。具体工作过程包括充电、曝光、显影、转印、定影、消电、清洁等步骤。

此外，近年来，随着计算机与计算机外围设备的迅速发展和大量使用，数字化制作法也被经常采用。这种方法是利用计算机外围设备输入数码影像，如用扫描仪将照片、图片或书刊、杂志的插图或文字扫描到计算机中，或将数码相机和数字摄录一体机中的数码影像输入计算机中，然后利用计算机的影像处理软件(如 Photoshop)对数码影像进行各种加工。最后用数码胶片打印机将处理后的影像印到胶片上。

2) 录音教材的制作

录音教材是指根据教学大纲的要求，用声音表达教学内容的听觉教材。录音教材的制作一般要经过编写稿本、收集整理素材、编辑合成等几个阶段。编写稿本是根据教学大纲的要求和教学需要，分析具体的教学内容，设计编写稿本；收集整理素材是根据设计的稿本内容和录制的方案去收集素材和资料，如收集现有的录音资料，或现场录制素材；编辑合成是最后的工作，将各种素材经过编辑，合成复制在一盘录音带上。录音教材的稿本格式一般如表 3.4 所示。

表 3.4 录音教材的稿本格式

段落	教学	解说			音乐			效果音			使用
序号	内容	时间	音量	来源	时间	音量	来源	时间	音量	来源	说明

录音教材制作的常用方式包括用话筒直接录音、录制电台广播节目和磁带转录等。不管哪种方式，制作方法都比较简单。以磁带转录为例，只要准备收录机两台、节目磁带和空白磁带各一盒、对录匹配线一根、电源插座一个，然后按照收录机上的插孔文字说明联接好匹配线和电源线就可以开始转录了。不过在转录过程中要注意以下事项：装磁带前要检查磁带是否松散，如果松散要卷紧；按录音机按键时，用力不能太猛，如遇到某个按键较难按下时，要及时报告相关人员查清原因，排除故障后再操作；放音时切忌按下录音键，以免抹掉原音带的节目；录、放音时，音量不宜太大，以免干扰他人。此外，还要杜绝违章操作，防止触电事故。

3) 电视教材的制作

电视教材是根据教学大纲的规定，采用电视图像和声音表达教学内容的一种视听教材。由于电视教材具有视听结合、突破时空局限、存储再现、传送方式多样化的特点，对提高教学质量、扩大教学规模等方面发挥了重要的作用。一般来说，不同的学科、不同的课程乃至不同的教学形式，应设计制作成不同的电视教材类型。当前在教学中普遍使用的电视教材类型主要有讲演记录型、专题解析型、示范纪实型、情景表演型、资料汇编型等。不管哪种类型，电视教材的制作过程一般可划分为前期准备、现场拍摄、后期制作和修改评审四个阶段。这些阶段又可细分为以下环节：选定题材，撰写文字稿本，编写分镜头脚本，拟订拍摄计划，现场摄录，剪辑画面，录音合成，评审修改。

(1) 前期准备。

前期准备主要包括选定题材、撰写文字稿本、编写分镜头脚本、拟订拍摄计划和组织拍摄队伍等环节。其中，选定题材是关键，电视教材的制作，应根据教学要求、电视的表现特点和拍摄条件，选好选准主题，充分发挥电视画面在表现动态过程的优势。不是所有的教学内容都适合用电视来表现，有些过于抽象化、理论化的教学内容难以用相应的图像去表现。

拍摄电视教材切忌“包罗万象”，搞大而全的“鸿篇巨制”，而是要根据需要，选择教材中的重点和难点问题。编制电视教材要用较昂贵的摄录设备系统，重放电视教材要使用放像设备系统，如果把浅显易懂的内容也用电视来表现，是不符合成本效益原则的，最后的效果也会适得其反，例如电路图、表格、文本，用挂图或者投影胶片来再现是更合适的选择。

电视教材依据分镜头稿本来拍摄，分镜头稿本又按文字稿本来编写，所以稿本的质量在很大程度上决定电视教材的拍摄质量。文字稿本是讲稿、教案和分镜头脚本之间的过渡性说明，一般采用如表 3.5 所示的画面和解说词相对应的文体格式。

表 3.5 文字稿本的一般格式

画面序号	画面内容	解说词

分镜头脚本要求把文字稿本描述的内容用电视的手法体现出现，为此需要将文字稿本依次分切成一个个可参照而予以实施的具体镜头，成为现场拍摄、编辑合成和修改评审的主要依据，其格式一般如表 3.6 所示。

表 3.6 分镜头脚本的一般格式

镜号	机号	景别	技巧	时间	画面内容	解说词	音乐	音效	备注

(2) 现场拍摄。

现场拍摄就是根据分镜头脚本对每个镜头画面内容、景别、拍摄技巧等的要求，分别将场景摄录在磁带上。这些未经编辑的镜头画面称为录像素材。

摄像可以按分镜头稿本的镜号顺序拍摄，但更多的是将同一地点或同一场景的镜头集中在一起拍摄，这样可以省时省力。摄像一般分为外景拍摄和演播室内拍摄两种。当要表现自然景观、动植物生态、生产和施工现场及记录新闻事件等，采用外景实地拍摄更为真实，而要拍摄教师的讲授、实验演示操作、剧情需要的表演，以及字幕、图表、图片、动画特技等，在演播室内进行则更方便。演播室内通常可用几台摄像机摄像，通过特技机可以进行分割画面、叠化、淡变、加字幕等多种图像制作。

在电视教材的拍摄过程中，应特别注意以下两个方面的问题。

① 运动镜头的拍摄。电视与动画、照片的主要区别之一就是镜头的运动。对镜头运动的主要要求就是平、稳、匀和准，通过镜头的运动构成新的画面，表达新的内容。一般来说，镜头内容要符合学习者的视觉习惯，让学习者易于理解。

平：指所摄画面构图应该平衡稳定，无论是静物，还是动体都应保持其水平线的平整一致。而当摄像机位作横向移动时，保持机身的水平也是尤其重要的。

稳：固定画面要稳定、不晃动，尤其是对摇镜头，稳定尤其重要。通过摇镜头给观众一个被摄体或其背景不断变化的相对稳定的视像。摇镜头的快慢要考虑到全片的节奏。

匀：这是对变焦距操作和推、拉摄像机的基本要求。此外在变焦距和匀速推拉摄像机的同时跟焦，保证被摄体的清晰也是保证画面质量至关重要的一步。

准：镜头的运动都存在着落幅画面的定位问题。即推、拉、摇、移、跟、俯、仰、甩镜头时，起始的画面和结束的画面定在什么位置一定要准确、稳当。镜头运动都是为了说明一个问题或引入新的主体。因此运动镜头时，摄像人员要心中有数，根据主题的要求把镜头定在相应的全景、中景或特写等景别上，并且保持被摄主体始终在画面的相应位置上。

② 色彩还原。在电视教材中，内容的科学性是第一位的，色彩是物体的重要物理信息，因此正确的色彩还原才能形成对内容正确的理解。色彩也是衡量电视教材质量的主要标准之一。

标准监视器对于保证色彩还原正确来说是一个必不可少的参照物。一般而言，标准监视器经过矢量示波器检查其波形符合标准后，其外部原则上不能再调整，而应保持它在全片摄制过程中的一致性。当摄像机和其他监视器、电视机的色调、色饱和度、亮度与标准监视器不一致时，应调至与标准监视器基本相同。摄制过程中，摄像机的白平衡和滤色镜应根据光线的强度和色温及时调整，如果在前期拍摄时出现色彩偏差，在后期制作过程中也要尽可能调整色彩参数。

混合光源情况下，标准监视器可以迅速帮助摄像人员决定采用滤色片和决定白平衡调整时的参考光源。摄像人员要迅速判定被摄体范围，照明的主要光源是日光还是灯光、是全景还是特写。一般而言，拍摄全景而透窗较多时选用日光滤色片；拍摄近景及特写，灯光为主光源时，选用灯光滤色片；镜头直对被摄体进行白平衡调整。当然如果备有滤色纸，加在灯前也可以保持混合光源情况下色温的一致性。

整个拍摄过程要做好拍摄记录，这个工作称为“场记”，它是把拍下的每个镜头处于哪一盒录像带、镜头所处的圈数、是分镜头稿本的第几个镜头等事项，在拍摄现场及时记录下来，使编辑时更容易查找素材。

(3) 后期制作。

后期制作主要包括编辑、配音等环节。

① 编辑。编辑是按照分镜头稿本的序号、长度和技巧，将录像素材上的镜头画面逐一串接复制，一般通过电子编辑系统来完成。编辑前要做好准备工作，首先把录制的素材全部观看一遍，对照分镜头稿本检查，看看是否有漏拍、增拍、删改的镜头，是否注明在稿本内；然后核对场记表上的镜号、录像带卷数等与画面内容是否相符；比较、选择相同

的镜头，并记录在场记表上；最后根据已拍的素材，对分镜头稿本进行修改和重新整理，缺少的镜头还要考虑补拍。在做好编辑准备工作后，便可开始具体的编辑工作了。编辑时应根据素材带具体情况和质量要求合理选择编辑方式，如果制作素材带的设备和重放的录像机稳定性好，在编辑时又是逐个汇集，可以采用组合编辑方式。如果素材来源较杂、稳定性难保证，或者需要在已编辑好的节目中插入素材内容，则宜采用插入编辑。插入编辑时为了保证编辑的稳定性，应在编辑带上预先录好稳定的控制磁迹信号，如黑场信号或彩条信号等。

在编辑过程中，要严格按照新整理的分镜头稿本进行编辑，正确操作编辑录放像机，选择好每一镜头的入点和出点，防止编辑点的图像跳动和视觉跳动，完成编辑后，还要通过重放已编辑的图像，检查编辑点的衔接是否准确、稳定、平滑、自然。在编辑过程中，特别要注意以下几个方面。

- 特技的运用。特技是镜头的组接方式之一，特技的运用可以丰富电视的表现手段，使电视节目的节奏更加流畅，强化对学习者的刺激程度。随着非线性编辑系统的出现，特技的实现也越来越容易，但是过多的滥用特技效果，不按需要，只图新鲜，没有经过深思熟虑就随意加上特技，其结果只会是增加学习者的厌恶感和不信任感。因此特技效果的选用是宁缺毋滥，可用可不用的坚决不用；效果相同，其他手段能说明时，坚决不用；可用简单特技说明的问题，坚决不用复杂的特技效果。
- 镜头的组接要符合知识之间的关系。镜头组接的目的是让学习者对所观察的事物尽可能看得更清楚、更仔细、更完整。电视教材通过镜头的组接，实现知识内容之间的衔接。对于电视教材的镜头组接，要按照学习者的认知规律，反映教学内容的关系，使电视教材的结构紧凑、自然流畅，还要使电视教材的表现形式新颖、生动活泼。电视教材不同于一般的电视节目，电视教材所采用的手法要适合于对主题的表达和对象的接受，切忌人为地加以摆布和具有明显的导演痕迹，要反映知识内容的真实性。有时按照事物的逻辑关系进行镜头的组接，有可能出现视觉不流畅的现象。为使学习者能够更好地理解电视教材的教学内容，获得电视教材所要传递的教学信息，要保证前后镜头之间的顺利转换，以实现视觉上的流畅性，避免出现视觉跳动的现象。
- 节奏的处理。节奏运用是电视教材制作中容易忽略的艺术环节，在强调电视教材科学性的同时，也不能忽视它的艺术表现力，电视教材的节奏好比音乐的节奏，好的节奏抑扬顿挫、张弛有度，使听者如沐春风。节奏是镜头内部和镜头之间的一种内部联系，电视教材的节奏调控一般由内容节奏和表达节奏组成。内容节奏是根据教育性和科学性的要求，教学内容以本身固有的科学规律、教学规律展开，结构的组织、情节的变化、难易的交替，形成电视教材教学内容本身的节奏。表达节奏是利用影视手段去呈现教学内容时的各种技巧和方法所形成电视教材的外部节奏。内容节奏和表达节奏的和谐、统一便构成电视教材的节奏。内容节奏的把握要依据教学目标、教学内容、接受对象、教学组织形式，以及电视教材的不同类型。表达节奏的把握必须符合学科教学规律和学习者学习规律。适当的解说留白和画面留白，能够给学习者必要的思维空间和时间，激励学习者积极思维，符合学习者的认知节奏，符合从未知到已知、再从新的未知到新的已知的循序渐进的认知过程。

- 字幕的呈现要反映教学内容的结构。电视教材除了画面和解说词之外，字幕是一种重要的语言表达形态。字幕是一种特殊的屏幕语言，它与画面和解说相融合，形成一种反映教学结构、强化教学内容、说明教学过程的独特的语言形态。当电视教材画面语言所构成的视觉形象难以表达或不便于表达时，字幕这种特殊语言能够辅助解说词帮助学习者加深理解。字幕不是对画面的简单的文字注解，画面已经说明的问题，无须再用字幕去说明；字幕也不是部分解说词的重复，而是对解说词中要点的强调。

② 配音。图像编辑工作完成之后，就进入配音阶段，视频节目的声音由三部分组成：解说词、效果声和音乐。三者中解说词又是最重要的一部分，因此，在配音时要注意安排好主次关系。解说的内容要体现教学的引导作用。高质量的解说，可以节省不必要的画面语言，可以丰富画面语言的内容，引申画面语言的表现力。解说时应随电视教材节奏的变化而变化，解说的语调和风格应与电视教材的内容和风格相统一。

讲授型和表演型视频节目的解说多采用同期配音，而图解型节目的解说则采用后期配音，配解说要注意多采用同期配音，旁白解说的速度要适中，一般以每秒三个字为宜。音响效果声既可以在现场录制，也可以在后期选用专门的效果声录音带配音。音乐配音时，乐曲多选自现成的录音带，应根据节目内容需要合理地选用，配音音乐要控制好音量，绝不能让音乐掩盖解说词。电视教材的音乐效果是有生命的，是突出和渲染主题思想的，是与整个片子的基调、节奏相吻合的。这里所指的音响效果主要是指现场声、效果声、背景音乐等方面。音响效果运用得好，不仅能增强教学过程的真实感，而且可以强化电视教材的艺术氛围，激发学习者的联想和思维。

不同节奏的背景音乐加在相同内容的画面上能给人留下不同的心理效果。音乐的起落、节奏、主题旋律选择合适，将与电视教材画面内容相得益彰。音乐的选择要忌“流行歌曲”。采用流行歌曲的节奏、旋律、含意与内容往往格格不入，会分散学习的注意力，影响学习效果。电视片背景音乐忌“满堂灌”。电视教材中的音乐也应该与内容相适应，有起落、有平缓、有高潮、有间歇。音乐中的节奏与旋律本身就包含情绪、思想、寓意，所以决定音乐片段的录用和起止时间、段落是做好电视教材配乐工作的基础。背景音乐的音量忌大。一般而言，电视教材中的音乐是不直接给学习者传递信息的。心理学研究表明，人们从视听教材中获得的知识60%取自画面、30%取自解说。此外，背景音乐的音量也不能超过解说音量。就人耳听觉而言，解说音量与音乐音量之比为3∶1或4∶1较为合适。

在具体配音时，三种声音往往是先个别录制，然后用调音台将其混合为一路信号记录在已编辑好的录像带的第二声道。如果用录像机配音和混音，可以先在录像带的第一声道配解说，第二声道配音乐和效果声，然后利用录像带机的相应功能，将两路信号混合后转录到已编辑好画面的录像带的第二声道，这样，一部视频节目的编辑工作就基本完成了。

(4) 修改评审。

电视教材编制完毕后都要组织有关学科专家和有经验的教师、教材编导和制作人员对视频节目的质量进行评议和审查，然后才能投入使用和发行。通常从节目的教育性、科学性、技术性、艺术性几方面进行评审。电视教材有别于电视剧、电视新闻等表现形式。好的电视教材在科学性、教育性、技术性和艺术性方面，应该是和谐统一的。

电视教材根据其记录方式的不同可分为模拟电视教材和数字电视教材两大类。以上所讲的内容都是关于模拟电视教材的制作，所采用的编辑方式是比较传统的线性编辑方式，即磁带编辑方式。线性编辑方式的特点主要有以下几个。

技术成熟，操作简单。线性编辑经过几十年的发展，技术已非常成熟，使用编辑放像机、编辑录像机、控制器直接对录像带的素材进行操作，操作界面直观、简单，使用组合(ASSEM)编辑、插入(INSET)编辑，图像和声音可分别进行编辑，再配上字幕机、特技器、时基校正器等，能充分满足节目制作的需要，完成镜头的组接、技巧的组接、出入点的设置、字幕与图形的叠加、音响效果和音乐配加等的后期制作。

素材的搜索和播放、录制须按顺序进行，节目制作较费时。因为素材的搜索和播放、录制都要按时间顺序进行，在录制过程中就要反复地前卷、后卷寻找素材，不但浪费时间，且对磁头、磁带也造成相应的磨损。编辑工作只能按顺序进行，先编前一段、再编后一段，如果要在原来编辑好的节目中插入、修改、删除素材，就要受到预留时间、长度的限制，一旦转换完成就记录成了磁迹，无法随意修改。如果中间插入新的素材或改变某个镜头的长度，整个后期的内容就得重新制作。

线性编辑系统的设备较多、连线较多、投资较大、故障率较高。线性编辑系统主要包括摄像机、编辑录像机、编辑放像机、控制器、字幕机、特技机等设备。这一系统的投资比同功能、同性能的非线性设备要高得多，且连接用的导线如视频线、音频线、控制线也较多，出现故障的概率较高、维修量较大，会对信号质量造成一定的影响。

正因为如此，随着新技术的发展，非线性编辑系统应运而生。非线性编辑是将节目采集到计算机后直接从计算机的硬盘中以帧或文件的方式迅速、准确地存取素材进行编辑的方式，它能够随机访问任意素材，不受素材存放时间、区间的限制。通过非线性编辑系统制作的数字电视教材经压缩后可以直接在网络上使用，并且具有易存储、传输复制无信号衰减等优点，而模拟电视教材则必须经过数字化处理之后才能在网络上使用，其保存期限受录像带等介质的影响，传输、复制过程中也有信号衰减，所以数字电视教材制作是今后电视教材的发展方向。

非线性编辑方式的特点主要有以下几个。

① 高质量的图像信号。传统编辑方式的一个主要问题就是不断搜索和播放造成母带的损伤，而且在制作过程中，视频信号经过特技台、字幕机等设备后，信号质量有一定的衰减，导致图像质量不高，而非线性编辑的素材是以数字信号的形式存入计算机硬盘中，采集的时候信号基本上没有衰减，但它比线性编辑多了采集所用的时间。而且，非线性编辑系统的素材采集采用的是数字压缩技术，采用不同的压缩比，可以得到不同质量的图像信号，即图像信号的质量在一定的范围内是可以控制的。

② 强大的制作编辑功能。非线性编辑系统集录制、编辑、特技、字幕、动画等多种功能于一身，可以非常方便地对素材进行预览、查找、定位、复制、剪切、粘贴。非线性编辑系统在实际编辑过程中只是编辑点和各种效果的记录，因此任意地剪辑、修改、复制、调动画面前后顺序等操作都不会引起画面质量的下降，而且编辑节目的精度高，可以做到正负零帧，便于节目内容的交换与交流。一般非线性编辑系统都可以兼容各种视频、音频设备，便于输出录制成各种格式的资料，满足不同层次的需要。

③ 运行可靠性强，系统功能拓展方便。非线性编辑系统集多种功能于一身，线路结构简化，故障率大大降低，运行可靠性大大提高。随着技术的发展，非线性编辑系统设备日趋小型化，且功能集成度高，与其他非线性编辑系统或普通个人计算机易于联网形成网络资源的共享。非线性编辑系统使制作节目的效率大幅度提高，使节目的制作周期大大缩短。通过非线性编辑系统制作数字电视教材的一般步骤为：素材量化采集→素材编辑→转场→硬件和软件特技效果制作→视频合成→音频合成→字幕叠加→节目输出。

当前在教学中，除了可通过非线性编辑系统直接制作或将已制作好的模拟电视教材转换为数字电视教材外，另一种方式就是通过 DV 摄像机(数字视频摄像机)直接拍摄数字视频素材。用 DV 摄像机拍摄数字视频素材的过程和用传统的摄像机基本一致，所不同的是，传统的摄像机所拍摄的素材是存储于磁带上的模拟信息，要制作成数字化电视教材，必须通过非线性编辑系统或其他方式转化，而 DV 摄像机所拍摄的素材已经数字化，可以直接输出到计算机硬盘或非线性编辑系统加以编辑处理，甚至也可以不加处理，直接输出到网络上供教学使用。

3.2.3 电子幻灯片制作

电子幻灯片是一种简单却非常实用的辅助教师教学、帮助学生理解关键知识点的教学工具。电子幻灯片常用的制作思路：按照教材的章节，制作一页总目录，利用超级链接的功能，点击总目录中任一子目录，可以转换到相关的子目录页。根据以上思路，我们可将电子幻灯片的制作分为以下几个步骤。

(1) 依据教学大纲和教材，确定选题。确定选题时应考虑以下几方面的因素：所选内容要有助于解决教材中的重点、难点和关键问题；选题不宜太大，要便于制作、便于应用。

(2) 编写一个详细的提纲。选题确定后，就要编写一个详细的提纲，以便对具体的制作作出明确的说明和交代，包括幅数、表现形式及对画面的具体要求等。必要时，还应编写文字稿本。

(3) 利用多媒体软件制作工具完成电子幻灯片的相关制作。用于电子幻灯片制作的软件很多，而 PowerPoint 则是最简单易学的一种。PowerPoint 和 Word、Excel 等应用软件一样，都是 Microsoft 公司推出的 Office 系列产品之一。PowerPoint 是功能非常强大的电子幻灯片制作软件，可以制作出非常精美、实用、动感的演示文档，是会议、课堂等场所必备软件，是否会使用 PowerPoint 软件也是教师信息技术能力的重要体现。PowerPoint 的操作非常简便，配套模板、素材丰富的“电子幻灯片”制作是 PowerPoint 的最大特色，系统提供的模板和各种贴切的提示使用户在几分钟之内就能开发出一个生动美观的电子幻灯片。

我们可以利用 PowerPoint 进行课堂演讲、汇报小组课题、展示图表与表格、显示调查与问卷结果、以图形化的组织形式显示数据、创建非线性项目等。它还可以通过计算机播放文字、图形图像、声音、动画和视频影像等多媒体信息，并可以加入交互实现超媒体链接功能，也可以制作网上使用的 Web 页。从媒体的组织特性来看，PowerPoint 是基于帧面创作的，与当前流行的可视化开发工具(VB、Delphi 等)和 ToolBook 类似。

目前，用 Microsoft Office PowerPoint 不仅可以创建演示文稿，还可以在互联网上召开面对面会议、远程会议或在网上给观众展示演示文稿。Microsoft Office PowerPoint 做出来的成品叫演示文稿，其格式后缀名为：ppt、pptx；或者也可以保存为：pdf、图片格式等。2010及以上版本中可保存为视频格式。演示文稿中的每一页就叫幻灯片。

3.2.4 教学网站、教学资源库和网络课程的开发

1. 教学网站的概念、结构与功能特点

教学网站是指通过互联网服务提供单位(ISP)接入互联网，向上网用户提供教学和其他有关教学信息服务的网站。教学网站一般应具有结构化知识展示、相关知识扩展、用户信息管理、辅导答疑和在线测试等功能。教学网站的本质是提供教学服务，这是“教学网站”区别于“门户网站”“商业网站”“政府网站”“娱乐网站”等其他类型网站的特征所在。“教学网站”所提供的教学服务主要包括：课程教学服务、教学信息资源服务、教学研究服务、教学管理服务等。

从第一个教学网站的出现至今短短数年时间之内，网络上已经涌现出了大量的、各种各样的教学网站。从网站的建设者、服务的层次、服务的对象、服务的范围、网站的规模、网站的语言、网站的地域等不同角度可以对教学网站进行不同的分类。

从服务的范围来分，包括：

(1) 综合教育网站。开辟有教育动态、教学资源、课程辅导、网上导航、教育论坛等多种栏目，具有教学、科研、管理等多种功能。

(2) 专业教育网站。面向某一行业或某一学科专业进行网上教育。

从网站的规模来分，包括：

(1) 小型教育网站。此类网站的固定用户数较少、资源数据量较少、信息流量较少。常用作专业网站与个人网站。

(2) 中型教育网站。此类网站一般为中等规模以上学校所办的教学网站或县级以下教育行政部门办的教育网站。

(3) 大型教育网站。此类网站一般为省市级以上教育行政部门、大型企业、著名大学建立，多为教育综合网站。

此外，大中型教育网站也可由一系列小的教育网站“联盟”而成。

2. 教学网站的开发

教学网站的开发过程大致可以分为以下七个阶段，即网站规划、网站设计、网页制作、网站检测调试、网络发布、网站管理与维护、网站评价等环节，其开发流程如图 3.2 所示。

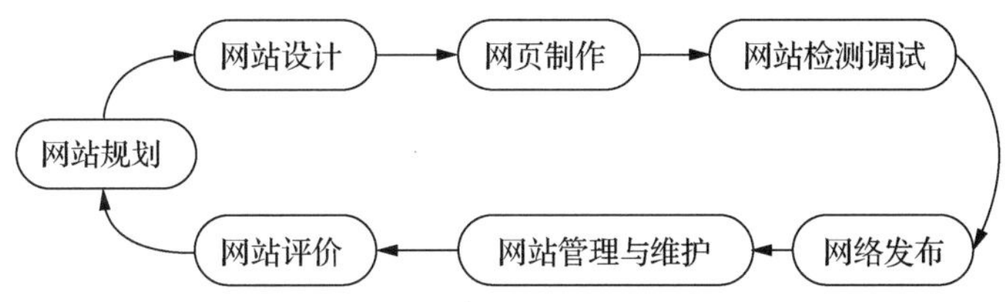

图 3.2 教学网站的开发过程

1) 网站规划

网站规划首先要确定网站的性质，即明确网站的所属类型，如综合教育网站、学科教

学网站、学校网站、个人网站等。不同的网站类型对应不同的使用对象，综合教育网站的使用对象通常为互联网上对教育感兴趣的一般用户，而学科教学网站的使用对象一般是针对某一门学科的教师与学生，学校网站的使用对象多是与该学校有密切联系的个人、企事业单位等。分析网站的使用对象，明确网站的所属类型，是对网站进行正确定位和开发的关键。

2) 网站设计

教学网站主要的使用对象是网上进行教学活动的教师和学生，因此网站的设计要力求简洁、突出重点以方便使用。设计教学网站时首先要根据网站内容给网站确定一个主题，并确立一个整体风格，在以后的网页设计中要紧扣主题，力求风格统一。设计网站时可先考虑设计模板，模板的制作极其重要，好的模板可为后面的网站制作节省大量的时间与精力，起到事半功倍的效果。通过利用模板，网站制作人员制作新网页时只需往模板里添加内容而不必顾虑新增添的网页是否与已生成的网页统一，省时省力，便于修改。

(1) 网站的主题选择。根据网站性质的不同，大多数网站在进行设计时首先要选择主题，明确网站的中心思想。

(2) 网站的结构设计。网站的结构设计包括网站的目录结构设计、链接结构设计和网站的栏目结构设计。网站的目录是指建立网站时创建的目录。网站的链接结构是指页面之间相互链接的拓扑结构，它建立在目录结构的基础之上，但可以跨越目录。网站的栏目实质上是网站的大纲索引，栏目可以引导浏览者进一步浏览网站的具体内容。网站的栏目结构好比是建造高楼大厦之前的施工图纸。网站的结构设计是将所有网页的链接结构表示出来，一般大体说明网站的内容即可。

(3) 网页设计。网页设计包括网页的颜色设计、版面设计、导航设计和交互设计等内容。

3) 网页制作

网页制作包括网页素材的准备、网页制作和网页动态效果的制作。关于素材获取、加工与处理的详细内容前面已有介绍。网页的设计制作需要用到一些常用的网页制作工具，如 FrontPage、Dreamweaver、Adobe Photoshop、Flash 和 Fireworks 等。动态网页(DHTML)就是采用动态 HTML 制作出来的具有动态效果的网页。这里以 FrontPage 为例说明网页制作的一般过程。

(1) 新建网页。打开站点后，点击菜单栏上的“文件”→“新建”→“网页”，在对话框中有“常规”“框架网页”“样式表”三个标签，在选择时可根据自己的需要而定。“框架网页”即将浏览器视窗分为不同的框架，每个框架都是一个网页，一个框架中的网页存在着链接关系。

(2) 应用主题。FrontPage 内置的主题很专业，还分为各种不同的类型。点击菜单栏上的“格式”→“主题”，这里有十几种主题样式供选择。如果这些主题都不满意，可以安装附加主题。FrontPage 还可以修改主题中的各元素。

(3) 设置网页属性。在页面任意处点击鼠标右键，选择网页属性。在常规标签的标题后输入网站的名称。背景音乐下输入音乐文件的路径，就可以在主页加载后听到音乐。点击背景标签，在背景图片前打勾，选择本地的图片文件。

(4) 插入图片。鼠标点击菜单栏上的“插入”→“图片”，可以选择“剪贴画”→“来自文件或视频”。选择的图片一般为GIF、JPEG和PNG格式。

(5) 设置超链接。选定需链接的对象后，点击工具栏上的图标，如果链接到一个网站就在URL后输入网址；如果链接到正在制作的站点中的网页，则可以在列表中直接选择；如果链接一个邮件地址，则输入E-mail地址；如果链接到一个新网页，则选择网页的样式，点击“确定”；如果要链接本地计算机上的文件，就点击资源管理器图标；也可以链接到书签(本页或其他网页均可)。

(6) 插入表格。表格在网页中的应用最为广泛，表格可以使网页内容的定位更准确、层次更清晰。制作表格的操作主要是：创建表格，插入行或列，插入单元格，插入标题，删除表格各元素，设置表格属性，表格的嵌套，表格与文本的相互转换等。

4) 网站检测调试

制作完网站后，应对网站的全部网页做全面的检测，包括检查网页内容的科学性、版面编排的合理性、超链接的正确性及对网页的内容做适当的增减等。

5) 网络发布

网络发布简单地说就是指将制作好的网站文件上传到互联网上。一般来说，网络发布有以下四种方式：个人电脑虚拟Web服务器发布网站、租用专用线路，向ISP租用虚拟主机和主机托管，用户可根据实际情况酌情选用。

6) 网站管理与维护

网站建设完成后，在它的运行过程中还需要进行管理与维护。这是指在不改变网站结构和页面形式的情况下，为网站的固定栏目增加或修改内容，以及对网站运行状况进行监控，发现运行问题及时解决，并将网站运行的相关情况进行统计。网站的管理与维护是网站建设的后续保障。网站的管理与维护包含三层含义：一是网站内容的管理和维护，二是网站运行的管理与维护，三是管理服务的实施。

7) 网站评价

网站评价是指依据一定的标准，对不同性质网站开发的有效性及开发成果应用价值进行判定的过程。

3. 教学资源库的开发

教学资源库是指支持教学的相关资源的集合，分为教材、支持系统和环境，甚至涵盖一切有助于教学活动的任何事物。教学资源库通常具有如图3.3所示的结构。其中，教学资源数据库是教学资源库的核心。它分三个层次：最底层是媒体素材库(文本、图形、图像、音频、动画、视频)及索引库，在此基础上，还有积件库、课件库、题库、案例库及相应的索引库，最上层是网络课程库和索引库。在教学资源库的开发中，数据库资源，如素材资源、积件、网络课程等是开发的重点和核心。支持与管理系统是工具层次的建设，它应根据素材、积件、网络课程的具体内容和各自特点，充分发挥不同资源的优势。

要进行教学资源库中素材资源的开发，最简单的方法是掌握Microsoft Word、Internet Explorer等基础类软件，从网上下载资料和软件后，直接对其编辑处理；掌握PowerPoint等简单组合平台类软件，就能够进行教学资源的简单组合；在这一基础上继续掌握Authorware、Fireworks和一些本专业的核心软件，就能够进行多媒体教学资源的组合和简单加工，能够开发一些素材类教学资源；再进一步掌握 Photoshop、Core draw、Flash、3DMAX、Premiere、数据库及更深入的编程能力等，就能够熟练地开发教学素材库、教学单元库和网络课程，并能按照一定的规则和标准将教学资源进行检索和分类。从软件工程学的角度来说，教学资源库的开发流程一般如图 3.4 所示。

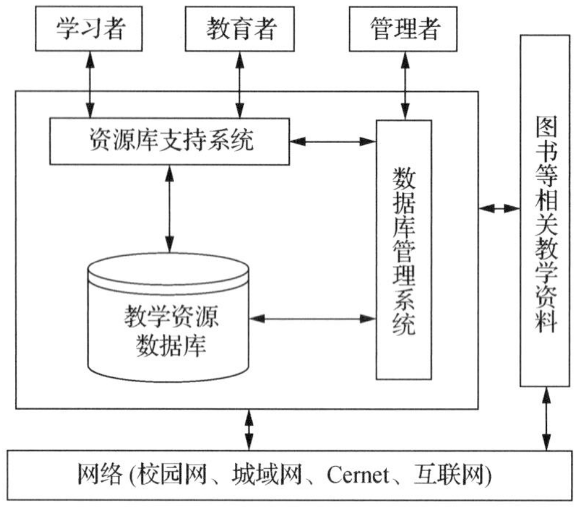

图 3.3　教学资源库的结构

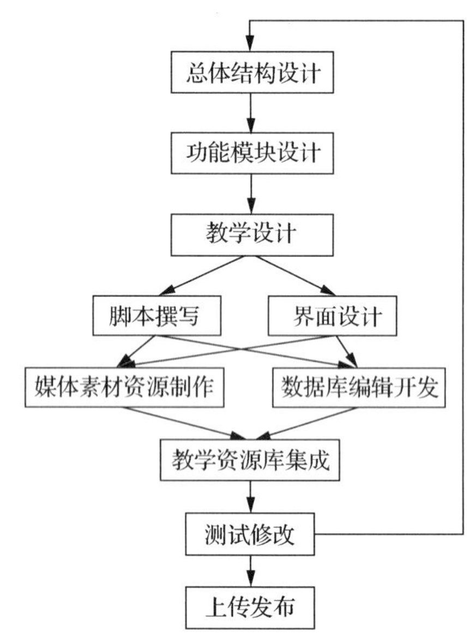

图 3.4　教学资源库的开发流程

在教学资源库开发过程中，要充分考虑运行环境，采用相关的技术提高资源在网络上应用的效果和速度。例如，利用矢量化技术提高图形与动画的制作质量，缩小文件存储量；采用流格式采集与存储音视频信息，并使用直接挂接于交换机上的磁盘阵列在网上提供快速地浏览服务等。

4. 网络课程的开发

如前所述，网络课程是指通过网络表现的某门课程的教学内容、网络课件及教学实施方案等的总和，它包括两个主要部分：其一是按一定的教学目标、教学策略组织起来的教学内容，网络课件则是承载这些教学内容的重要媒介；其二是网络教学支撑环境。

1) 网络课程的开发流程

网络课程的开发一般要经过教学设计、系统设计、媒体素材准备、开发制作、测试与修改、上传发布和管理维护等阶段，如图 3.5 所示。

(1) 教学设计。在教学设计阶段一般应完成选定教学内容、分析教学内容；设计教学方法、交互方式；设计教师活动、学生活动等工作，并完成网络课程“文字稿本”的编写工作。

(2) 系统设计。在系统设计阶段应充分分析教学设计并依据教学设计，将网络课程划分成便于制作的可视化程序功能模块，即确定程序的逻辑框架及色彩色调风格，使教学设计的意图能够直观、形象地表现出来；绘制出网络课程结构示意图；完成制作脚本的编写工作等。

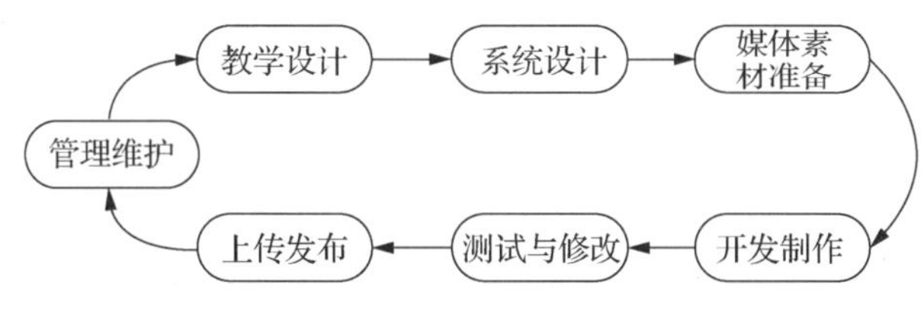

图 3.5 网络课程的开发流程

(3) 媒体素材准备。关于媒体素材的获取、加工与处理的详细内容前面已有介绍。

(4) 开发制作。开发制作阶段一般是根据网络课程的脚本开发具有实际学习功能的网络课程原件。开发制作阶段的主要工作是提供多种类型媒体的播放使用环境，实现教师布置作业、考试、评阅以及学生自测、交卷等教学评价功能；完成虚拟教室(教师同步/异步授课、辅导答疑、交流讨论、个别化学习等)教学(学习)环境的搭建；实现各种教学资源的浏览、检索、查询及远程管理(添加、修改、删除)等功能。

网络课程开发制作的要求。

- 主页简明扼要、内容朴素大方、链接清晰明确。
- 课程内容的设计要尽量加入交互方式，激发学习者在学习过程中主动参与和积极思考。在疑难的知识点上充分发挥多媒体的功能，展现其内涵，使学习者能够深刻体会，从而有利于培养学习者获取知识的能力和创新能力。
- 描述性文字要精练、准确。中文字体尽量用宋体和黑体，字号不宜太小和变化太多，背景颜色要与字体前景颜色协调，以便减少学习者在屏幕上阅读的疲劳感。
- 每门课程的网页要保持统一的风格和操作界面。网页色彩要与内容相适应，表现形式要生动活泼，页面布局要美观。同一网页中不宜同时出现过多的动态区域。网页不易太长，在 800×600 屏幕分辨率下网页一般纵行不超过三屏，横向无滚屏。
- 学习者可选择浏览或不浏览课程中的有关图片、资料、动画，也可选择设置或不设置背景音乐和配音。
- 控制功能、操作方法符合常规习惯。
- 网络课程中的每个知识点都应提供相关的参考文献资料链接，以拓宽学习者的知识面。

➢ 关闭浏览器窗口，课程应该释放运行时占用的全部资源。

(5) 测试与修改。按照网络课程教学设计与制作脚本的要求，测试网络课程是否达到预期的目标，测试网络课程的可靠性、稳定性等技术指标；程序开发人员根据测试报告修改程序。

测试的方式如下：

① 技术开发人员测试，主要负责网络课程的各种功能的实现情况；

② 任课教师测试，主要负责网络课程教学内容的科学性、完整性和正确性的检测；

③ 模拟用户测试，进行模拟学习操作，检验网络课程教学设计的科学性、教学环境的完整性、学习功能的友好性，以及客户端浏览器各种插件的运行情况是否正常等。

(6) 上传发布。将网络课程的全部程序(包括运行组件)及素材(如程序中使用的动画、图标、视频等)发布到网络服务器上并在相关主页上设置链接；将音视频和网络课件等资源上传至有关资源库。

2) 网络课程的开发平台

网络课程开发平台是专门为开发网络课程而设计的工具软件。这些软件中通常都包括了常用的课程构件。下面介绍几个常用的网络课程开发平台。

(1) WebCT。WebCT 是由加拿大 British Columbia 计算机科学系为高校开发的异步课程传递及管理系统，包括一系列可以自动与课程内容紧密集成的学习工具，可以用于开发完全联机的课程，也可以用于将现有的课程内容在网上发布。

(2) Web-Course-in-a-Box。Web-Course-in-a-Box 开发平台能够帮助开发经验不多的教师建立一门相对简单的网络课程。其中，课程信息可以显示课程的教学目的、目标、课程内容和相关网页的链接地址；课堂公告用来发布和保存教师的通告；课程计划列出课程活动和具体的任务；学生名录用于存放学生的 E-mail 地址和个人主页等信息；学习链接则允许教师投递课程参考资料，建立主题讨论组。此外，帮助工具允许学生更改密码，生成或编辑自己的主页。

(3) LearningSpace。LearningSpace 是 Lotus 公司基于知识管理策略而推出的网上课程开发平台，旨在提供一个便于协作、可按计划进行指导、分布式的网上教学环境。它在企业培训、学校教学和远程教育方面有着极其广阔的应用前景。其他常用的网络课程开发平台还有 WBT System 开发的 TopClass 软件；BlackboardInc.开发的 Courseinfo 软件；Simon University 开发的 Virtual-University 软件等。

3.3 教育信息资源的管理

信息资源管理的概念是美国人迪博尔德(J. Diebold)于 1979 年在其论文《IRM：新的挑战》(*IRM：The New Challenge*)中提出的。美国学者梅迪克提出：“信息资源管理是一门管理各种相互联系的信息资源的技术群，使信息资源得到最大利用的艺术或科学。”美国持“系统方法(技术)说”观点的代表人物里克斯·高(Reiks Gao)认为：“信息资源管理是为了有效地利用信息资源这一重要的组织资源而实施规划、组织、用人、指挥的系统方法。”信息资源管理包含对信息本身、对与信息相关的各种资源，如人员、设备、经费和技术及信息技术的标准化等内容的管理。教育系统中同样存在信息资源管理问题，因此教育中引进一般的信息资源管理概念是必要的。教育信息资源管理作为一种教育信息技术，对于充分发挥教育信息资源的作用具有极其重要的价值。

3.3.1 教育信息资源管理的基本方式

教育信息资源管理系统包括校内资源管理、区域网络管理、Web 资源管理、教师评价管理和资源共建共享管理等多层次、全方位的管理机制。教育信息资源管理的基本方式如下。

1. 文件目录

这种方式根据教育信息资源不同的分类方法，将其存储在服务器上不同的目录中，通过计算机的操作系统目录共享功能对资源进行管理和操作。这种存储方式的特点是资源管理直观、简单。远程访问时速度快，可通过网上邻居、http 或 ftp 方式直接将该资源文件下载到本地。但随之而来的问题是资源安全性差，易受病毒侵蚀，易被他人盗用和破坏。这是最简单、最原始的资源管理方式，当资源积累到一定规模时，由于缺少便捷的检索工具，使用和管理都很不方便。目前很多学校自发组织的资源共享方式基本上都是采用这种存储和管理方式。

2. 专题资源网站

除了最简单的文件目录管理方式之外，还有一些更有针对性的资源管理方式，如专题学习资源网站，它与国外的探究式学习网站(WebQuest)比较类似，针对某一主题，如太空知识、克隆人等，提供各种探究活动、学习资源和讨论组，为研究性学习提供丰富的资源和空间。另外还有虚拟社区资源网站，它以讨论组的方式将本站中的资源划分成不同版块，用户在获取资源时也可以将自己的资源贡献出来，每个版块的负责人会定期整理本版块中的发言，将零散、无序的内容条理化和系统化，并作为精华资源推荐给用户。例如教育技术通讯网站(基于互联网的免费在线杂志，http://www.etc.edu.cn)和惟存教育网(http://www.being.org.cn)等，采用的就是这种管理方式。

3. 静态学科资源网站

按学科分类，将各学科的教育资源通过网页的方式链接在一起，并由此而形成学科群资源网站。网站资源框架内容设计针对学科特点，不拘一格，形式多样，充分体现不同学科教与学的需求。各网站内容除了题库、教案库和课件、素材库外，还可根据不同学科的特点设计多种特色栏目、热点专题，如语文的作品欣赏、读写天地，地理的地图大全、地理大百科、旅游专题，生物的环保专题、克隆技术等热点内容，历史的历史名人、历史名城、历史遗产等。学科网站针对学科课程的特点，以学科分类，一方面能调动学科教学研究人员的积极性，尽快组织学科骨干参与建设；另一方面由于学科教育所积累的资源较丰富，便于短期内建设起网站的框架，并不断充实资源，同时更能直接体现教与学的主题。

4. 教育信息资源管理系统

资源管理数据库一般将资源文件以二进制数据形式存储在关系型数据库中，对资源的管理都是基于对数据库的操作。资源以结构化的方式存储，数据间的关联性强，并通过数据表产生关系映射。基于数据库的教育信息资源管理系统主要包括三个子系统：资源管理子系统(媒体素材库的管理、题库管理、试卷库管理、案例库管理、课件库管理、文献库管理、常见问题解答库管理、资源目录索引库管理和网络课程的管理等)，系统管理子系统(安全管理、网络性能管理、计费管理、故障管理等)，资源建设与使用交流子系统(资源更新、邮件列表订阅、资源定制、异步交流、同步交流)。这三个子系统为管理员、审核员和一般用户提供资源检索、资源发布、资源审核、权限管理、计费、用户信息交流等多个方面的服务，并对存储于资源库中的教育信息资源进行管理、维护和更新。其系统结构如图 3.6 所示。

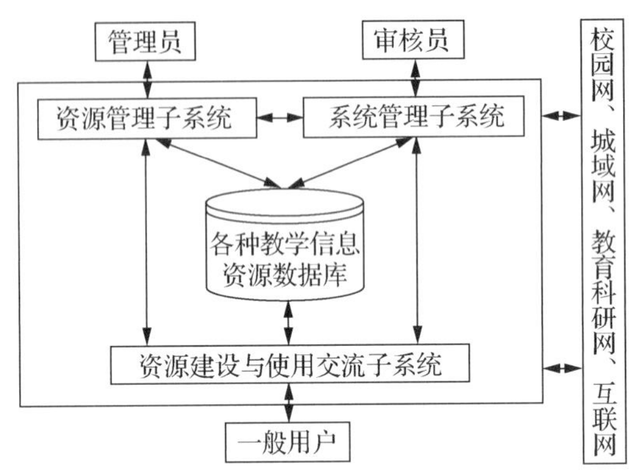

图 3.6　教育信息资源管理系统结构

这种管理方式的特点是资源管理效率高、定位准确、容易备份，能保证资源信息的完整性。由于资源数据都存储在数据库中，安全性好、抗病毒能力强，并且对用户来讲，资源文件的存储方式是透明的，很难被盗用或直接访问。然而，由于要把所有关于资源文件的信息都存储在数据库中，必然对数据库性能要求较高，必须保证大数据量资源的读取和存储不会产生错误，同时也会延长访问时间，服务器端的应用程序必须先将资源从数据库中读取出来，再传送到客户端，这也加大了对网络带宽的要求。

5. 教育信息资源中心

就一个城市的教育信息资源管理而言，可以形成包括城域教育信息资源中心系统，区、县教育信息资源库系统和学校教育信息资源库系统的三级资源组织结构。每一级资源库向上一级提出资源和服务需求或将零散资源提交上一级整合汇总，因而上级对下级来说以资源中心的角色存在，这种管理方式的层级结构如图 3.7 所示。

1)　城域资源中心

安装在城域教育网络中心，通过软件和网络把各区县的资源库有机地结合在一起，构成一个综合化的教育信息资源共享、交流和交易系统，为学校间、地区间开展有关教育信息资源的各项活动提供理想的大平台。

2)　区、县资源库

其分别安装在各区、县(市)教育网络资源中心，它通过软件和网络把该辖区内各学校的资源库有机地结合在一起，供本辖区共享和与全市交流。

3)　学校资源库

其分别安装在该地区的各个学校，学校资源库为各学校建设、开发和使用教育资源提供灵活、方便、高效的局部环境。

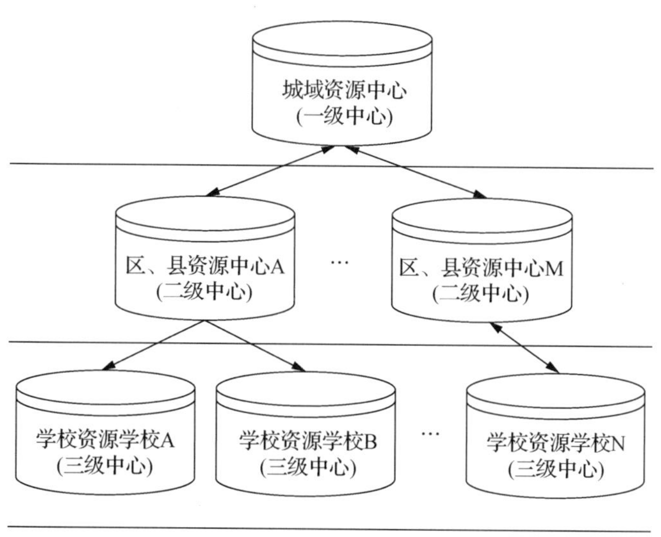

图 3.7　城域教育信息资源中心的三级组织结构

广东省东莞市城域教育信息资源网系统方案即采用这种结构。必须强调的是，资源中心不仅包括教学和学习的素材资源，还包括各种工具性资源，如搜索引擎、讨论组和邮件列表。相邻级别的资源库能以多种渠道进行数据沟通，包括计算机网络和卫星宽带网、电视节目和光盘等多种方式。对于卫星宽带网，接收端只要安装特定的设备，就可定期下载成套的教学素材和课程资源，这对于互联网络不发达地区是一种有效的解决途径，使用户能共享到丰富的教育教学资源，以提高当地的教育质量。

6. 分布式教育信息资源网

分布式教育信息资源网并不局限于一个网站中，它可以由多个不同级别的站点组合而成，形成一个以地域范围为单位的教育信息资源网。资源网和资源中心的类似之处在于二者都是由多个资源站点所构成，但前者所包括的各个站点并没有主次之分，它们之间是对等的关系(peer to peer)，如图 3.8 所示。

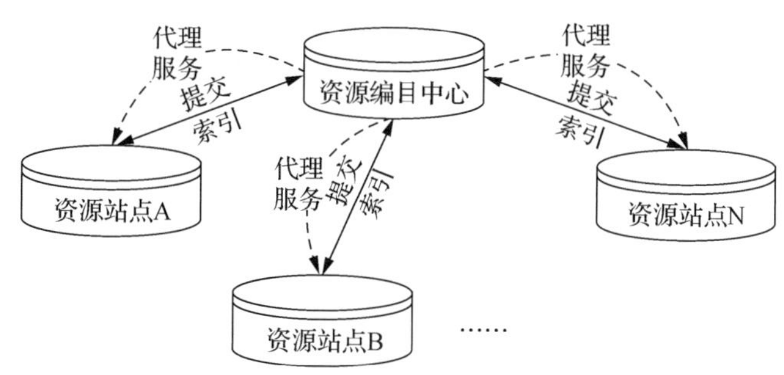

图 3.8　分布式教育信息资源网

分布式教育信息资源网是一种有效整合区域资源的方式，各子区域和学校中的资源可以保持原始的分布式存储状态，而重点在于建立大型编目系统，该系统包含了所有资源的索引信息，但并没有实际的物理存储，用户在大型编目系统中检索到资源后，通过代理服务将其他站点的资源传送给用户。整个资源网络的结构对用户来说是透明的，他们在编目系统中能访问到网络中的所有资源目录索引，而无须关注资源实际的物理位置，任何涉及远端访问的操作，当地站点会自动启动资源代理为用户服务。具体来说，其主要特征如下：

1) 资源分布存储

由某一区域范围内地理位置各异的多个资源节点组成，资源节点之间可以进行资源互访和共享。

2) 资源网目录集中

通过资源中心维护一个资源目录系统来实现对本区域内不同资源站点资源目录的同步更新管理，并提供一个强大的检索系统，通过对本目录库进行检索，就可以实现对不同资源站点上资源信息的快速查询，达到共享资源的目的。当用户需要打开某个资源时，目录系统提供重定向的功能。

3) 异构数据互换

目前很多厂家都有自己的资源库管理系统，其中收集整理了不少有价值的教育教学资源，但不同的资源库采用不同的系统管理，使用户无所适从，通过异构资源互换功能，可以将以前开发的资源库管理平台中的数据快速导入到教育资源网系统中，实现资源的快速收集，另外导入到本系统中的资源可以通过系统的强大检索功能提供给更多的用户使用。

4) 高速资源缓存

从学校所在的区、市等上一级资源站点通过初始化设置，缓存一部分资源到本地，以后根据资源访问的概率对缓存的资源数据进行不同层次的优化调整，以达到在本地保存访问率较高的资源数据。

5) 资源动态采集

动态跟踪、自动采集网络上丰富的教育资源。网络教育信息资源搜索代理可实现对互联网上广泛存在的教育信息资源的自动发现与采集整理。

教育信息资源是信息化教学中最为关键的要素之一，也是教育信息化重点建设的内容。通过城域教育网整合一个地区的教育信息资源，为整个地区提供一个量大、质优的教育信息资源服务系统，是大势所趋。分布式资源网可以有效地整合大范围内的教育信息资源，使得教育信息资源可以得到最大范围的共享，又可以避免大量资源集中存储导致的站点拥塞及站点故障等问题。通过不同的配置，可以形成层次性的资源存储分布模式。资源网采用分级管理的模式，切合了我国当代教育行政管理的模式，真正实现了集中与分布的有效统一；另外，资源网的组成模式，为不同教育行政系统之间运营结算提供了可能性，对教育信息资源产业的发展，将有很大的推动作用。

基于以上思路，广东省电教馆建立了一个全省的教育信息资源目录索引中心，采用分布式技术，将下属各市区的教育信息资源的描述信息集中，资源则分布在各地存储，在各地资源库内容更新的同时，同步更新省资源中心的索引目录，目录索引中心及各地市的资源库系统，通过宽带网络无缝连接成一个覆盖全省的教育信息资源网，从而最终实现全省范围内资源的分布式存储、分布式管理和提供基于共享资源的教育增值服务体系。

3.3.2 教育音像资源的管理

教育音像资源的管理应立足于观念现代化、方法科学化、工作标准化、人员专业化。

教育音像资源的管理可从以下六个方面入手。

1. 集中管理，优势互补

在目前库房等物质条件有限的情况下，要做到集中整合、统一管理、优势互补，可考虑全系统计算机联网，将分散的音像资源集中在一个平台下管理。总平台所属各单位音像资源定期入库，变分散管理为集约化管理，变“个享”资源为“共享”资源。全方位收集，高效率管理，为全系统服务。一个窗口对外，有效防止资源流失。

2. 做好常规基础工作

这里所说的基础工作主要指音像资料数据的整理、筛选和编目；带号、信号质量、磁带位置的储存；同类资料归并、统一标引、分类；资料使用情况、微机检索、借还管理、统计系统的建立等。没有经过整理的资料是零散的，不能作为财富和资源。只有经过整理的资料，才能融入资源的范畴。虽然节目资料的微机输入是一项浩繁的工程，须投入大量的人力、物力，但它是必要的基础工作，要花大力气去做，而且要做好，不能图省事。否则不利于开发资料的潜在利用价值。

3. 加强音像资源的鉴定

鉴定工作内涵丰富，是音像资源管理中最困难、最重要的一项专业活动。在音像资源相对较少时，不易重视鉴定；当节目资料大量产生后，鉴定工作就必然被提上议事日程。

4. 抢救濒危资源

有些音像资源非常宝贵，如人去物非、时过境迁等，属于不可再生、无法重拍的“绝版”资源，载体却很落后、脆弱，必须进行及时加工、复制，否则将缩短资源寿命，造成难以弥补的损失。方法有将模拟信号转为数字信号，刻录光盘、压缩存储等。

5. 技术性维护

在音像资料管理中有许多技术要求，如防湿、防尘、防火、防鼠、防盗、防水、防磁、防高温、防霉变、防粘连、防紫外线等。所有这些必须严格执行有关技术规程，且要使用很多先进技术设备和手段。随着视音频资料的数字化，存储、传递的数据化，实现有效的数字媒体管理已成为发展的必然趋势。

6. 重视人文管理

虽然技术的作用日益明显，但人文管理仍然是音像资源管理的核心，技术只是工具和方法。人是资源的生产者、组织者、利用者，也是管理者和决策者。人在音像资源管理中起决定作用，人与技术装备不是对等的搭档，许多问题不是仅靠技术装备就能解决的，仍需要人的参与。因此，音像管理人员的知识结构、智力结构、能力结构及素质培养就显得十分重要和必要。音像资源的保存、管理的最终目的是利用。音像资源保管得再好，在未经利用时，只具备潜在价值，不具备实际价值。

3.3.3 网络教育信息资源的管理

由于网络教育信息在生成、复制和流通等方面具有其特殊性(如采用数字形式表达、内容广泛、表现形式多样性、地域分散等)，因此根据网络教育信息资源的特征和构成，同时也根据人们对网络教育信息开发利用的需要，可将其划分为不同层次进行组织管理。

1. 互联网一次信息的组织与管理

一般将经过加工、组织入网的信息称为“网上一次信息”。目前，使用较为广泛的“一次”网络教育信息资源的组织与管理方式有：文件方式、数据库方式、超媒体方式和主页方式。

1) 文件方式

文件方式是最基本的组织方式。计算机处理的所有最终结果都是以文件形式保存下来的，因而对图形、图像、音频、视频等非结构化信息，可以方便地利用文件系统来管理。

2) 数据库方式

数据库方式是目前使用较为普遍的结构化的网络信息资源组织方式。这是利用数据库技术的数据模型对信息进行规范化处理，并且以字段为单位进行信息存取，使得用户能够根据需求灵活组织查询条件、降低网络传输负载、优化信息查询，尤其在大数据量的数据组织管理中优点更为突出。

3) 超媒体方式

超媒体方式是利用超文本与多媒体技术将文本、声音、图像、音频、视频等媒体信息用超链接组织起来，使用户可以通过联想方式找到所需要的媒体信息。这种非线性的信息组织方式符合人们的认知特点和思维习惯，具有良好的包容性和可扩充性，完全超越了媒体类型对信息组织与检索的限制。

4) 主页方式

主页方式是一种类似档案卷宗的组织方式，它将有关机构或个人的信息集中组织在一起，是对某机构或个人的全面介绍。

2. 互联网二次信息的组织与管理

一次信息经过替换、重组、综合、加工以后称为“网上二次信息”。目前，网上二次信息的组织与管理主要有下列几种方式。

1) 搜索引擎方式

搜索引擎(Search Engine)方式是网上二次信息进行组织的主要形式，搜索引擎根据用户输入的检索词检索出相匹配的描述记录，但往往由于检索结果过于庞杂，适用性不强。因此，越来越多的搜索引擎提供二次检索、法定数检索及对检索结果再处理功能等以增强查准率。

2) 指示数据库

指示数据库(Referral Database)存储的是有关网上一次信息的地址以及相关信息的描述信息。如 http://www.harvard.edu 等，计算机根据用户输入检索式自动进行扫描匹配，检索出符合用户要求的记录供用户选择使用。用户可通过检索出的地址再到浏览器中做进一步的浏览，即获取一次信息。与前一方式相比，该方式须通过数据库查找地址，再在浏览器中输入地址进行浏览两个步骤；而搜索引擎方式一次检索的结果便是超文本信息，即直接通过点击便可获取一次信息。该种方式入库的记录都经过了严格选择，具有较强的针对性和可靠性，检索结果适用性强。该种方式适于组织专题性的或专用的网上二次信息。

3) 主题树方式

主题树方式就是将网络教育信息资源按照已确定好的概念体系分门别类、逐层细化进行组织，用户通过浏览方式层层查找所需要的线索后，再连接到相应的网络教育信息资源。这种方式屏蔽了网络资源系统的复杂性，为用户提供了一个基于树型浏览的检索界面，查准率较高，具有严密的系统性和良好的扩充性。但这种方式由于对资源的分类标准不确定，归类会有误差。

若有必要还可以进行网上三次信息的检索，以提高检索效率和网络信息资源的开发利用水平。从“网上一次信息”到“网上二次信息”，再到“网上三次信息”，网络教育信息资源的可控性、有序性、易用性逐渐增强，有助于人们高效、充分地利用。

3.4 教育信息资源的利用

随着信息时代的发展，教育信息资源已经走进课堂，利用教育信息资源去教学，确实有形象、直观、生动的特点，能够激发学生的学习兴趣，学生在声、光、电的氛围中能够热爱学习，课堂效率也能够大大提高，正符合了我们现在所倡导的“实施有效教学，提高课堂效率”的理念，把教育信息资源应用于教学，确实起到了不小的辅助作用。使用教育信息资源对教学很有效，也能使学生热爱学习，那么就大量使用信息资源，把大量的信息资源进行罗列使用，使课堂变得五花八门、热热闹闹，完全摒弃了传统的教学，好像是进行了教学改革，但是我们无论是进行怎样的改革，最终的目的是让学生学会，课堂教学是改革了，但是一节课下来，学生都没有学会，那么这样使用的教学资源还有意义吗？岂不是在哗众取宠、弄巧成拙吗？有机地整合、有效地改进教师的教学方式和学生的学习方式，用这些资源可以突出教学重点、解决教学难点，完成本节课的教学目标，提高课堂的学习效率，所以使用资源能够改变教学方式，使以学生为中心的教学理念得到真正体现，所以使用信息资源一定要把握好，让资源真正起到为教学服务的目的。教育信息资源的运用，我们要遵循“实效而有价值”“恰当而有效”的原则，让教育信息资源切切实实地为课堂教学服务，为学生的发展服务，提高课堂效率，使自己的教学事半功倍。

3.4.1 教育信息资源利用的基本方式与策略

教育信息资源的种类较多，因而利用方式也多种多样。教育信息资源可用作教学或学习参考资料、课程学习的对象、教学资源二次开发的素材、教师教学的工具和学生学习的认知工具等。

美国教育技术协会(AECT)在 1994 年提出的“教育技术”新定义中，将教育信息资源的利用归纳为“媒体利用”“革新推广”“实施和制度化”和“法规和制度”等几个方面。为科学、合理地利用教育信息资源指明了方向，得到了我国广大教育技术工作者的普遍认可。

教育信息资源的利用，从宏观层面来说，是指国家或地区通过制定有关教育信息资源利用的标准、制度、法规等政策和措施，大面积、高效率地利用各类教育信息资源；从微观层面来说，是指教育信息资源在教与学过程中的系统利用。

1. 教与学过程的利用

教育信息资源在教与学过程的系统使用是依据教学设计方案进行决策的过程。戴尔于1946年发表的《教学中的视听方法》为教学媒体和教育信息资源的系统利用奠定了一个全面的理论基础。1982年海涅克(Heinch)等出版的《教学媒体和教学新技术》(*Instructional Technology Media for learning*)中提出的ASSURE模式，成为帮助教师在教学中计划和实施教学媒体和教学信息资源利用策略的广泛流传的程序指导。ASSURE模式由六个步骤组成：分析学习者、陈述目标、选择媒体和材料、要求学习者参与、评价和修正。

2. 大面积推广、利用

教育信息资源大面积推广、利用的关键在于政策和法规。政策和法规包括著作法规、电视法规、网络法规、设备法规、节目标准、行政机构的设立等，具体的还包括相关教学资源开发、多媒体和网络教学环境建设、教育技术课程开设、教师教育技术能力考核及上岗资格鉴定、教育技术机构设立、教育电视频道分配等方面。为此，国内外都非常重视有关政策、法规的制定。

1) 国外

(1) 美国。美国前总统克林顿1996年1月在国情咨文中指出，2000年美国必须实现100%的学校与国际互联网相连，并建议国会通过立法使美国从小学到大学都实现“人—机—路—网”。另外，美国教育部1997年2月13日发表了与前总统克林顿教育行动纲领相应的举措说明，其中针对教师首先要教育信息化的条款占有重要地位，如使所有教师都能够掌握计算机，提供培训和资助等。为实施该教育行动计划，1998年美国投入510亿美元巨资，旨在使每一位公民都能利用信息技术进行终身学习。为做到这一点，美国的举措是先从中小学教师的教育信息化应用培训开始。同时，为了使美国的国家、公民、各行各业能够受益于信息时代，美国图书情报协会信息教育总统委员会提出了以下建议：

① 必须从制度上对信息进行重新组织，构造信息访问结构，重新确定信息在社会生活及工作中的角色；

② 在美国图书情报协会的领导下，应该成立一个信息教育联合会，与其他组织和机构合作，共同提高信息教育；

③ 需要开展一些关于信息及其使用的研究和实践项目；

④ 培养具有信息素养的公民，将传统的、依靠课本的教育改革为依靠资源的教育。后者实际就是前者的方法，也就是培养具有终身学习能力的、独立的、自我导向的学习者。

(2) 新加坡。1997—2002年的MIT总体教育信息化规划中，要求1999年全国教师接受MIT应用能力培训，并把它作为教师资格聘用的重要标准之一。规定各类学校必须建立校园网。为此，新加坡教育当局拨出专款，为教师每人补贴20%购买家庭自用计算机的费用，保证每两位教师配备一台计算机，以此提高全员的信息化水平。在人力资源不足的情况下，从1999年起在每所学校建立四元信息化梯队，即聘用高理论、高信息技术、高操作水平、高资历教师组成的信息化四结合队伍，为学校教育信息化提供全方位的支持和指导，以保证学校的理论和实践资源数据库常备常新。与此同时，加大师范教育信息化课程力度和权重，使未来教师在校学习时就成为信息化技术应用的楷模。

(3) 英国。1995年，英国政府推出题为“教育高速公路——前进之路”的行动计划，将400家教育机构首批联网，并为23个试验课题拨款1200万欧元。1995年10月，首相布莱尔宣布了一个代号为“英国网络车”的五年计划。1998年被确定为英国的“网上教育年”，同年4月英国政府公布了题为《我们的信息时代》的政策宣言。宣言指出，政府应改革教育，在教育中引用新技术，使人们能够获得信息时代所必需的知识和技能，以扩大信息受益面。

2) 国内

2000—2010年，教育部召开了全国中小学信息技术教育工作会议，颁布了《关于在中小学实施“校校通”工程的通知》《2003—2007年教育振兴行动计划》《中小学教师教育技术能力标准(试行)》等相关文件，就普及信息技术教育，全面实施中小学“校校通”工程，促进信息技术与学科课程的整合，实施农村中小学现代远程教育工程，加快教育信息化基础设施、教育信息资源建设和人才培养，提升中小学教师信息技术能力等方面作出了新要求。

这一阶段，教育信息化建设受到充分重视，通过“校校通”工程、“农远工程”等项目推动，迎来了信息化建设的大潮，信息化事业得到了迅速发展，信息化基础设施逐渐建成，数字化教育资源得到丰富，中小学教师信息技术能力逐步提升，逐渐形成了具有中国特色的教育信息化理论，例如“双主体”教学理论、“学教并重”教学设计理论等，为今后教育信息化的发展提供了基础保障。

2010—2016年，教育部相继召开了两次全国教育信息化工作电视电话会议，分别指出要“进行三通两平台建设”“强化深度应用、融合创新，大力提升教育信息化在推进教育公平、提高教育质量中的效能”。相继颁布了《国家中长期教育改革和发展规划纲要(2010—2020年)》《教育信息化十年发展规划(2011—2020年)》《教育信息化“十三五”规划》等文件，提出“信息技术对教育发展具有革命性影响”“坚持一个理念两个方针”、提升教师信息技术应用能力、“充分发挥信息技术对教育的革命性影响作用，基本建成与国家教育现代化发展目标相适应的教育信息化”等理念和要求。

2014年，“一师一优课、一课一名师”活动在全国范围内展开，以推动信息技术与教育教学深度融合，提升教育质量。2015年，在青岛召开的国际教育信息化大会，来自90多个国家的教育官员、学者、校长和教师分享了教育信息化的成功经验。

2010年以来，教育信息化在教育改革发展全局中的战略地位和作用基本确立，各项重点工作取得明显进展，教育信息化逐渐实现从建设转向深度融合。“信息技术与教育教学的深度融合”成为共识；“三通两平台”的建设取得巨大成就，全国90%的中小学连接了互联网，83%的教室是多媒体教室，师生网络学习空间达6300多万个，基于网络进行教与学的环境逐渐建成；数字化教育资源得到极大丰富，例如，“一师一优课，一课一名师”活动参与教师超过1400万人次，形成1300万堂优课资源；教师信息技术应用能力得到充分重视，近1000万名中小学教师得到培训。

2017年，党的十九大报告中明确提出“办好网络教育”。2018年，《教育信息化2.0行动计划》提出到2022年基本实现“三全两高一大”的发展目标。2019年颁布的《中国教育现代化2035》的第八项战略任务便是“加快信息化时代教育变革”。2018年，《高等学校人工智能创新行动计划》，为进一步提升高校人工智能领域科技创新、人才培养和服务国家需求的能力提供了指导。2019年，《教育部关于实施全国中小学教师信息技术应用能力提升工程 2.0 的意见》提出基本实现“三提升一全面”的总体发展目标。2019 年，《教育部等十一部门关于促进在线教育健康发展的指导意见》为促进在线教育健康、规范、有序发展提供了指导。

这一阶段的信息化已经成为教育变革的内生变量，融合创新、智能引领是其主要特征。这时期要力争实现“三个转变”：从教育专用资源向教育大资源转变，从提升师生信息技术应用能力向提升其信息素养转变，从融合应用发展向创新发展转变。

当前，中国教育正走向教育现代化，教育信息化担负着助力人才培养、创新教育服务、精准教育治理的重任，任重而道远。我们要以习近平新时代中国特色社会主义思想为指导，践行斗争精神，发扬创新精神，积极参与、推动教育信息化 2.0 深入发展，为推动中国教育现代化作出新贡献。

3. 教育信息资源的合法利用

由于网络信息资源的丰富、多变、容易被复制和传输等特点，容易出现侵犯版权的行为，如抄袭他人作品、侵犯他人隐私、不经允许进入他人网页或信息库、窥探商业秘密等，因此，熟悉相关网络信息资源的管理、使用政策，培养良好的利用网络教育信息资源的道德和法律意识显得特别重要。具体体现为如下几个方面。

(1) 合法进入互联网，即通过正常途径建立个人计算机与互联网的联系。

(2) 建立个人账户，设置密码，以保证自己的网上权益不被侵犯。

(3) 不要有意探求、浏览、复制、修改他人的文件或密码。更不能不经他人允许，使用他人账号。

(4) 如果碰到某份文件，无法确认其是公共信息还是受版权保护的信息，应推断其为受版权保护的信息。

(5) 不要试图解除或破译受到版权保护材料的密码或侵入不被允许进入的系统，特别是不能破坏计算机的管理和账户系统。

(6) 在共享状态下，不在计算机上展示令他人不安或尴尬的图像、声音、文字或其他材料，不能采用不合理手段干扰他人使用公共信息。

(7) 对于不被允许复制、收集、修改、编辑的网上材料，除浏览外，不允许违背要求。如果不能确认是否可以采取浏览之外的行动，则认定为不可以。

(8) 如果认为自己建立或创造的数据库对教学、科研工作有益，个人则有义务维护它。

(9) 个人可以网上发布自己对某些问题的意见或展示自己的成果，但必须学会对其负责。不得随意修改网上信息。

(10) 不得传播和散布计算机病毒。

3.4.2 教育音像资料的收集和利用

教育音像资料的收集和利用可主要通过购买、复制、收录(搜索)等方式进行。市面上有大量现成的音像教育资料，如果资金允许，购买无疑是一种最方便快捷的途径，也可以复制已有的音像教育资料。最经济的途径是利用多媒体搜索引擎在网上进行查找，也许可以找到令你满意的视频资料。常用的多媒体搜索引擎有如下几个：

1. 百度

全球最大的中文搜索引擎、最大的中文网站。1999 年年底，身在美国硅谷的李彦宏看到了中国互联网及中文搜索引擎服务的巨大发展潜力，抱着技术改变世界的梦想，他毅然辞掉硅谷的高薪工作，携搜索引擎专利技术，于 2000 年 1 月 1 日在中关村创建了百度公司。在中国，百度 PC 端和移动端市场份额达 73.5%，覆盖了中国 97.5%的网民，拥有 6 亿多用户，日均响应搜索 60 亿次。如今，百度已经发展成一家国际性企业，在日本、巴西、埃及中东地区、越南、泰国、印度尼西亚建立分公司，未来，百度将覆盖全球 50%以上的国家，为全球提供服务。

2. 360

360 综合搜索，属于元搜索引擎，是搜索引擎的一种，是通过一个统一的用户界面帮助用户在多个搜索引擎中选择和利用合适的(甚至是同时利用若干个)搜索引擎来实现检索操作，是对分布于网络的多种检索工具的全局控制机制。而 360 搜索+，属于全文搜索引擎，是奇虎 360 公司开发的基于机器学习技术的第三代搜索引擎，具备“自学习、自进化”能力和发现用户最需要的搜索结果。

3. 搜狗

搜狗网址导航是唯一能够实现网页电台音乐的网址导航，用户只需要打开搜狗网址导航，在顶端皮肤中选择使用“电台音乐”皮肤就可以轻松地欣赏各种音乐。还可以依照自己的喜好选择摇滚、爵士、民谣、乡村等不同的音乐风格，当然如果不喜欢正在听的音乐，可以点击“换一批”功能键换一批音乐。

4. 有道

有道是网易旗下利用大数据技术提供移动互联网应用的子公司。网易有道公司已推出有道词典、有道云笔记、惠惠网、有道推广等一系列产品。

网易有道以搜索产品和技术为起点，在大规模数据存储计算等领域具有深厚的技术积累，并在此基础上衍生出语言翻译应用与服务、个人云应用和电子商务导购服务等三个核心业务方向。

5. 新浪搜索

新浪搜索是新浪完全自主研发的搜索产品，充分体现人性化应用的产品理念，为广大网民提供全新搜索服务。

6. 谷歌搜索

全世界最大的搜索引擎，界面很简洁，与 Chrome 配合可以变换主题背景，搜索到的内容也很丰富。谷歌是一家位于美国的跨国科技企业，业务包括互联网搜索、云计算、广告技术等，同时开发并提供大量基于互联网的产品与服务，其主要利润来自 AdWords 等广告服务。

3.4.3 多媒体教学软件的收集与利用

同教育音像资料一样，多媒体教学软件也可以通过购买、复制和搜索等方式收集。多媒体教学软件的搜索，可采用多媒体搜索引擎，主要方式如下。

(1) 设计制作多媒体教学软件时，可以利用多媒体搜索引擎从网上查找到大量的多媒体信息，进而下载使用。

(2) 在开发网络课程时，在软件中设计建立多媒体搜索引擎平台，方法可以是自主开发或移植或直接借用某公司成形的多媒体搜索引擎，也可采用简单的超链接方式从网络课程的某一处，直接跳转到某一网站所提供的多媒体搜索引擎界面，这样可以让整个互联网上的多媒体信息成为教师和学生随时可以利用的参考资料。

(3) 在校园网多媒体资源库中建立多媒体搜索引擎，方便教师进行多媒体信息的查询与检索，从而有效地实现校园网内多媒体网上备课和校园网内多媒体网络教学。

(4) 利用多媒体教学软件，开展多种教学模式的探索，提高教学质量和效果。如课堂集中演示教学、学生自主(或协作)学习、检索浏览式学习、操练、练习、模拟、游戏、虚拟、仿真等。

3.4.4 网上教育信息资源的检索与利用

网上教育信息资源的检索和利用，主要是指基于 WWW 的教育信息资源的检索和利用，其检索方法有很多种，归纳起来主要有如下五种类型。

1. 浏览

1) 偶然发现

这是在互联网上发现信息的基本方法之一。即在日常的网络阅读、传统媒体的介绍或者朋友的推荐中，发现对自己有用的信息。

2) 顺“链”而行

在阅读 Web 页时，利用文档中的超级链接从一个网页转向另一个网页，即所谓的顺“链”而行。目前大部分教育技术专业网站或教育门户网站(如中国教育科研网)，都提供了大量的教育技术网站的热站链接，可以顺“链”找到相关资源。

3) 书签浏览

无论通过什么途径得来的专业网站或资源性网站的 URL，都应即时地将其放入书签中，注意定期整理，按专题或类型进行归类，清除过时或无效的链接，最好还要对每个网站作一个综述和评论，建立自己的网址信息库。书签浏览效率高，是最主要的检索方法之一，在实际信息检索中我们所得的大量信息资源主要是通过书签得来的。

2. 分类目录和网络资源指南检索

1) 分类目录检索

一般大型的搜索引擎和综合性教育网站都提供分类目录检索服务，如搜狐、网络指南针、Yahoo、AltaVista、中国教育科研网等，都提供了诸如“教育技术”“教学设计”“教育信息资源”“教学资源库”“远程教育”等分类目录。

2) 网络资源指南检索

网络资源指南也是互联网信息检索的基本形式之一。与分类目录检索最大的不同就在于它只收集、评价那些与某一主题相关的资源导航型网站，常称之为书目之书目。例如

WWW Virtual Library、The Argues Clearing house 就是其中的佼佼者，它们提供了大量教育技术资源导航型网站，并对每一个导航网站作出了评价，通过这些导航网站，可以找到大量教育技术相关资源。这种方法的最大优点是它们通常由专业人员在对网络信息资源进行选择、评价、组织的基础上编制而成，资源的有效性、权威性和质量上都有保证，这对于有目的的网络信息检索有重要的指导作用。其局限性在于它的管理、维护跟不上网络信息的增长速度，导致收录范围不够全面，及时性和新颖性都差强人意，而且用户还要受网站建设者分类思想的影响，经常使人“误入歧途”。

3. 利用专业数据库进行检索

随着网络的迅速普及，以前只能通过联机检索的专业数据库也纷纷上网。通过基于WWW的专业数据库检索，我们可以检索到大量教育技术资源，如全文、书目、学位论文、会议信息等。由于教学科研要借鉴和参考大量相关文献和论文，所以教育技术文献全文可以说是最有价值的信息资源。下文将介绍比较权威和常用的与教育技术相关的全文专业数据库。

1) 美国教育资源信息中心(ERIC)数据库

全文检索系统 ERIC 收录有全球范围内自 1966 年至今的 100 多万条与教育理念和实践相关的文献摘要和期刊文章，为全世界的教育研究与工作者提供教育资源信息。数据库每月更新一次，资源具有权威性和及时性。通过 Web 页我们可以免费进行检索和查询。检索的结果大部分只给出摘要，但也有相当一部分给出了该获取文章的全文网址，通过它可以查找到许多教育类英文文献。而其中与教育技术工作者休戚相关的是 ERIC 开通的 ERIC/IT 子数据库(信息技术全文检索数据库)，绝大部分文献是与教育技术、远程教育等相关。通过它可以得到完全免费的以 PDF 格式存储的全文。

2) Elsevier 的 ScienceDirect 数据库

Elsevier 出版社是世界知名的出版商，它出版的期刊是世界上公认的高品位学术期刊，大多数都是 SSCI 类期刊。近几年该公司将其出版的 1100 多种期刊全部数字化，其中社会科学期刊就达 189 种，在社会科学期刊中有相当一部分为教育和教育技术类相关期刊。目前进入“211”的大学基本上都可以通过本校校园网检索全文。我们可以通过 WWW 免费检索和保留全文。通过 Elsevier 的 ScienceDirect 数据库，我们可以得到相当多的高水准的教育技术类文献。

另外，与教育技术相关的专业数据库还有很多，如中国期刊网(www.chinaqikan.com)、EBSCO 数据库(www.ebsco.com)、OCLC 数据库(www.oclc.org)等。

4. 利用搜索引擎查找

搜索引擎使用自动索引软件来发现、收集、标引网页并建立数据库，以 Web 形式提供给用户一个检索界面，供用户输入检索关键词进行检索。它的特点是收集的信息资源丰富，更新速度快，检索时直接输入关键词，方便易用。但准确性较差，检索噪音大；另外不同的搜索引擎有不同的检索策略，给用户造成了不便。一般来说，搜索引擎适合于检索教育技术信息中较为专、深、具体或类属不明确的资源。目前搜索引擎多达数百种，较著名的有 Google、Yahoo、AltaVista、Excite、InfoSeek、Lycos、WebCrawler、搜狐(Sohu)、中文Yahoo、天网、百度等。各种搜索引擎各有千秋：Google 是目前索引网页数目最多的搜索引擎，通过它能搜索到更多的教育技术资源；而 Yahoo 是目前使用人数最多的搜索引擎，其检索方法简单易用；AltaVista 索引多媒体资源数目巨大，比较适合多媒体类教育技术资源的检索。我们在利用搜索引擎的时候要有针对性地选择搜索引擎。利用搜索引擎进行教育信息资源检索效率的高低以及结果的准确性关键在于用户对关键词、逻辑表达式、搜索技巧和搜索引擎特殊功能的综合运用能力，下面是使用搜索引擎的一些常用技巧。

1) 关键词的选择

在查找教育信息资源时，要求选择合适的关键词进行查询，关键词要能够表达查找资源的主题，不要选用没有实质意义的词(介词、连词、虚词)作为关键。通常情况下选用专业名词进行信息检索，如 distance education 等。同时，还要注意利用同义词来约束该关键词，才能保证检索结果的全面性和准确性。

2) 使用逻辑词来缩小查找范围

搜索引擎大都支持使用逻辑词进行更复杂的搜索界定，常用的有 AND、OR、NOT 及 NEAR(两个单词的靠近程度)，恰当应用它们可以使搜索结果非常精确。

3) 使用双引号进行精确匹配

如果查找的是一个词组或短语，最好的办法就是将它们用双引号引用起来，这样整个短语将作为一个关键词进行检索，得到的结果最少、最精确。如“instructional design”，若不用引号，则凡是网页中包含这两个关键词之一的网页都会呈现给用户，反之则只呈现包含该短语的网页，检索精确度将大幅度提高。

4) 使用加减号限定查找

很多搜索引擎都支持在关键词前冠以“+”(加号)限定搜索结果中必须包含的词汇，用“-”(减号)限定搜索结果不能包含的词汇。这样也可以减少检索噪音，提高命中率。

5) 细化查询

大部分搜索引擎都提供了对搜索结果进行细化与再查询的功能，如有的搜索引擎在结果中有“查询类似网页”的按钮，还有一些则可以对得到的结果进行进一步的查询，在实践中应注意熟练运用各种搜索引擎的特殊功能。

6) 利用选项界定查询

目前越来越多的搜索引擎开始提供更多的查询选项，利用这些选项可以轻松地构造比较复杂的搜索模式，进行更为精确的查询，更好地控制查询结果的显示。

5. 利用专用搜索软件进行检索

专用搜索软件实质上是搜索引擎功能上的一种扩展，其中有的软件可以同时登录数十个甚至数百个搜索引擎进行信息检索，检索的范围大、结果多；而另外一些软件只搜索某一领域的信息，检索结果专业且准确度高。通过专用搜索软件不需要登录到各大搜索引擎网站就可以直接在本机上完成对整个互联网上教育技术资源的搜索，下面介绍几种应用较为广泛的专用搜索软件。

1) 飓风搜索通

该软件是五星级的中英文搜索工具，整合近百个各类搜索引擎，采用多线程并行运作，同时开动多个搜索引擎，在网络上进行多重站点的搜寻，检索速度快，得到的信息资源多。

2) 007GoldenEye

该软件具有无限升级搜索分析几乎所有已知的搜索引擎的能力。提供了空前强大的搜索结果管理功能。预装有时事新闻、讨论组、共享软件、MP3、产品评论、百科全书、图片、购书等诸多搜索类目，数十个搜索引擎，检索功能极为强大。

3) 搜索奇兵

该软件采用多线程技术，同时搜索各大著名搜索引擎并将搜索结果统一显示在一个页面中。显示的搜索结果将过滤掉重复的结果、死链接和无法访问网站，还能自定义时间过滤很久没有更新的页面，通过搜索奇兵，能得到最精确、更新及时的搜索结果。

另外，还有IQ搜索王、Internet graphics finder(图片搜索工具)、Book search(书籍搜索工具)等许多专用搜索工具。这些专用搜索软件是检索网上教育技术资源的有力武器，它的使用技巧与搜索引擎的使用技巧大致相同，只是可控参数更多，所得结果更多或更专业、更精确。

互联网的迅速发展，导致了网上信息的爆炸式增长，全球目前的网页已经超过100亿，而且正以每 100 天翻一倍的速度继续增长。据权威机构推测，即使各大搜索引擎进行联合搜索，检索的信息资源也只占整个互联网资源的15%。所以我们在平时检索资源的过程中，要综合运用上文提到的多种检索方法，争取高效地检索到最大范围的、最精确的资源。

思考题

一、填空题

1. 信息具有________、________、________、________和________的特性。
2. 文本一般分为________文本和________文本。
3. 图像处理的一般步骤与方法________，________，________，________，________，________和________。

二、选择题

使用较为广泛的“一次”网络教育信息资源的组织与管理方式有(　　)。

A. 文件方式　　B. 数据库方式　　C. 超媒体方式　　D. 主页方式

三、简答题

1. 网上教育信息资源的检索方法有哪些？
2. 常用的多媒体搜索引擎有哪些？
3. 怎样进行关键词的选择？

第 4 章　计算机网络与现代远程教育

本章学习目标

通过对本章的学习，你应能做到：

1. 了解计算机网络相关概念及分类；
2. 了解现代远程教育的基本形式。

4.1　计算机网络

计算机网络从 20 世纪 70 年代开始发展至今，已形成从小型的局域网到全球性的大型广域网，对人类的生产、经济、生活等各个方面都产生了巨大的影响。处理信息的计算机和传输信息的计算机网络成了信息社会的基础，信息处理的智能化、多媒体技术的实用化、网络通信的普及化，将成为信息社会发展的必然趋势，而 Internet 正是信息社会中进行知识和信息交流的强有力工具。不论是企业、学校、机关、团体或个人，他们的生产效率和工作效率都由于使用这些革命性的工具而有了实质性的提高。在学校教育中，由于计算机网络的出现，使得教育的组织和管理形式受到冲击，传统的教育方式面临变革。提高人们对教育网络应用方面的认识，对于更好地应用网络开展教育教学具有重要的意义。

4.1.1　计算机网络的定义

自 1946 年美国诞生了世界上第一台电子计算机以来，在最初的 10 年中计算机和通信之间并没有什么联系。到了 1954 年，一种收发器(Transceiver)终端被制造出来以后，人们使用该终端通过电话线将数据传输到异地的计算机上。至此，计算机开始与通信相结合，并迅速对人类社会的发展产生深远的影响。

通信技术与计算机网络的结合是产生计算机网络的基本条件。

计算机网络并无一个严格的定义，随着现代计算机与通信技术的发展，以及人们考虑问题的侧重点不同，对于计算机网络的含义往往有着不尽一致的理解，但是都有一个共同的基本点：互联和共享。

一般来说，可以将计算机网络定义为：计算机网络是用通信线路将分散在不同地点并具有独立功能的多台计算机系统互相连接，按照网络协议进行数据通信，实现资源共享的信息系统。

与单台的计算机系统相比，计算机网络的最主要功能就是资源共享，具体表现在以下三个方面。

(1) 硬件资源共享。在计算机网络范围内的各种输入输出设备，大容量存储设备，以及大型或巨型计算机等都是可以共享的网上资源，用户不用购买这些价格昂贵而又不经常使用的设备，只需要通过网络就可享用这些设备，从而大大提高了这些设备的利用率，为用户节省了大量重复投资。

(2) 软件资源共享。任何计算机用户都不可能将所需要的各种软件(例如系统软件、工具软件、数据文件)收集齐全，况且也完全没有这个必要。在计算机网络中，用户可以根据自己的需要从网上调用或下载各类共享软件，实现全网乃至全世界范围内的信息资源共享。

(3) 信息交流。在人类社会中，任何人都需要与他人进行信息沟通与交流，在高科技迅速发展的信息社会中更是如此。计算机网络为人们进行信息交流提供了最方便、最快捷的途径。

4.1.2 计算机网络的分类

由于计算机网络的广泛应用，出现了各种各样的计算机网络，导致网络的分类方法也是多种多样，但更多的是从网络的作用范围来划分，相应地将计算机网络分为局域网、广域网和 Internet。

1. 局域网

局域网(LAN)是将小区域的各种计算机互连在一起的通信网络，校园网、企业网、单位网等都是局域网，局域网以其数据传输率高(可达 1 Gbps 以上)、传送可靠、成本低、结构多样而著称，但传送距离短，一般不超过 2 千米。

早期的局域网采用以太网技术(Ethernet)，但由于其最高 10 Mbps 的传输速率无法满足传送多媒体信息的需要，因而新建局域网多采用传输速率在 100 Mbps 至 1000 Mbps 范围的快速以太网技术、千兆位以太网技术、光纤网(FDDI)技术和异步传输模式(ATM)等技术。

2. 广域网

广域网(WAN)是跨越大的区域的网络，覆盖的地理范围可大至 1000 千米，它又可分为若干种形式，作为个体用户通过电话线路进入广域网，可在公用电话交换网、综合业务数字网、数字用户线路等形式中选取一种。

1) 公用电话交换网

公用电话交换网(PSTN)可向公众提供模拟拨号上网。模拟拨号服务是基于标准电话线路的电路交换服务，传输速率低是它的最大不足，最高传输速率为 56 Kbps。

2) 综合业务数字网

综合业务数字网(ISDN)俗称“一线通”，它与拨号上网方式一样采用标准电话线路传送信号，但是直接传输数字信号，具有传输速率高、通话和数据通信两不误的优点。ISDN 有基本速率接口和基群速率接口两类接口标准。基本速率接口提供 2B+ D 数字通道，其中 2 个速率分别为 64 Kbps 的 B 通道是承载通道，用于完成两端之间数据传输，传输速率为 16 Kbps 的 D 通道是控制通道，用于用户和 ISDN 交换节点之间传输呼叫控制协议报文。基群速率接口有两种速率标准，分别为 31 个 B 通道和 24 个 B 通道，其中一个 B 通道用作信令传输通道，相当于基本速率接口的 D 通道。ISDN 用户端和 ISDN 交换节点之间的连接采用普通双绞线，当用户要把模拟电话线路改成综合业务数字网线路时，不需要重新铺设用户线路。

3) 数字用户线路

数字用户线路(DSL)是以铜质电话线为传输介质的传输技术组合，它包括 HDSL、SDSL、

VDSL、ADSL 和 RADSL 等技术，一般称之为 xDSL。几种传输技术主要的区别体现在信号传输速度和有效传输距离的不同，以及上行速率和下行速率对称性的不同等方面。许多城市开通的“超级一级通”就是 ADSL。ADSL 在一对铜线上支持上行速率 640 Kbps～1 Mbps、下行速率 1～8 Mbps，有效传输距离在 3～5 千米范围以内的数字信息传输。ADSL 使用普通电话线作为传输介质，具体工作流程是经过 ADSL 调制解调器编码后的信号通过电话线传到电话局后，通过一个信号识别/分离器，如果是语言模拟信号就传到电话程控交换机上，如果是数字信号就接入 Internet，当用户电话线两端连接 ADSL 调制解调器时，在这段电话线上便产生了三个信息通道：一个速率为 1.5～8Mbps 的高速下行通道，供用户下载信息；一个速率为 16 Kbps～1 Mbps 的中速双工通道，用于 ADSL 控制信号的传输和上行信息；一个普通的电话服务通道，三个通道可以同时工作。这种服务为家庭用户和中小单位提供了性价比高的宽带接入。

4.1.3 Internet 的发展阶段与历程

1. Internet 的发展阶段

举世瞩目的 Internet 是由美国 20 世纪 60 年代的 ARPANET 网络发展和演化而成的。Internet 的形成与发展，经历了试验研究网络、学术性网络，以及商业化网络这三个历史阶段。

1) 试验研究网络

1969 年，美国国防部的国防高级科研计划局(ARPA)建立了一个采用存储转发方式的分组交换广域网——ARPANET，该网络仅有四个结点，分别建在加州大学洛杉矶分校(UCLA)、斯坦福研究所(SRI)、加州大学圣大巴比分校(UCSB)，以及犹他大学(UTAH)，该网络是为了验证远程分组交换网的可行性而进行的一项试验工程，以防止核战争爆发引起大量电话业务中断导致军事通信瘫痪的局面出现。ARPANET 就是今天 Internet 的前身。

虽然初期 ARPANET 各结点之间的连接只能使用 56Kbps 的专线，但是网络的扩展是相当惊人的。1972 年在首届国际计算机通信会议(ICCC)上首次公开展示了 ARPANET 的远程分组交换技术，当时 ARPANET 已有约 20 个分组交换结点机和 50 台主机。在总结最初的建网实践经验的基础上，开始了被称为网络控制协议(NCP)的第二代网络协议的设计，ARPA 随后又组织有关专家开发了第三代网络协议——TCP/IP 协议，该协议于 20 世纪 70 年代中期由斯坦福大学的 Vinton Cerf 和 BBN 的 Robert Kahu 开发，1983 年正式在 ARPANET 上启用，这是 Internet 发展中的一个里程碑。

1983 年，ARPA 将网络控制权交给防卫通信局(DCA)，并将 ARPANET 分割成两个部分，一部分是专用于国防的 MLNET(一个非保密的军事通信网络)，另外一部分仍称为 ARPANET。与此同时，美国还相继建成了 CSNET 和 BITNET 两个网络。ARPANET 的建立，产生了网络互联的概念。

从 1969 年 ARPANET 诞生直到 20 世纪 80 年代中期，是 Internet 发展的第一阶段——试验研究阶段。

2) 学术性网络

1986 年，美国国家科学基金会建立了以 ARPANET 为基础的学术性网络，即 NSFNET，它是 Internet 发展中的一个先驱。为了达到信息资源共享的目的，NSFNET 把全美国的主要研究中心和 5 个科研、教育用的计算中心的近 8 万台计算机联成一体，并与 ARPANET 相连。随后又把由各大学校园网络为基础构成的地区性网络再互联成为全国性网络。同时，NSF 又大力倡导网络用户发扬奉献精神，反对以营利为目的而使用网络。在此期间，NSF 投入大量经费支持 NSFNET 的发展，支付了大约 10%的线路租用费。到 1990 年，ARPANET 的大部分已被 NSFNET 所取代。

NSFNET 的形成和发展，使它成为 Internet 的最重要的组成部分。与此同时，许多国家相继建立本国的主干网并接入 Internet，例如加拿大的 CANET、欧洲的 EBONET 和 NORDU-NET、英国的 PIPEX 和 JANET，以及日本的 WIDE 等。

Internet 最初的宗旨是用于支持教育和科研活动，而不是用于商业性的盈利活动。1991 年，NSF 放松了有关 Internet 使用的限制，开始允许使用 Internet 进行部分商务活动，例如“宣布一些科学研究与教学过程中所用的新产品和服务项目，但不允许做广告”。随着 Internet 规模的迅速扩大，政府已无法在财政上提供更多的支持，因此鼓励民间公司 MERIT、MCI 与 IBM 来形成一个非营利性组织——网络服务促进协会(ANSC)，以促进 Internet 在商业中的应用。1994 年，NSF 宣布不再给 NSFNET 在运行、维护上的经费支持，由 MCI、Sprint 等公司运行、维护。这样，不仅商业用户可以进入 Internet，而且 Internet 的经营也商业化了。

1995 年，NSFNET 结束了它作为 Internet 主干网的历史使命，Internet 从学术性网络转化为商业性网络。

3) 商业化网络

随着各国信息基础设施(信息高速公路)建设步伐的加快以及 Internet 网络规模与传输速率的不断扩大，在网上的商务活动也日益增多，一些大的公司纷纷加入 Internet 的行列。同时还出现了专门从事 Internet 活动的企业，例如向单位和个人提供 Internet 接入服务的所谓 Internet 服务提供商(Internet Service Provider，ISP)，并建立了各自的主干网络。通过商业化的网间交换方案，不同的网络用户可以方便地相互通信。

目前的 Internet 是由多个商业公司运行的多个主干网，通过若干个网络访问点(Network Access Points)将网络互联而成。例如，你想从浙江师范大学的计算机查阅美国麻省理工学院(MIT)的 WWW 主机上的信息，这一请求通过浙江师大校园网进入中国教育和科研网(CER-NET)，从那里经由 Sprint 公司提供的国际信道传输到美国旧金山的网络访问点，然后转送到由 MCI 公司经营的主干网，最后才经过地区网进入 MIT 校园网中的 WWW 主机。

在短短的三十几年时间里，Internet 从研究试验阶段发展到用于教育、科研的学术性阶段，进而发展到商业化阶段，这一历程充分体现了 Internet 发展的迅速，以及技术和应用的日益成熟。

从连接到 Internet 上的计算机数量的变化，可以客观地反映 Internet 发展的迅速。据统计资料表明，在 Internet 发展的第一阶段(1969—1986 年)，入网的计算机数量仅为 5000 余台；在第二阶段(1987—1995 年)，这个数量几乎每年翻一番，1995 年达到 600 万台；进入第三阶段(1996 年及以后)，Internet 上计算机数量的发展速度更为迅速，1996 年年初为 947 万台，1997 年年初就增加到了 1614 万台。另外，根据网上调查的最新一份报告显示，截至 2021 年 1 月，全球手机用户数量为 52.2 亿，互联网用户数量为 46.6 亿，而社交媒体用户数量为 42 亿。

2. Internet 在我国的发展历程

进入 20 世纪 90 年代后，我国也开始投入巨资发展国内的计算机网络建设及与 Internet 的连接。1990 年，我国第一个跨园区的光纤互联计算机网络——北京中关村地区教育与科研示范网络(NCFC)开始建设，该网络把清华大学、北京大学的校园网以及中科院在中关村地区的研究所通过光纤连成一体。接着，又通过租用专线的方式建立了一条从中科院网络中心到美国的国际信道。Internet 组织把 NCFC 国际线路开通的时间，即 1994 年 5 月定义为中国加入 Internet 的时间。

目前，我国已经建成的大型互联网络主要有以下几个。

(1) 由教育部管理的中国教育与科研网(CERNET)。

(2) 由中国科学院管理的中国科技网(CSTNET)。

(3) 由邮电部管理的中国公用计算机互联网(CHINANET)。

(4) 由信息产业部管理的中国金桥网(CHINAGBN)。

上述大型互联网络都是经国务院批准、与 Internet 互联的四个国家级互联网络，国内其他网络作为接入单位与上述互联网络之一互联，通过它们实现与 Internet 的连接。

1995 年 12 月正式开通运行的中国教育与科研网(China Education and Research Network，CERNET)，是一个完全采用 TCPIP 协议的计算机网络，它包括全国主干网、地区网和校园网三级层次结构。

中国社交网络经历了四个阶段：分别是 2009 年之前的萌芽阶段、2010—2014 年的起步阶段、2015—2018 年的发展阶段、2019 年至今的成熟阶段。随着互联网的发展，社交成为互联网应用发展的必备要素，且不再局限于信息传递，而是与沟通交流、商务交易类应用融合，借助其他应用的用户基础，形成更强大的关系链，从而实现对信息的广泛、快速传播。

社交网络市场规模发展主要由社会化营销及社交增值服务两大部分的发展驱动。随着数据领域的技术发展和应用，社会化营销通过精准洞察为用户提供更有价值的信息，大大提高投放效率，愈发受到广告主的青睐。此外，随着用户付费习惯的养成和社交平台数字内容的不断丰富，社交增值服务收入也不断增长。据《华经产业研究院》统计，2019 年中国社交网络市场规模为 1442.7 亿元，同比上涨 16.17%，年均复合增速为 36.00%，增长速度趋于平缓，预计到 2022 年，中国社交网络市场规模为 2495.2 亿元。

2020 年年初的新冠肺炎疫情对各平台广告收入在第一季度有较大影响，而二季度至四季度又恢复增长势头。积累了海量用户的微信、微博、知乎、小红书等头部平台基于自身的生态特征和优势，整合多元营销资源与玩法，向广告主提供差异化的社交广告营销产品，同时持续优化广告竞价体系，为品牌创造新的增量。据《华经产业研究院》统计，2020 年中国社交广告市场规模为 790 亿元，增速降至约 21%，年均复合增速为 34.84%，预计到 2023 年将接近 1250 亿元。

4.1.4 计算机网络通信的方式

对于点对点之间的通信，按照消息传送的方向与时间关系，通信方式可分为单工通信、半双工通信及全双工通信三种。

单工通信(Simplex Communication)是指消息只能单方向传输的工作方式。

在单工通信中，通信的信道是单向的，发送端与接收端也是固定的，即发送端只能发送信息，不能接收信息；接收端只能接收信息，不能发送信息。基于这种情况，数据信号从一端传送到另外一端，信号流是单方向的。

例如，生活中的广播就是一种单工通信的工作方式。广播站是发送端，听众是接收端。广播站向听众发送信息，听众接收获取信息。广播站不能作为接收端获取听众的信息，听众也无法作为发送端向广播站发送信号。

通信双方采用“按一讲”(Push To Talk，PTT)单工通信属于点到点的通信。根据收发频率的异同，单工通信可分为同频通信和异频通信。

半双工通信(Half-duplex Communication)可以实现双向的通信，但不能在两个方向上同时进行，必须轮流交替地进行。

在这种工作方式下，发送端可以转变为接收端；相应地，接收端也可以转变为发送端。但是在同一个时刻，信息只能在一个方向上传输。因此，也可以将半双工通信理解为一种切换方向的单工通信。

例如，对讲机是日常生活中最为常见的一种半双工通信方式，手持对讲机的双方可以互相通信，但在同一个时刻，只能由一方讲话。

全双工通信(Full duplex Communication)是指在通信的任意时刻，线路上存在 A 到 B 和 B 到 A 的双向信号传输。全双工通信允许数据同时在两个方向上传输，又称为双向同时通信，即通信的双方可以同时发送和接收数据。在全双工方式下，通信系统的每一端都设置了发送器和接收器，因此，能控制数据同时在两个方向上传送。全双工方式无须进行方向的切换，因此，没有切换操作所产生的时间延迟，这对那些不能有时间延误的交互式应用(例如远程监测和控制系统)十分有利。这种方式要求通信双方均有发送器和接收器，同时，需要 2 根数据线传送数据信号(可能还需要控制线和状态线，以及地线)。

理论上，全双工传输可以提高网络效率，但实际上仍是配合其他相关设备才有用。例如必须选用双绞线的网络缆线才可以全双工传输，而且中间所接的集线器(HUB)，也要能全双工传输。此外，所采用的网络操作系统也得支持全双工作业，如此才能真正发挥全双工传输的威力。

例如，计算机主机用串行接口连接显示终端，而显示终端带有键盘。这样，一方面键盘上输入的字符送到主机内存；另一方面，主机内存的信息可以送到屏幕显示。通常，往键盘上打入 1 个字符以后，先不显示，计算机主机收到字符后，立即回送到终端，然后终端再把这个字符显示出来。这样，前一个字符的回送过程和后一个字符的输入过程是同时进行的，即工作于全双工方式。

1. 现代通信方式

1) 邮递

以实物传递为基础，虽然如今写信的人越来越少，但越简单越真实、越纯朴越真情，信件是信息传递最简单、最纯朴的方式，更不因传递速度过快造成信息的遗漏。快递是人类社会发展的的需要，主要原因是随着人类物质生活水平的提高，服务需求面也越来越高，但其发展受交通运输制约，无便利的交通运输怎么也快不起来。

2) 电话

电话分固定电话、移动电话与网络电话，其传递方式与网络方式优缺点基本相同，与网络方式不同之处在于电话不能直接传递文字、图片，与邮递方式的不同在于不能传递实物。

3) 传真

传真是 20 多年发展最快的非话电信业务。将文字、图表、相片等记录在纸面上的静止图像，通过扫描和光电变换，变成电信信号，经各类信道传送到目的地，在接收端通过一系列逆变换过程，获得与发送原稿相似记录副本的通信方式，称为传真。

传真的主要技术有扫描技术、记录技术、同步同相技术、传输技术。传真的通信过程包含扫描、光电变换、图像信号的传输、记录变换、收信扫描和同步同相。

传真是基于 PSTN 的电信信号通过设备中转传真信号。由于科技大迅速发展，电子网络传真逐渐成为取代传真机的新一代通信工具。

4) 卫星电话

基于卫星通信系统来传输信息的电话就是卫星电话。卫星电话是现代移动通信的产物，其主要功能是填补现有通信(有线通信、无线通信)终端无法覆盖的区域，为人们的工作提供更为健全的服务。现代通信中，卫星通信是无法被其他通信方式所替代的，现有常用通信所提供的所有通信功能，均已在卫星通信中得到应用。

5) 电报

电报，就是用电信号传递的文字信息。通信越来越迅捷，电报的作用已经不是很大，也许有一天电报就会从我们的生活中消失。

电报是通信业务的一种，是最早使用电进行通信的方法。它利用电流(有线)或电磁波(无线)做载体，通过编码和相应的电处理技术实现人类远距离传输与交换信息的通信方式。

电报大大加快了消息的流通，是工业社会的其中一项重要发明。早期的电报只能在陆地上通信，后来使用了海底电缆，开展了越洋服务。到了 20 世纪初，开始使用无线电拍发电报，电报业务基本上已能抵达地球上大部分地区。电报主要是用作传递文字讯息，使用电报技术用作传送图片称为传真。

6) 数据通信

计算机网络中传输的信息都是数字数据，计算机之间的通信就是数据通信方式，数据通信是计算机和通信线路结合的通信方式。在数据通信中，按每次传送的数据位数，通信方式可分为并行通信和串行通信。

并行通信是一次同时传送 8 位二进制数据，从发送端到接收端需要 8 根传输线。并行方式主要用于近距离通信，如在计算机内部的数据通信通常以并行方式进行。这种方式的优点是传输速度快、处理简单。

串行通信一次只传送一位二进制的数据，从发送端到接收端只需要一根传输线。串行方式虽然传输率低，但适合于远距离传输，在网络中(如公用电话系统)普遍采用串行通信方式。

2. 通信方式优缺点

电网所采用的通信方式分为几种，分别为光纤通信、普通微波通信、电力线载波通信、有线音频电缆通信、特高频无线电台通信、无线扩频通信方式。

(1) 光纤通信，其最大的特点是通信容量大、速率高，在一根光纤中能传播几百甚至上千路电话，可传实时图像，而且抗电磁干扰性好，通信质量高，使用持续时间长。但成本高，尤其远距离架设施工价格昂贵而且受地形限制。

(2) 普通微波通信，是一种无线通信方式，传输容量大、质量高、配置灵活，电力系统 220kV 以上变电站普遍采用，这种通信方式对环境要求较高，另外，一个普通微波通信网的建设需要现场勘测和设计，故总的建设费用也很高。

(3) 电力线载波通信，应用比较普遍，最大的优点是不用专门架设通信线路，电力延伸到哪里，通信就可以到哪里，投资不算大。但它的缺点是可靠性差、是通信容量小，这就造成了语音通话质量差、数据传输率低，而且从变电所到调度的通信还需架设音频电缆解决。

(4) 有线音频电缆通信，其被广泛采用，在距离较近时是一种较好的通信方式，它的通信通道是一种模拟信道，因此在进行数据通信时，需增加调制解调器，它抗干扰性差，且易遭雷击，长距离通信时，需要的线径较粗，造价较高。一般不用来组成较大的通信网而只在局部使用。

(5) 特高频无线电台通信、传输距离远、使用方便、设备价格低、便于维护。但要满足无人值班变电所的通信要求是远远不够的，它抗干扰性能力差。通信不稳定，通信指标也很低，它是一种模拟通道，传输数据的速率小于 300it/s，只能作为一种辅助的通信手段。

(6) 无线扩频通信，是扩展频谱通信技术，是一种数字化通信技术。扩频信号的发射功率低，对电磁环境影响小，而传输数据率却很高，另外扩频借手机的门限信噪比较低，可在负信噪比下正常工作。扩频通信抗同频干扰性能好，对所有载波频率相同、进入接收机的外来干扰信号，接收机对它们都有抑制能力，并且它具有良好的抗衰落性能。一般无线电信号传播时，衰落是有选择性的，而扩频通信中将信号功率扩展到很宽的带宽中，不会对接收产生太大影响。

故当前通信方式多种多样，在选择通信方式时应将各种方式的优点最大化从而达到节约成本、实现通信的目的。

4.2 现代远程教育

现代远程教育是随着现代信息技术的发展而产生的一种新型教育形式，是构筑知识经济时代人们终身学习体系的主要手段。它以现代远程教育手段为主，综合面授、函授和自学等教学形式、采用多种媒体手段联系师生并承载课程内容。现代远程教育可以有效地发挥各种教育资源的优势，为各类教育的教育质量提高提供有力支持，为不同的学习对象提供方便的、快捷的、广泛的教育服务。

现代远程教育是指学生和教师、学生和教育机构之间主要采用多种媒体手段进行远程教育系统教学和通信联系的教育形式。它是随着现代信息技术的发展而发生的一种新型教育形式，是构筑知识经济时代人们终身学习体系的主要手段。

现代远程教育是利用网络技术、多媒体技术等现代信息技术手段开展的新型教育形态，是建立在现代电子信息通信技术基础上的网络教育，以面授教学、函授教学和广播电视(视听)教学为辅助，它以学习者为主体，学生和教师、学生和教育机构之间主要运用多种媒体和多种交互手段进行系统教学和通信联系。现代远程教育是相对于函授教育、广播电视教育等传统远程教育形态而言。网络教育是现代信息技术应用于教育后产生的新概念，即运用网络技术与环境开展的教育，在教育部已出台的一些文件中，也称现代远程教育为网络教育。

现代远程教育是利用网络技术、多媒体技术等现代信息技术手段开展起来的新型教育形式，发展现代远程教育是扩大教育规模、提高教育质量、增强办学效益、建立终身教育体系、办好大教育的重大战略措施。1999 年颁布的《中共中央 国务院关于深化教育改革全面推进素质教育的决定》和教育部 1998 年制定的《面向 21 世纪教育振兴行动计划》都把实施现代远程教育工程作为一项十分重要和紧迫的任务，给予了高度重视。

通常认为，远程教育已历经三代：第一代是函授教育；第二代是广播电视教育；第三代的基本特征是利用计算机网络和多媒体技术，在数字信号环境进行教育学活动，被称为“现代远程教育”。

现代远程教育的突出特点是提供更丰富的教学资源供受教育者选用，教学形式由原来的以教为主变为以学为主。需要说明的是，后一代远程教育并不意味着对前一代的否定或取代，不能把函授教育、广播电视教育看成过时的教育。函授教育、广播电视教育的媒体手段与计算机网络、多媒体技术等新的媒体手段相结合，实现资源的优化配置和综合利用，可以说是现代远程教育发展的必然趋势。

4.2.1 现代远程教育的概述

1. 远程教育的概念

远程教育是指在现代教育教学理论的指导下，依靠现代远程通信技术，利用各种现代教育媒体，把各种教育信息进行远距离传送，以实现教育资源的共享与人才共享的一种新型的教育模式。在这种教育模式中，教师与学生物质实体相互分离，以学生为中心，运用现代传播技术来传递和反馈信息，以实现教育教学的最优化。远程教育主要包括函授教育、卫星电视教育和多媒体计算机网络教育三种形式。目前的现代远程教育主要是指后两种形式。不同的远程教育所使用的教育教学方式、教学组织形式、教材内容都有自身的特点：函授教育所用的教材以传统的书本、信件为主，卫星电视教育以电视教材为主，多媒体计算机网络教育以多媒体计算机课件为主。

2. 远程教育的特征与优势

1) 远程教育的基本特征

(1) 师生身处异地。

传统教学教师与学生面对面，学生聆听教师的讲授，直接接受教师的指导和询问，而远程教育教师与学生不再面对面开展教学活动，教师将所要讲的内容制作成教学课件，通过网络向身处异地的学生传输学习信息；学生通过屏幕、耳机等信息接收装置来收听、收看教师传递的教学信息，学生通过电话、电传、E-mail、超星学习通、慕课等途径向教师发问、提交作业。

(2) 对教学设施的依赖性强。

开展现代远程教育必须拥有高配置的教学信息的采集、输入、输出和编辑制作系统。特别是多媒体计算机系统，以及良好的远距离信息传输系统，其中的任何一个子系统配置不好，都会影响远距离教学的效果，甚至导致远距离教育的中断。

(3) 以学生为中心。

远距离教育的一个鲜明特征是整个学习过程都是以学生为中心的，学习内容、学习方法、学习策略、学习环境、学习时间、学习地点等学生的选择余地都很大，便于不同学生根据自己的学习基础和学习条件、学习特点等来随时调整自己的学习方式。

(4) 与传统教学方式的有机结合。

远距离教学并不排斥传统的课堂教学、书本学习方式，而是将二者有机结合，从而达到优化教学环境、提高教学效率的目的。

(5) 以定期讲座或面授作为辅助教学手段。

任何一种教育形式都不可能是十全十美的，都有其优点与不足，远程教育也是一样，由于师生分离，导致教师与学生的交流与探讨受到一定程度的影响，使学生对知识的理解与掌握的程度受到限制，加之远程教育的教学管理目前还没有一个十分理想的管理模式，远程教育的教学质量还难以保证等，要弥补这些缺陷，在实施远程教学的同时，还必须辅之以一定的传统面授教学方式。

2) 远程教育的优势

(1) 提高教学质量。

一方面是指远程教育中所使用的各种媒体教学能以最佳的方式呈现教学信息；另一方面是指开展远程教育可以聘请全国甚至全世界某一专业、某一学科最杰出、最优秀的教授、专家来策划、设计、主讲、制作教材或引导学生自学。

(2) 提高教学效率。

提高教学效率就是指在一定时间内，教师完成了比原先更多的教学任务，学生学到了比原先更多的知识。这里的原先主要是针对传统教学而言。远程教育属于现代教育模式中的一种类型。关于现代远程教育可以充分利用各种视觉、听觉和网络教育媒体传授知识，能使学生综合利用多种感官开展学习，从而能使学生得到较佳的学习效果。

(3) 扩大教学规模。

远程教育借助各种信息传播媒体，可以突破时间和空间的限制，将教学内容传向全国各地拥有信息接收设备的教学点；同时可以提供多种层次的学习资料和教学内容，使不同职业、不同年龄、不同资历的学生(学员)接受不同层次的教育。

(4) 改革传统教学模式。

远程教育与传统教育可以说有天壤之别，它是依据现代教育理念和现代教育理论，借助现代教育媒体而开展的一种新型的教育模式，它的实施和应用，对于改革传统教育方法和手段、推进学校教育现代化和教育信息化建设步伐、促进学校教育改革具有深远的意义和作用。

3. 远程教育系统的基本组成

现代远程教育是由不同的相关要素组成的一个系统。不同的要素在整个系统中发挥着不同的功能和作用，它们相互支持、相互配合，共同完成远程教学任务。现代远程教育系统的基本组成要素主要有传播者、课程设计、教学设计、学习者和教学媒体等。下面分别加以叙述。

1) 传播者

在现代远程教学中，传播者是构成远程教育系统的核心要素之一。传播者的类型主要有课件开发者、教学者、教学辅助人员及传播技术保障人员等。

(1) 课件开发者。

课件开发者的主要职责是依据教学设计理论和课件开发原则，根据教师教案要求，收集各种资料，利用各种课件开发工具和手段，开发出适合网络传播和教师、教学对象适用的各种教学课件。即所开发的课件应具有：①目标性。所开发的课件必须适合远程教学特点，为远程教学服务，有利于教师的教和学生的学，有利于教学信息的传输和接收，有利于提高学生的学习质量和学习效率。②共识性。所开发的教学课件必须建立在教师和学生的共同经验基础之上，既有利于教师的教，又有利于学生的学。③易得性。所开发的教学课件内容必须适合于学习对象的学习基础和学习特点，即不能太难。④效用性。所开发的教学课件内容必须满足学习者的学习需要。即学习者迫切需要学习和掌握的知识和技能，尽最大可能满足学习者的求学目的和愿望。

(2) 教学者。

教学者是指在远程教育中承担具体教学任务的教师。承担远程教学的教师除了需要具备传统教学所应有的基本素质，即知识渊博、学术造诣深、德高望重，能熟练应用传统教学方法和手段外，还必须具备以下几方面的教学能力：

① 理解和掌握学习理论中的基本原理；

② 组织控制教学材料和学习环境的能力；

③ 控制课程结构的能力；

④ 是本学科的专家；

⑤ 在教学中具有鲜明的个性特点和人格特征，即能使教学人格化和人性化；

⑥ 有运用传播技术的知识和能力；

⑦ 有高超的讲授技巧，包括提问策略，调动学习者的参与积极性，确定适当的教学步调，提供适当的反馈以及激发学习者的学习动机。

(3) 教学辅助人员。

教学辅助人员是成功实施远程教育的一个关键性的人力因素，他们与教师的合作方式与成效将直接影响远程教学风格和教学效果。在远程教学中，教学辅助人员的主要作用有两方面：一是承担秘书性、管理性和技术性的工作；二是承担学术性和辅导性的工作。也就是说，远程教学的教学辅助人员必须同学习者、课室和设备技术打交道，是教师与学习者相互联系的桥梁与纽带。通过教学辅助人员的工作，远程教师与学习者才能达到信息互通，才能保证远程教学活动的顺利展开和教学秩序的正常运转。

(4) 传播技术保障人员。

要保证远程教育的顺利实施，技术保障人员是一个关键的人力因素。不同配置的远程教学系统对技术保障人员的要求和具体组成也不同，这些技术人员可以是教学辅助人员、工程师、管理者，或者来自教学资源中心、电视台或设备生产厂家的人员。远程教学系统的正常运行离不开工程技术人员的管理和维护。

以上所述的远程教学系统的传播者是从远距离教学过程中的基本组成方面来看的。此外，远距离教学系统的传播者还包括教学机构的行政管理部门，以及学习材料的编撰和出版部门等。

2) 课程设计

课程设计就是指对教学内容的选择、设计与制作，其核心是设计。课程设计主要包括课程设置和课程设计两大部分，是课程开发者的主要工作。

(1) 课程设置。

远程教育的课程设置直接反映社会在一定时期政治、经济、文化等方面的需求，也表明教育机构培养人才的指向。对远距离教育来说，课程设置有以下几个特点：

① 学科门类众多，层次多样；

② 直接反映社会需求；

③ 以培养适应21世纪社会需要的应用型人才为主；

④ 课程设置的灵活性强；

⑤ 有地方性特点；

⑥ 课程内容更新速度快；

⑦ 学员的选择性较大。

远距离教育的课程设计人员主要由具有不同专长的相关专家组成，其工作任务不是一个人能全部承担的，而是需要集体合作，共同完成。理想的远距离教育课程设计人员组成应包括学科专家、教学设计者、主讲教师或主撰者、专职辅导教师、编导或编辑以及教学评价专家。

(2) 课程设计的特征。

远距离教育的课程设计应具备以下几个基本特征：

① 课程设计以问题解决为中心，不注重学院式的学科体系与结构；

② 重视学员的经验背景，重视实用或应用；

③ 课程设计应有益于学员自学或自我检测，如目标导引、概要、结构提示、自测题等；

④ 根据课程内容信息的特点和不同媒体传递信息的特点，用多媒体形式设计或传载相关的内容，如印刷品、音像制品、计算机软件等各种视听课程内容；

⑤ 课程内容应有利于学员自定学习步调，并与自身的工作或经验产生联系。

⑥ 用直观性、实践性或可操作性的方式陈述课程知识与技能等。

3) 教学设计

(1) 远程教育教学设计的基本内容。

教学设计是一种解决教学问题的系统方法或策略。远程教育中的教学设计主要包括以下几个方面：

① 分析教学任务。包括教学工作、任务、行为目的、教学内容和教学对象等方面的分析。

② 进行教学设计。包括某课、某单元和整体课程的教学传递系统，教学材料和媒体等方面的设计。

③ 评价教学过程。包括对整个教学过程和教学系统的教学效果的评定。

(2) 远程教育教学设计的基本要求。

远程教育教学设计的基本要求主要有：

① 远程教育在教学计划的制订、教学内容的组织和传递等方面比传统教学更为严格，对教学目的和教学目标的确定与陈述要更为清晰和准确；

② 在实施远程教学计划时，应尽可能提供师生互动的条件与机会，使教师与学员之间、学习者之间、学习者与教学材料之间保持经常性的联系并进行交流，从而能尽最大可能克服远程教育的不足，提高学习者的满意度和学习效果；

③ 应为学习者提供尽可能多的教学反馈手段和方式，对学习者提出的问题能及时答复，以帮助学习者评价自己的学习成绩，培养对远程教学的肯定性认识和态度；

④ 应以学习者为教学的中心，教的方面应最大限度地满足学的需要；

⑤ 远程教学中应充满人性化和人格化，以弥补师生相互分离所带来的情感缺憾；

⑥ 应制订应付偶然或突发事件的计划；

⑦ 对每位学员的基本学习情况都应有记录；

⑧ 开展远程教学的院校应与远程教学站点保持经常性的联系与交流，讨论实施某一教学计划的可行性、助学的方法、评价等；

⑨ 远程教育应提前制订一个严密、周到的可行性教学安排计划；

4) 学习者

(1) 参加远程教育学员的构成特点。

参加远程教育的学员一般具有以下基本特点：

① 入学年龄跨度大，且多为成人；

② 参加学习的人员来源广泛，数量很大；

③ 学习经验差异大；

④ 学习目的和动机明确；

⑤ 有一定的生活和工作经验；

⑥ 学习者参加学习是自愿的。

(2) 参加远程教育的学员在学习方面还表现出以下特点：

① 以追求学以致用或现学现用为目的和出发点。多从学习的实用性出发，愿意接受和学习直观性较强的知识；或喜欢学习由实际问题引出的理论性推导和结论，而对抽象的理论知识存在畏难心态；

② 学习的目的不再是为今后谋职做准备，而是为了提高自身已经从事的职业所要求的素质，或者为了满足个人的学习愿望，把学习过程看作一个能迅速提高自己的能力并发挥潜能的过程；

③ 大多数学习者有较强的实践经验，希望所学的知识技能可以与他们的实践经验联系起来。不足是理论知识的系统性较差，在学习中容易产生经验定式的消极影响，往往喜欢以自身的经验作为审度和评价学习的标准和依据；

④ 对知识与技能的兴趣比较稳定、单一和持久，与自身的社会角色有较密切的关系，有较完善的自我结构，自尊心较强，学习目的明确，独立意识强，学习的积极性和毅力较大，分析问题和解决问题的能力较强，在学习中能理论联系实际。缺陷是学习方式欠妥，

耐久性较差，记忆力较弱。

(3) 参加远程教育的学员在学习方式方面具有以下特点。

① 用大部分时间以个别化的形式(或独自地)学习特定的印刷资料；

② 用少量时间收听或收看广播、电视、录音、录像、多媒体计算机课件、网络上传送来的相关知识信息，以弥补传统教材的不足；

③ 能按照预定的日期接受辅导，并通过函件、电话、电传、电子邮件、网络等途径向教师发问、建议或提交作业。

(4) 远程教育对学习者的基本要求。

参加远程教育的学员除具备传统教育对学习者的基本素质要求外，还具备以下一些特殊要求：

① 能制定自己的学习目标；

② 具有自学的能力和信心；

③ 能统筹安排自己的学习时间；

④ 根据自己的特殊情况制定自己的学习策略；

⑤ 能与教师保持经常性的联系，以获得教师的帮助。

⑥ 具有学习各种形式教材的能力，能适当运用线上平台、视听广播、录音、录像、多媒体计算机、Internet 等手段和媒体进行学习；能参与小组测评、集体的实践活动或独立进行学习，有一定的动手操作能力。

5) 教学媒体

现代远程教学中运用的教学媒体种类众多，主要有印刷媒体：包括文字教材、学习指导书、学习辅助材料等；广播媒体：包括广播声音传输设备、录音带、话筒、收音机等；电视媒体：包括电视信号的记录、传输、接收、播放设备等；多媒体计算机网络教学系统：包括多媒体计算机系统、网络传输系统、教学信息的存储、接收、显示等。教学媒体在远程教学中占有重要位置，教学信息的制作、传送、接收与显示等都要靠远程教育媒体来实现。

(1) 远程教学媒体的地位与作用。

远程教育媒体的变革通常是远程教育教学形式变革的前提和基础。

学习者通过远程教育媒体开展学习，远程教育媒体决定着学习者的学习内容和学习方式、什么时候学习和怎样学习等问题。因而远程教育媒体扮演着信息源和信息通道或传播者的角色。

远程教育媒体使远距离师生之间的时空距离不复存在，它们担负着师生之间相互联系与沟通的纽带和桥梁的角色。正是有了远程教育媒体的这种作用，远程教育网络才能建立。

远程教育媒体的综合使用，能从不同侧面阐述、解释和传授课程内容信息，使学习者的各种感官尽可能地参与学习，大脑左右半球得到充分刺激，学生的学习潜能才能得到充分的开发。

远程教育媒体带来的新型学习方式，不仅为传统教育充实了学习形式，更为全社会树立了一种新的教育观念和学习观念。

(2) 远程教育媒体的选择运用。

在远程教学中，可根据不同的远程教育特点和实际情况选择不同的远程教育媒体，具体来说，选择远程教育媒体的主要依据有：

① 根据不同的学习任务选择远程教育媒体。在远程教学中，可根据不同的教学目标、学习效果、学习内容特征、刺激类型和学生的反应特征等来选择不同的远程教育媒体；

② 根据不同的学习者特点选择远程教育媒体。在远程教学中，可根据学习者的智力特点、认知结构、需要、动机、兴趣、年龄、学习经验、学习风格、学习者的数量等来选择不同的远程教育媒体；

③ 根据不同的教学管理因素选择远程教育媒体。在远程教学中，可根据不同的教学管理制度，如教学策略、方法与技巧、对学习者反应的要求、教师的控制能力、教学各阶段的安排、教学时间等来选择不同的远程教育媒体；

④ 根据经济因素选择远程教育媒体。在远程教学中，可根据经济承受能力来选择不同的远程教育媒体。如教学软硬件的制作、使用、维修、专门人员培训等的费用投资；

⑤ 根据技术要求选择远程教育媒体。在远程教学中，远程教育媒体的技术质量、操作难度、兼容性、使用灵活性、耐用性等也影响远程教育媒体的选择；

⑥ 根据不同的行政管理因素选择远程教育媒体。在远程教学中，教学媒体的功能、特征、可运用性、媒体源、学校建筑条件、各种资料的管理等也影响远程教育媒体的选用。

(3) 远程教育媒体的开发与研究。

远程教育研究与实践中常常强调抓各种远程教材的研究与开发，其实质就是对远程教育媒体的研究与开发，这些研究的根本目的就是为远程教学进行教学设计和制作各种行之有效的远程教育教材。其研究的核心是：

① 如何消除传统教材编制范式的消极影响；

② 为远程教学教材的编制设计标准模式；

③ 研究远程教育媒体怎样才能有益于学生自学和个别化学习；

④ 研究什么样的教学信息内容适合于用什么样的远程教育媒体来传输和表现，即研究远程教育媒体与教学信息的匹配；

⑤ 研究各种远程教育教材怎样综合使用，才能产生多媒体学习效应；

⑥ 研究各种远程教育教材的编制范式、方法及编制程序等。

总之，对远程教学媒体的研究与开发，其目的就是要彻底摆脱传统教材的设计方式，符合远程教育的教学实际与特点，从而开发出各种有效的远程教育教材。

4.2.2 现代远程教育的基本形式

模式是对现实事件的内在机制以及事件之间关系的直观和简捷的描述，它是理论的一种简化形式，具有结构、解释、启发、预测等多种功能。教学模式是指在一定的教育思想、教学理论和学习理论指导下，在特定的教学环境和资源的支持下展开的教学活动进程中各要素之间稳定的关系和活动进程结构形式。教学模式具有直观性、假设性、近似性和完整性。

教学进程结构是由教学过程的组成要素按一定的排列规律组合形成的，反映了一定的教育思想和教育观念。在传统教学过程中，教学的基本要素是教师、学生和教学内容。在现代教育技术环境下，教师经常运用各种现代教学媒体进行教学，因此，教学过程的要素除了上述三个之外，还应增加“媒体”这个要素。同时，教师、学生、教学内容、媒体四个要素在教学过程中不是彼此孤立、互不相干地简单组合在一起，而是相互联系、相互作用并形成一个有机的整体，由于现代教育技术对教育思想、观念的影响，这个有机的整体在现代教育技术环境下将具有新的稳定的结构形式，即新的教学模式。由此可见，现代教育技术的应用带来了新的教学模式。

教学模式的发展是同教育技术的进步密切相关的。当视听广播技术开始应用于教育时，集体教学是教学模式研究的重点；个人计算机发展起来之后，广泛应用于个别化学习；随着计算机网络的发展并应用于教育教学后，为开展小组协作学习和远程教学提供了环境和条件，相继兴起了虚拟教学、虚拟学校的研究。迄今，人们在长期的教育技术实践和应用中积累了较丰富的经验并形成较定型的教学模式有课堂演播教学、广播电视教学、个别化学习、小组协作学习、微格教学和远程教学。

1. 课堂演播教学

课堂演播型教学模式是指在由教师、学生、教学内容和教学媒体构成的演播型教学系统中，教师利用媒体进行课堂演播教学并控制教学过程，它是一种以教师传授知识为主的集中型教学模式。

在课堂演播型教学模式中，教师首先将教学内容编制成投影片、幻灯片、录像片、教学磁盘或光盘等多种媒体符号，在教学传播过程中，教师一方面利用媒体向学生传递教学信息，另一方面利用自己的声音、表情和手势等体态语直接向学生传递信息，学生则通过问答、表情等方式向教师反馈学习信息，教师由此控制教学的进程，其传播模式如图 4.1 所示(图中箭头表示信息的流向)。从传播过程来看，它是一种双向的传播模式。

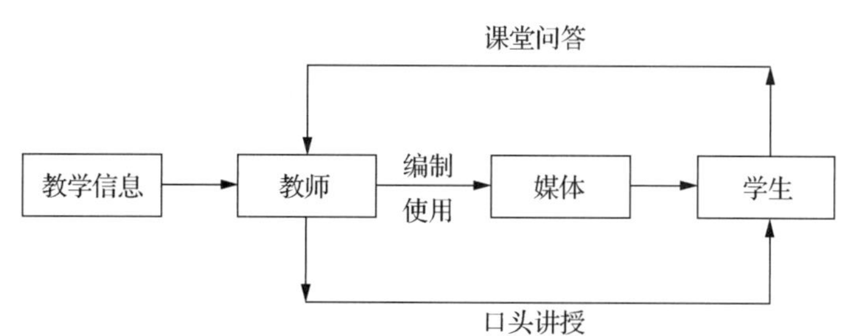

图 4.1 课堂演播型教学模式

课堂演播型教学模式的优点。

(1) 能统一教学要求、师生现场交流、亲切感好。

(2) 便于管理，使学校能比较有效地利用其设备与器材资源(根据时间表的安排)以及合理有效地利用教师资源。

(3) 适合于缺乏经验的学生，适合基本概念、重点、难点内容的教学。

课堂演播型教学模式的缺点。

(1) 教学效果过分依赖于教师的技能与才干。

(2) 不能实施因材施教。

(3) 不适合完成技能和态度方面的教育目标。

2. 广播电视教学

广播电视教学是指主要依靠广播电视来传递教学信息的一种教学模式，它是一种开放式的教学模式。

在广播电视教学模式中，教师事先将教学内容编制成录像带或录音带，然后利用电视或广播等媒体来传播教学信息，学生可以通过座谈、电话、定期辅导等方式向辅导教师反馈信息，有时主讲教师也充当辅导教师。其信息传播模式如图 4.2 所示。

图 4.2　广播电视型教学模式

广播电视教学的优点。

(1) 覆盖面宽，能共享优秀教师的教学和优秀的教材，大大扩展学校的教学资源，特别适用办学资源较差的学校解决师资不足、实验设备简陋的问题。

(2) 电视教学形象生动，临场感、亲切感较强，能逼真地再现一些不常见的现象和过程等，比较适合理工科和部分文科课程的教学。

(3) 广播教学设备简单、使用方便，比较适用于听力教学和语言教学。

广播电视教学的缺点。

(1) 单向传播，教学过程中缺乏师生之间的及时交流、互动，因此需要安排面授来辅助；

(2) 可控性差，广播的时间安排是固定的，很难(甚至不可能)配合课程时间表灵活安排收听时间。

3. 个别化学习

个别化学习指的是以学生为中心，适合于满足个别学生需要的教学。为了满足学生的需要，可能要通过一种或多种专门的教学技术，这些技术包括允许学生在通过一个教学序列时设定他们自己的学习步子；根据个人特点为每位学生选择教学方法、媒体和材料；允许选择每位学生想要达到的目标。

按使用媒体的方式和功能不同，个别化学习的信息传播模式可分为单向型和交互型两种。在单向型模式中，教师或专家编制好教学媒体后，学生利用媒体学习，媒体不能接收学生反馈的信息(如收音机)；在交互型模式中，学生利用媒体学习时，媒体能对学生学习情况作出诊断评价(如计算机)。这一传播过程的特点是学生利用媒体进行学习，学生成为学习活动的中心和主体，完全按自己的意愿和兴趣来选择、处理学习内容，教师的作用变得间接化。这种学习可以在学生家中也可在视听阅览室或多媒体阅览室进行。

其教学信息的传播模式分别如图 4.3、图 4.4 所示。

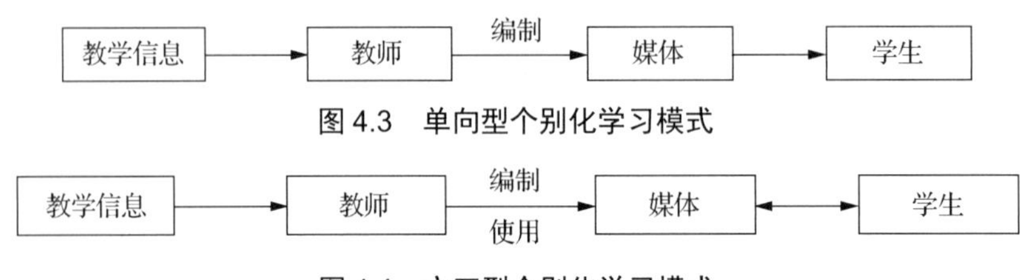

图 4.3　单向型个别化学习模式

图 4.4　交互型个别化学习模式

个别化学习的优点。

(1) 教学目标明确。通常，个别化学习组织者提供的课程单元附有一套行为目标，明确阐述了每个单元结束时应该达到的要求，学生在学习之后能确切地知道自己的学习绩效。

(2) 学生可以自定学习进度，并根据自己的实际情况选择合适的学习方法和教学媒体，无论是单向型还是交互型，在学习过程中，学生主动性较高，加之媒体能提供丰富、直观的教学信息，使得枯燥的学习过程变得生动有趣。特别是多媒体学习系统所提供的人性化的图形界面、友好的交互性和丰富的反馈信息，使学习过程的参与性、探索性大大增强，这对激发学生的学习动机、增强学习兴趣、提高学习效果都是十分有利的。

(3) 教师的指导更具有针对性。

(4) 以学生为中心的学习系统能为那些不能到校学习的学生提供更多的教育和训练机会。

个别化学习的缺点。

(1) 要求学生有较强的自律能力和学习能力，对于年纪较小或缺乏经验的学生来说，可能就不如年纪较大的和比较成熟的学生适合使用。

(2) 以学生为中心的教学依靠良好的教材，为了好的教材，教师需要学会一些新的技能，还必须花费大量的时间才能完成这一任务，因此，个别化学习的教材准备存在不少困难。

(3) 个别化学习模式很难统一进度，给教师的教学安排带来了一定的困难。

(4) 适合个别化学习模式的课程范围和类型相当有限，对于实践性很强的教学内容，要将适当的实验室工作、实际演示以及与一些技能有关的工作纳入个别化自学的课程中，学生的学习将是极其困难的。

4. 小组协作学习

小组协作学习是一种通过小组或团队的形式组织学生进行学习的一种教学模式。“协作”是指多个学生对同一问题用多种不同观点进行观察、比较、分析、综合等交流活动。小组成员的协同工作是实现班级学习目标的有机组成部分。小组协作活动中的个体(学生)可以将其在学习过程中探索、发现的信息和学习材料与小组的其他成员共享，甚至可以同其他组或全班同学共享。在小组协作学习过程中，为了达到小组学习目标，学生之间可以采用对话、商讨、争论等形式对问题进行充分论证，以期获得达到学习目标的最佳途径。

适合小组协作学习的教育技术环境有语言实验室、多媒体网络型教室(CAI 室)、局域网、校园网、城域网、互联网等。

在小组协作学习模式中，教师根据教学的实际需要，随机指定参加学习小组的学生，学生在小组中根据教师指定的学习内容或自定学习内容进行学习、讨论、会话、协作交流等，教师同时也参与小组交流。在教室中开展小组协作学习时，师生之间的交流既可以直接进行也可以通过媒体进行，其传播模式如图 4.5 所示。在远程教学中开展小组协作学习时，师生之间的交流主要通过媒体进行，其传播模式如图 4.6 所示。

小组协作学习的优点。

(1) 有利于培养学生分析、归纳、判断和评价等较高级的认知技能。

(2) 有利于培养学生创造性的思考技能。

(3) 有利于培养学生表达、交流的技能和人际关系技能。

(4) 有利于培养学生良好的态度性格。

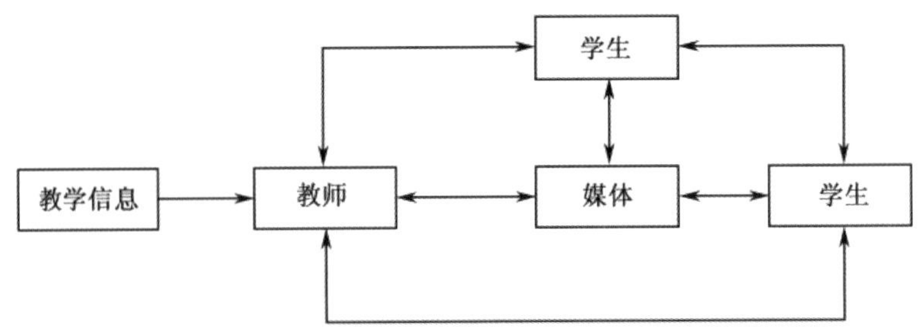

图 4.5　小组课堂协作学习的信息传播模式

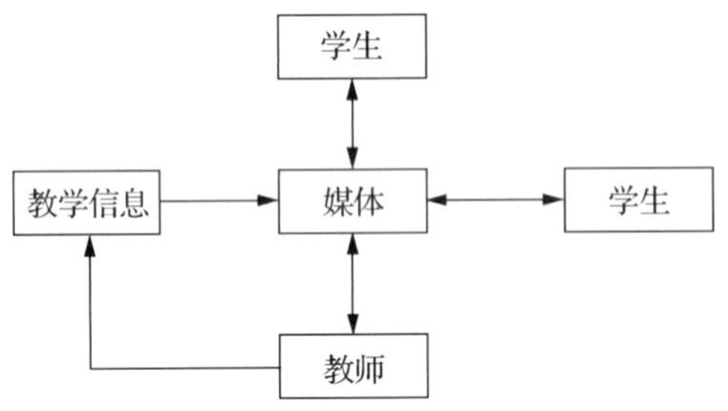

图 4.6　小组远程协作学习的信息传播模式

小组协作学习的缺点。

(1)　采用小组学习和练习存在很多组织方面的问题。

(2)　小组学习的一个潜在缺点是要求参加者们(包括教师与学生)积极合作方能成功。

5. 微格教学

微格教学是借助于现代视听手段(摄、录像技术)对师范生或在职教师进行专门的单项技能训练的教学模式。通过对每一种技能的学习、示范、实践和反馈评价，使被培训者的技能不断改进和提高。

在微格教学过程中，一般都要经过三个阶段：学习设计阶段、“角色扮演”(或实践练习)阶段、观摩评价阶段。

在学习设计阶段，教师首先通过媒体演播或直接讲解对学生进行技能示范，然后，学生运用教学设计理论，确定技能训练目标，编写微格教学方案。其教学过程的传播模式如图 4.7 所示。

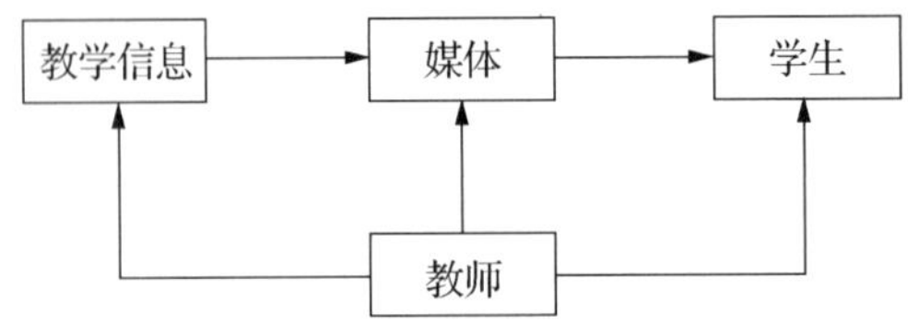

图 4.7　学习设计阶段的传播模式

在“角色扮演”阶段，学生依据教学设计方案进行试教活动(或操作表演活动，一般 5～8 分钟)，同时用录像技术把整个过程记录下来。这一阶段的信息传播模式如图 4.8 所示。

在观摩评价阶段，教师和参与听课的学生与“角色扮演者”一起观摩教学录像，并对其进行评议。通过评议，修改教案、改进技能。这一阶段的信息传播模式如图 4.9 所示。

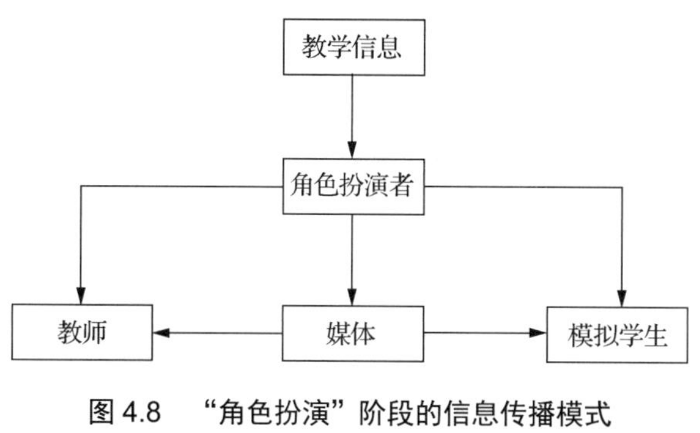

图 4.8 "角色扮演"阶段的信息传播模式

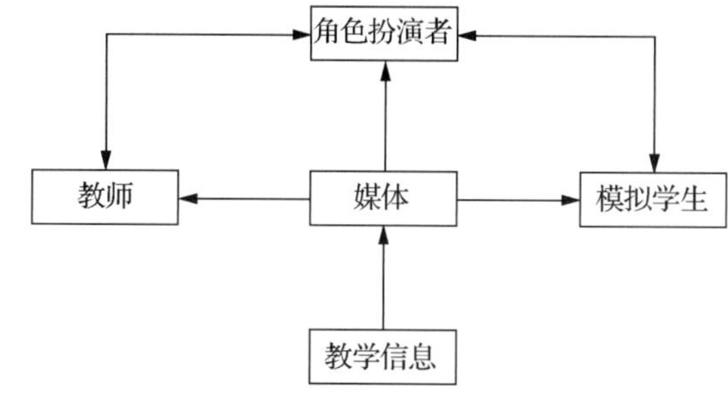

图 4.9 观摩评价阶段的信息传播模式

微格教学的优点。

(1) 目标明确集中。

(2) 反馈及时有效。

(3) 评价准确客观。

在微格教学过程中，学生一方面可以从观摩自身的表演录像中及时发现问题并进行自我评价，另一方面也可从参与观摩的教师和学生之间的分析讨论中得到帮助、指导和评价。因此，微格教学是一种以诊断为主的形成性评价，有利于被培训者熟悉各种技能的评价标准，找出不足之处，明确改进方向，使被培训者尽快达到技能目标。不但适用于师范生的教学技能训练，还可用于其他方面(如体育运动技能、物理、化学的实验操作技能)的技能训练。

微格教学的缺点。

(1) 教学组织困难，对教师的素质要求高。

(2) "角色扮演"前需要做充分的准备工作，否则难以取得较好的技能训练效果。

6. 远程教学

远程教学是远程教育的一种形式，是指在教学过程中，教师间接利用教学媒体(如广播、电视、网络系统等)向学生传递教学信息的教学组织形式。我国现有的广播电视大学、函授教育、自学考试和网络教育等教学组织形式，都属于远程教学模式。

1) 在线学习

现代媒体技术的应用促进了远程教学的发展，目前的远程传播系统经常综合利用多种媒体形式而不是单一的媒体形式。教学信息的传送常常采用广播电视、有线电视、卫星电视、印刷媒体、电话、计算机网络等多种形式传播。学生和教师的相互作用也会通过邮件、电话、会议系统、计算机网络等多种形式进行。

从教学信息的传播过程来看，远程教学主要由媒体编制、发送与学生自学三个阶段构成。

其教学信息的传播模式如图 4.10 所示。在远程教学中，学生接受学习与自主学习是整个教学过程的核心部分，而媒体编制和发送都是为学生接受学习提供条件的。

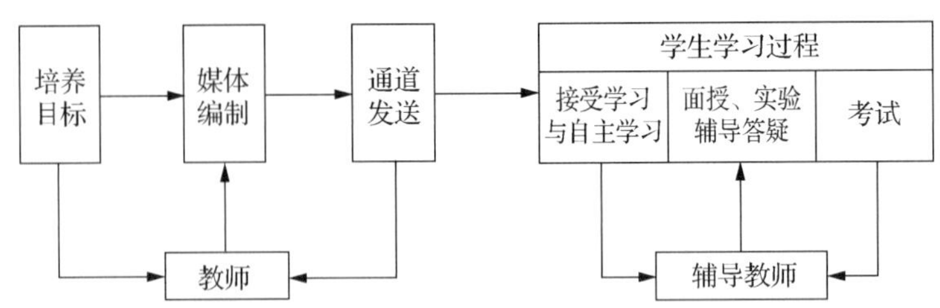

图 4.10 远程教学的信息传播模式

远程教学既是集体教学也是个别化教学的一种形式，它的优缺点如下所述。

远程教学的优点。

(1) 有利于共享优质教学资源。

(2) 有利于扩大教育规模。

(3) 有利于构建终身教育体系。

现代远程教育是随着现代信息技术的发展而产生的一种新型教育方式，集视听教育(广播、录像、电视)、卫星、计算机、通信网络于一体，具有教育资源共享、信息交流、网上教学等多种功能，打破了传统教育时间和空间的限制，使得人们可以不在学校、教室里学习，使最好的教师、最好的学校、最好的课程能为校外的学生所享用，使更多的社会成员获得受教育的机会。这种新型的远程教育系统有利于实现和满足信息社会的在职教育、培训及终身教育的需要，构建学习化社会的终身教育体系。

远程教学的缺点。

(1) 由于教师与学生在物理空间是分离的，教学过程的现场感和亲切感不如课堂教学；

(2) 在教学过程中，实现师生之间实时的交流与反馈较困难。

现代教育技术为构建以实施素质教育、培养创新人才为目标的新型教学模式的探索，提供了广阔的舞台和有力的技术支撑。多媒体和网络技术在教育教学中的应用，打破了传统教学模式的束缚，为学生提供了丰富的学习资源；提供了发现知识、探究知识和表达观点的有效工具；为学生的积极参与提供了有利条件。应用多媒体与网络技术为核心的现代教育技术，探索和构建新型教学模式，必须遵循学生学习的心理规律，把学生看作信息加工的主体，积极把认知学习理论引入现代教育技术应用实践中。因此，根据建构主义和人本主义理论，我们可以利用信息技术创设问题情境、提供学习资源、进行实践操作、组织协商活动，不断探索和构建新型教学模式。

2) 网络直播

基于 Internet 的远程协作学习模式是利用学校的优质师资，依托公众多媒体通信网进行远距离交互式教学，这种教学模式可以打破时间和地域的限制。这种学习模式的实施依赖于多个因素，学校支持、学习小组建立以及远程网络学习支持系统等。不同地区的多所学校，各自组成协作学习小组，围绕相同的专题，在远程网站的支持下进行作品评价、问题讨论和方法交流等协作学习活动。

互联网的迅速普及，使计算机网络教学获得了飞速发展。与以往的计算机辅助教学不同，网络教学是利用计算机访问本地及全球各地的计算机资源，并使教师与学生或学生与学生之间通过网络进行广泛的交流与协作。其主要特点是将传统课堂教学的以教师的教为中心转变为以学生的学为中心，真正使教学过程变成了以教师为主导、以学生为主体的教学过程，促使学生内因作用的发挥，使他们从被动地接受知识转变为主动地获取知识，从而为创新能力和创造能力的培养提供了必要的客观条件。

如今在线教学处于高速发展时期，雨课堂、超星、九一速课、智慧树等纷纷上线运行，开启了移动学习的新阶段。而移动学习的最迅速普及形态，就是手机直播课。在手机直播课堂上，“互动”则是驾驭课堂的关键点。这就是教育形态适应技术发展的创新与演变。

事实上，在层出不穷的技术创新中，新兴技术，不论是大数据、虚拟现实，还是现在热门的人工智能技术，都无法取代教育过程中学生的创新能力、思辨能力、协作能力等的培养，所以未来的教师需要考虑的是如何在自己的课程中帮助学生进行创新、思辨和协作，这也是未来混合式教育发展核心的关键点。

思考题

一、填空题

1. 由于计算机网络的广泛应用，出现了各种各样的计算机网络，导致网络的分类方法也是多种多样，但更多的是从网络的作用范围来划分，相应地将计算机网络分为________、________和________。

2. 对于点对点之间的通信，按照消息传送的方向与时间关系，通信方式可分为________、________及________三种。

3. 不同的远程教育所使用的教育教学方式、教学组织形式、教材内容都有自身的特点：函授教育所用的教材以________为主，卫星电视教育以________为主，多媒体计算机网络教育以________为主。

二、选择题

对于下列描述我国已经建成的大型互联网络的表述，错误的是(　　)。

A. 由教育部管理的中国科技网

B. 由中国科学院管理的中国科技网

C. 由邮电部管理的中国公用计算机互联网

D. 由信息产业部管理的中国金桥网

三、简答题

1. 与单台的计算机系统相比，计算机网络的最主要功能就是资源共享，具体表现在哪三个方面？

2. 列举远程教育的四个优势。

3. 分别列举课堂演播教学、广播电视教学、个别化学习、小组协作学习、微格教学和远程教学的一条优缺点。

第 5 章　现代教育技术环境

本章学习目标

1. 正确解释或说明现代教育技术环境的含义和类型；
2. 阐述视听教室的类型与功能；
3. 阐述语言实验室的类型与功能；
4. 阐述微格教室的结构、功能与应用；
5. 阐述多媒体阅览室的类型与功能；
6. 阐述教学资源中心的结构与功能；
7. 阐述数字图书馆的特点与功能；
8. 阐述多媒体演播型教室的结构、功能与应用；
9. 阐述多媒体网络型教室的结构、功能与应用；
10. 阐述校园计算机网的结构、功能与应用；
11. 阐述校园广播网的结构、功能与应用；
12. 阐述校园有线电视网的结构、功能与应用。

5.1　媒体化教学环境

媒体化教学环境是指按一定功能要求，配置了多种现代教学媒体的教学环境，它包括视听(电化)教室、语言实验室和微格教室等。

5.1.1　视听教室

1. 视听教室的类型

按媒体配置的方式不同，可分为简易型和综合型两种。

1)　简易型视听教室

简易型视听教室是在普通教室的基础上，装配了电脑、投影仪和银幕等教学媒体，有的教室还配有录音机，能进行幻灯、投影教学和录音教学。

简易型视听教室的功能特点。

(1)　能同时传递视、听觉教学信息，放大静止的图形、图像或声音。

(2)　硬件设备较为普及，可移动性强，设备操作简单，教学控制方便。

(3)　软件制作简单，使用成本低。

2)　综合型视听教室

综合型视听教室是在普通教室的基础上，装配了电视机、录像机或影碟机、录音机、幻灯机、投影器和银幕等教学媒体。在综合型视听教室中，教师可以使用电视机、录像机或影碟机播放教学电视录像节目，使用投影器呈现某些概念、原理等较难理解的教学内容，进行电视录像教学、幻灯投影教学和录音教学。

综合型视听教室的功能特点。

(1) 能传递活动的视、听觉教学信息，丰富教学内容，扩大教学信息传播容量，提高学生学习的积极性。

(2) 利用电视录像的演播功能，可以展示事物的运动或变化过程，可以重播或长时间呈现教学信息，有利于教师进行重点、难点讲述或实时点评，有利于学生加深印象。

(3) 设备普及，使用方便。

(4) 可以在一定程度上减轻教师的教学负担。

2. 视听教室的应用

由于视听教室将几种视听媒体组合后置于教室之中，组合系统中的媒体功能互为补充，比单个媒体更为丰富、有效，视听信息的刺激可以引发学生多种感官的兴奋，更符合人类学习的认知规律，使用视听教室还可以给教师带来更多的教学方便。

视听教室广泛应用于各类学校的课堂演播教学，通过文字、图形、图像、实物、电视、录像等多媒体信息的演播来展示事实、模拟过程、创设情境和设疑思辨，可开展多种教学模式。如以教师讲授为主，辅以媒体演播的讲播式教学模式；运用媒体演播，提供示范，然后让学生模仿练习的示范型教学模式；运用媒体创设情境，引起学生联想，激发学生兴趣的情境式教学模式；运用媒体设疑思辨，引导学生探究的引探式教学模式；等等。

5.1.2 语言实验室

语言实验室又叫语言学习系统，主要用于语言教学、训练和研究。最初的语言实验室是指利用各种实验仪器进行语音分析和研究的场所；在录音机出现后，语言实验室便逐步演变为主要用于外语教学的场所；随着电子技术、多媒体计算机技术，以及现代教育思想、教学方法的发展和更新，语言实验室已通过录像设备及计算机设备的结合，组成了具有视听功能及交互功能的多媒体系统，不仅可以用来进行语言教学，还可以用来进行计算机教学和其他专业教学。

1. 语言实验室的类型

语言实验室的组成形式多种多样，从不同的角度来看，语言实验室有不同的分类方式。从装配方式来看，语言实验室分为常规型(设备安装在固定的教室内)、遥控型(学生通过装在座位上的遥控装置操纵远处设备进行学习)、流动型(全部设备装载于一个可推动的车子或手提箱内)、便携型(可随时装卸、携带至教学地点使用)和无线发射型(由无线电系统代替导线连接控制台、传声器和学生耳机等设备)。

从技术的特点来看，语言实验室分模拟型和数字型两类，目前正朝着多媒体数字型的方向发展，不少产品集语言实验室、多媒体网络型教室和计算机实验室等多种功能于一体，可开展多学科教学，具有广泛的适用性。

从媒体配置及教学功能来看，语言实验室可分为听音型(AP 型)、听说型(AA 型)、听说对比型(AAC 型)、视听说对比型(AACV 型)、多媒体学习型(ML 型)五种类型。前两种为普通型，现在已经很少使用。听说对比型和视听说对比型目前在各级各类学校里用得比较普遍。近年来，多媒体学习型语言实验室已成为各级各类学校重点建设的方向。

2. 语言实验室的系统结构

下面按语言实验室媒体配置及教学功能的分类，分别介绍语言实验室的系统结构。

1) 听音型和听说型

听音型语言实验室是一种最简单的仅能提供听觉训练的语言实验室，它的系统主要由教师控制台和学生座位上设置的耳机组成，其系统结构如图 5.1 所示。

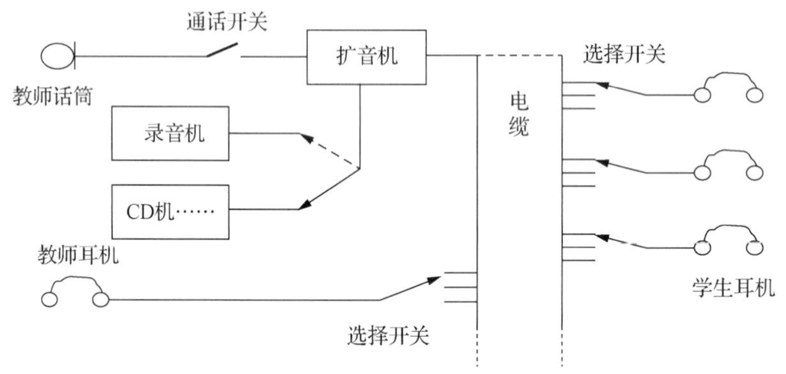

图 5.1　听音型语言实验室系统结构

控制台的主要装置有录音机、扩音机、CD 播放机、耳机和话筒等。教师可以通过控制台上话筒进行讲授，也可以通过录音机、CD 播放机播放录音教材。学生则通过耳机听教师控制台输出的节目或教师本人的声音。学生不能通过系统听到自己的发音，也无法与教师对话，因而难以发现和纠正自己发声中的错误。所以，听音型语言实验室只适用于语言的听力和听写训练。

听说型语言实验室是一种具备听力和对讲两种功能的语言实验室。在听音型语言实验室的基础上，在学生座位上增加了话筒、呼叫装置和相应的控制电路构成双向通话系统，即可构成听说型语言实验室，其系统结构如图 5.2 所示。

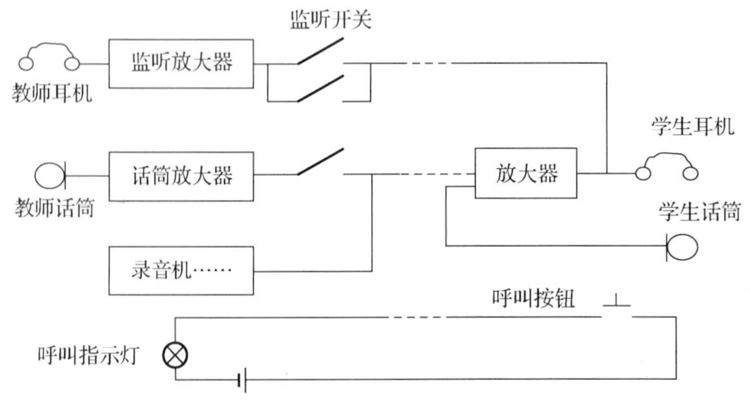

图 5.2　听说型语言实验室系统结构

听说型语言实验室最重要的优点是交互性。学生可以收听教师控制台播放的节目或教师的讲课，也可接受教师的个别指导而不干扰他人，这有助于减少某些学生在全体同学面前开口的拘束感。听说型语言实验室能给学生提供更多的实践机会，教学形式多样化。

以上两种语言实验室系统是语言实验室发展初期出现的机型，主要由单板机控制，功能较少，现在已经很少使用。

2) 听说对比型

听说对比型语言实验室是一种能进行听音对讲训练，以及录音比较的双向交互型语言实验室。在听说型语言实验室的基础上，在学生座位上增加双声道双轨或双声道四轨的录音机，即可构成听说对比型语言实验室，其系统结构如图5.3所示。

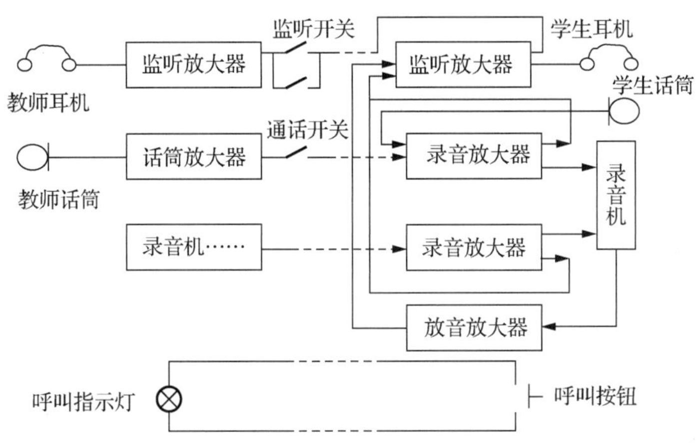

图5.3 听说对比型语言实验室系统结构

学生可以有选择地收听、收录教师的讲课内容或控制台播放的录音节目，同时跟读并把自己的声音也录制下来。记录完毕，学生可在任何时间任意多次地反复重放和收听录制下的教学节目和自己的跟读，从而通过自己的声音和教学节目的直接比较发现和纠正错误。在听说对比型语言实验室里，学生有问题可以随时呼叫教师以取得帮助。教师可将学生分组，并提供不同的学习内容。教师可选择一个小组对其进行监听或加入该小组，教师还可对小组中的一个成员或全体成员讲话。

学生座位上的录音机一般由学生自己进行操作，教师控制台还可以实现对学生录音机的遥控，以控制学生活动，并有目的地记录学生作业，使教学有节奏地进行。

有的听说对比型语言实验室教师控制台具有学习效果分析功能，可及时对课堂教学进行分析与评价。

3) 视听说对比型

视听说对比型语言实验室是在听说对比型语言实验室的基础上，增加幻灯机、投影器、录像机、影碟机、电视机或投影电视机等视觉媒体而构成的语言实验室，其系统结构如图5.4所示。在这种语言实验室中，学生既能听、能说，又能看，可以视听并用地学习。在视听说对比型语言实验室中视觉信息的呈现有两种方式：一是增加公共的电视机或大屏幕投影电视机，集体呈现视觉信息；二是在每个学生座位上增加小型监视器等视频终端设备，单独呈现视觉信息。

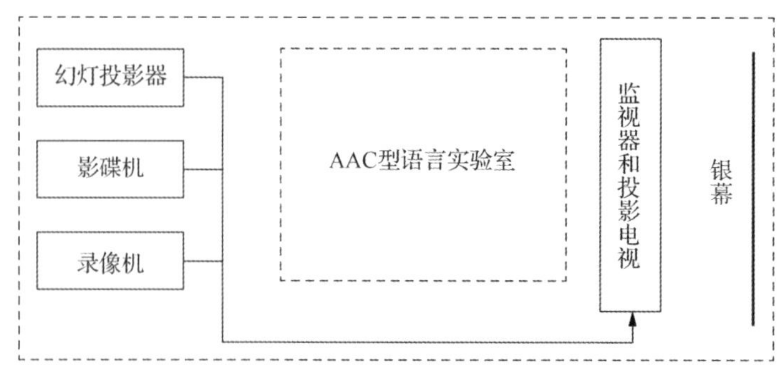

图 5.4　视听说对比型语言实验室系统结构

4)　多媒体学习型

多媒体学习型语言实验室是一种新型的数字化语言实验室。它以多媒体计算机技术、网络技术、通信技术为基础，采用软件控制与硬件处理相结合的方法，通过教师计算机和语言教学系统，控制学生计算机语音终端的运行，完成语言的教学和训练功能。

多媒体学习型语言实验室在教师控制台与学生座位上分别增设了语言教学系统的多媒体计算机，其系统结构如图 5.5 所示。

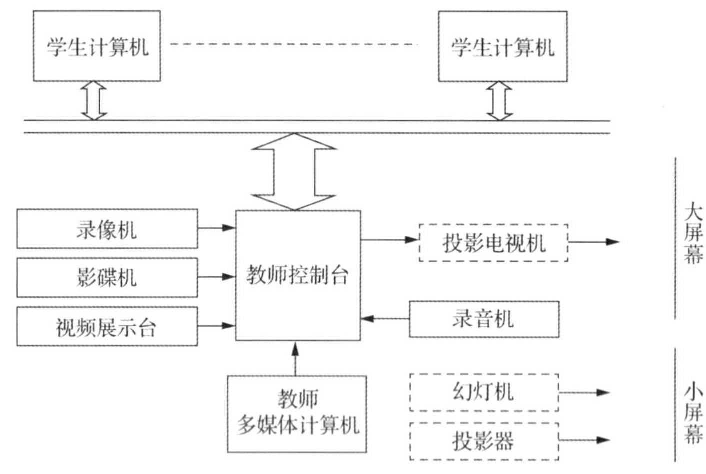

图 5.5　多媒体学习型语言实验室系统结构

多媒体学习型语言实验室支持各种多媒体节目和教材的播放，支持多种多媒体教学软件的应用，支持其他各种多媒体播放设备的应用。可广泛应用于语言教学训练，还可以用来进行计算机教学和其他专业教学，能较好地满足学校的教学需要。

多媒体学习型语言实验室的特性。

(1)　全数字化语音传输。支持多种音频编解码格式(ADPCM、PCM、MP3 等)，效果达 CD 音质。对光盘资源、网络下载资源直接兼容，无须转换。

(2)　多路音频实时广播。教师能根据学生层次任意编组，指定其收听的音频节目源(多路可选)，做到因材施教；数字音频和外部模拟音频(如录音机、录像机等)都可作为节目源使用。

(3)　可视化音频点播。学生能查询并点播教学资料库中丰富的语音及文字资源，自主控制播放进度，如停止、快进、快退等，对应的文本资料都能够同步显示；有复读、跟读和书签功能；即使教师离开，学生仍然能自主学习。

(4) 语音课件编辑系统。具备教学素材和语音考题制作功能，实现音频文字同步混合播放，支持多种音频格式；教师通过网络在线更新到教学资源库。

(5) 实现与校园网互联。计算机采用以太网接口，TCP/IP 协议标准；可接入校园网或将多个语音室互联，以共享网络资源。

(6) 实用性强，易于操作。系统控制软件一般采用 Windows 面向对象的模块化开发技巧，系统操作简单易学、操作界面通俗易懂。

3. 语言实验室的功能

由于结构的不同，各种类型的语言实验室所具备的功能不完全一样。

视听说对比型语言实验室具有呼叫与通话、播放与示范、跟读与录音、监听与记录、遥控与复制五种基本功能，一般还具有分析与评价的辅助功能。在几种语言实验室中，多媒体学习型(ML 型)的功能最先进，它集计算机技术、多媒体技术、通信技术及丰富的软件于一体，具有很强的交互性，使教学更加程序化、智能化；可以促使学生进行探索式、发现式学习；能充分调动学生学习的积极性，促使他们通过思考和努力来获得新的知识；可以大大地减轻教师的劳动强度，有效地提高了教学质量。随着多媒体技术的不断发展、语言学习软件的不断开发，多媒体学习型语言实验室将会越来越多地进入各类学校。

4. 语言实验室的应用

语言实验室教学实质上是新的教学媒体、新的教学技术在语言教学过程中的应用，它的核心仍然是语言教学实践。因此，运用语言实验室开展教学活动必须遵循语言教学的一般规律，如个别化学习原则、强化训练原则和及时反馈与评价原则等。从教育技术的观点来看，语言实验室是一种现代化的教学媒体，现代教学媒体的运用有其自身的特点和规律，语言实验室教学必须遵循媒体选择、设计、组合及运用的规律。

1) 应用特点

从各类学校现有的语言实验室的使用情况来看，其基本形式是充分运用语言实验室的各种现代教学媒体，把语言教学的群体活动也就是课堂教学和学生的个别化学习融为一体。从整体上讲，它同普通教室的课堂教学一样是以班级为单位的集体教学活动，但由于两者在系统结构、系统控制和反馈评估功能等方面的差异，语言实验室教学又具有如下明显不同的特点。

从系统结构来看，语言实验室教学(或学习)系统具有多种结构模式：①教师—媒体—学生模式，即教师通过控制台、收录机、耳机话筒组等传输手段完成信息传递的过程；②学生—媒体—学生模式，即学生之间通过控制台、耳机话筒组等手段完成信息交流的过程；③学生—媒体模式，即学生通过录音机、耳机话筒组、隔音座等手段进行自我强化的过程。这种教学系统结构使得每一个学习者在处于群体学习活动的同时，随时都有可能在教师指导下，独立地成为一个学习“子系统”，从而使他在心理上和生理上都排除其他任何外界因素的干扰，充分地进行积极而能动的学习。

从语言实验室的控制功能来看，无论是教师对于整个课堂教学活动的控制，还是学生对于他本人学习过程的控制，都与普通教室的课堂教学不同。在语言实验室中，教师可以控制全体学生、各小组学生和个别学生的活动，教师的控制已不再是与学生面对面的直接控制形式，而主要是通过媒体、软件、教学程序的设计与编排来实施；在语言实验室进行学习的学生要比在普通教室内学习有直接掌握和操纵使用部分信息源的便利，有更多自我选择、控制的机会。系统的这种控制功能有利于教师根据不同的教学目标和教学内容进行教学设计，探索以教师为主导、以学生为中心的多种教学模式。

从系统的反馈评估功能来看，语言实验室教学过程中反馈信息的收集与评估有它独特之处，无论是在及时性、准确性和可靠性等方面都具有普通教室的教学进程难以获得的效果。

在语言实验室教学过程中，教师的监听可以在学生毫无察觉的情况下进行。这种特殊条件下学生作出的反馈是第一意识反馈，其中既排除了由于心理紧张、怯场等因素所产生的反馈失真，又排除了由于外来提示、事先准备等因素造成的虚假现象。因此，教师得到的学生反馈是自然的、真实的、可靠的。此外，语言实验室的应答考试系统和成绩分析功能，有利于教师对每个学生的反馈速度、应答情况进行分析、评估，全面地获得最能反映学生客观水平的数据，有利于教师及时调整教学进程和教学策略。

英国语言学家朱利安·戴金在《语言实验室与外语教学》一书中，把语言实验室的应用特点归纳为五点：①每个学生全部时间都能自始至终地进行学习；②每个学生都能按照自己的进度进行学习，不受班内其他人的学习进度牵制；③每个学生都能学习适合自己需要的材料不必与班内其他同学一起去听同样的材料或做同样的练习；④每个学生都能对自己的学习负责；⑤每个学生都可以得到教师的个别指导。

在语言实验室中，信息的反复出现使学生得以反复操练，受到反复刺激，使信息高度地反复强化。同时，时间、材料、进度、操练和纠错等可由学生自己进行掌握，使学生在单位时间内的学习高度强化和个别化，这就是语言实验室的最大特点。

2) 应用方式

目前，各类学校用得普遍是听说对比型和视听说对比型语言实验室，这两类语言实验室适合开展多方面的语言教学应用，如语音教学、听力训练、口译训练、会话训练、句型训练、视听说教学和各种外语考试等；可以建立适合语言教学与训练的多种教学模式，如集体课堂讲授、演播教学和示范教学模式，小组教学、会话和讨论模式，个别化教学、辅导和学习模式等。由此可见，运用语言实验室进行教学，有利于提高学生学习的积极性和主动性，有利于提高语言信息的密集度和语言传播的流畅度，有利于教师及时、全面、准确地掌握学生的学习状态，调整教学策略，有利于提高语言教学与训练的效果。

5.1.3 微格教室

微格教学(Microteaching)通常又被称为“微型教学”，它是由美国斯坦福大学艾伦(D.Allen)教授等人创立的一种利用现代视听设备(摄像机、录像机等)，专门训练学生掌握某种技能、技巧的小规模教学活动。微格教室是在装有电视摄像、录像系统的特殊教室内，借助摄像机、录像机等媒体，进行技能训练和教学研究的教学环境。一般用于师范院校的学生和在职教师教学技能训练的模拟教学活动。

进行微格教学的一般方法是由受训者(人数以 10 人为宜)用 10～15 分钟的时间，对某个教学环节，如“组织教学”或“授新课”进行试讲。试讲情况由录像机记录，指导教师和受训者一起观看，共同分析优缺点，然后再做训练，直至掌握正确的教学技能。由于这一训练活动只有很少人参加，时间很短，而且只训练掌握某一教学技能，所以称之为微格教学，也叫微型教学。

微格教学技术自诞生后，得到了迅速推广和应用，尤其受到世界各国师范教育界的重视。目前，微格教学在欧美已成为教师培训的基本课程。在我国各类师范院校中，几乎都建有微格教室，微格教学的应用研究工作正在兴起。在我国其他高等院校（如体育、音乐类）中也相继开展了微格教学的应用。

1. 微格教室的类型及系统结构

从训练的规模来看，微格教室可分为标准型和集中控制下的分布式训练型。标准型微格教室一般由模拟教室(微型教室)、观摩研讨室、控制室、准备室和声锁间五部分组成，其结构布局如图 5.6 所示。分布式微格教室一般由示范观摩室、控制室和多间模拟教室(微型教室)组成，其结构布局如图 5.7 所示。

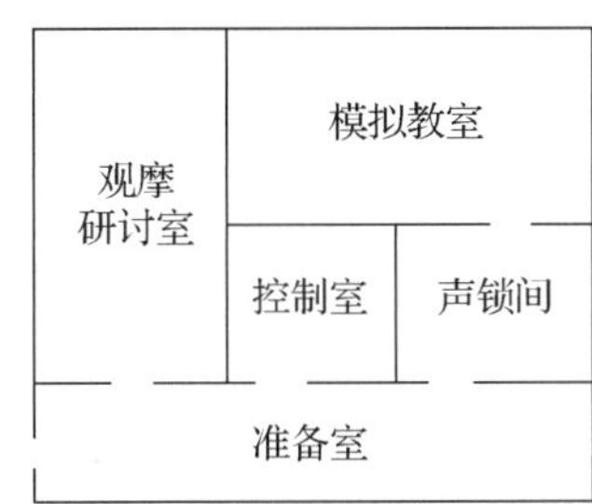

图 5.6　标准型微格教室的结构布局示意

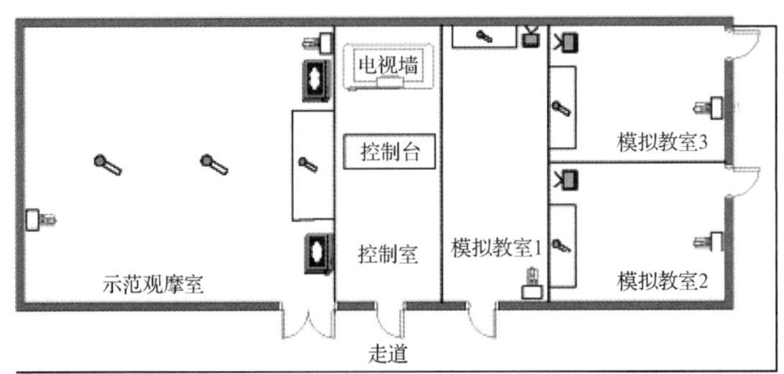

图 5.7　分布式训练型微格教室的结构布局示意

从技术模式来看，微格教室可分为视听型和多媒体型。视听型微格教室一般由摄像机、录像机、视音频切换器、混音器、监视器、云台控制器和话筒等多种视听设备构成，并通过视听技术手段实现教学实况录像、播放、转播、监控和示范教学等功能。多媒体型微格教室是在视听技术基础上引进多媒体技术和通信控制技术，通过多媒体计算机实现对各室的录像、播放、转播和监控，并实现对各室摄像机云台的控制。

从训练的内容来看，微格教室可分为教学技能训练型、实验技能(主要是理工科实验)训练型、运动技能训练型和音乐技能训练型等。

不同类型的微格教室，其系统结构稍有不同，最简单的微格教室可由模拟教室(微型教室)和控制室组成，但从系统的组成原理来看，微格教室都是由视频摄像系统、音频系统、切换转播系统和录像播放系统等部分构成的。

微格教室的基本组成单元。

(1) 模拟教室(微型教室)。模拟教室里装有话筒和摄像系统，用来拾取“模拟教师”的声音和教学活动形象。如有条件，还有另一台摄像机用来拾取“模拟学生”的学习反应情况。室内还设置有电视机，用来重放已记录的教学过程录像，供学生进行评价分析。

(2) 控制室。控制室装有电视特技机(信号混合处理器)、调音台(混音器)、录像机、视频分配器、监视器等设备。从每间模拟教室送来的“模拟教师”“模拟学生”教学活动的两路视频信号经电视特技台控制，一路送到录像机进行录像，另一路则可经视频分配器把教学实况信号直接送到观摩室，供同步评述分析。

(3) 示范观摩室。这是一个装有电视机的普通视听教室，把控制室中经视频切换器选择后的视频信号送到电视机上，即可实时同步播放教学实习的实况，供指导教师现场评述，使较多的学生观摩分析。

2. 微格教室的功能

1) 教学功能

(1) 教学模拟。微格教室可以同时开展一组或多组微格教学活动，同时对一个或多个学生进行模拟教学(或其他技能)训练。教师课堂教学基本技能包括导入教学技能、应变教学技能、讲解教学技能、板书板画教学技能、媒体演示操作教学技能、提问教学技能、反馈强化教学技能、归纳总结教学技能、课堂组织教学技能等，微格教室都应该具备训练这些技能的功能。

(2) 示范观摩。利用示范观摩室(也可兼作模拟教室使用)，可以让全班学生集中观摩教师的教学示范。往往在学生模拟教学之前，指导教师通过示范观摩室进行示范讲解，分析典型课例，组织学生观看优秀教师课堂教学录像，给受训学生或教师提供示范，以便仿效。

2) 管理功能

(1) 实况录像与播放。微格教室具有实况录像与播放功能，在中心控制室可以对各个模拟教室进行教学实况录像，并重播录像节目供各模拟教室观看，各室可以播放同一节目内容，也可以根据需要，不同室播放不同节目内容。

(2) 教学转播。微格教室具有转播功能，在中心控制室可以转播任一模拟教学现场供其他模拟教室或示范观摩室的师生观看。

(3) 监视。微格教室具有全方位的监视功能，在控制室的监视器中，可监视各模拟教室的教学活动实况。

(4) 控制。在控制室中，利用云台控制器可以控制各模拟教室的摄像头上下、左右移动和摄像头的调焦、变焦及光圈大小；利用矩阵切换器和录像播放系统，可以实现各路视频、音频信号的切换、转播和录像等功能。所有的控制操作均在控制台上完成。

(5) 对讲。在控制室，教师可以与任一模拟教室进行双向对讲，以便于学生遇到问题时，教师能提供及时的指导。

3. 反馈评价功能

1) 反馈及时、准确

在微格教室中，教师借助摄像监控系统可以实时掌握每一组学生的训练状况，学生在模拟教学训练后，通过及时重播录像，也可了解自己训练的情况。

2) 评价客观、全面

在微格教学训练过程中，具有多种形成性评价方式：可以是“教师”角色扮演者通过重播自己训练的录像，肯定成绩，分析问题，进行自我纠正和评价；也可以是同组训练的“学生”角色扮演者通过听课、一起观看重播录像，对“教师”角色扮演者的模拟教学情况进行讨论、分析和评价。此外，指导教师也要对“教师”角色扮演者的模拟教学情况进行全面的分析、评价，并提出改进意见。这些评价方式，对于帮助“教师”角色扮演者提高教学技能是及时有效的。

4. 微格教室的应用

微格教学是训练学生掌握技能的有效方法。要保证微格教学训练确有成效，有赖于教师课前的精心策划和课中良好的组织工作。

微格教学可用多种方式进行。

1) 单独授课形式

这是国外一些大学培养教师普遍采取的一种形式，我国也有一些教育学院用于对在职教师的培训课程。微格教学课程有作为公共课程开设和分专业开设两种方式。在课程中，通常把复杂的课堂教学技能进行分解，组成系统的教学技能体系，学生通过对各种教学技能逐一学习并演练，达到系统掌握的目的。如训练师范学生或在职教师的教学技能或音乐、体育等有关专业的技能。这种开课形式，学生实践的量多面广、系统性好，是微格教学的发展方向。

但它要求有完善的教学训练设施，有与之配套的文字和音像教材，有较强的指导教师队伍。

2) 作为教学法课程的一部分

这是指把微格教学作为教学法课程的一项课内实践内容。这是我国目前各级师范院校采用较多的形式。受课时的限制，学生训练的课题要注重典型性，体现具体学科的教学特点，并与学科内容密切相关。这是一种有重点的教学技能训练，对掌握学科特定的教学技能有帮助。

3) 作为教学实习的一部分

在教学实习中用部分时间进行微格教学，学生演练的内容与即将实习试教的内容一致。这种形式实质是运用微格教学的录像反馈提高实习预讲的质量。这种形式学生演练的实战感强、容易进入角色，组织与实施也容易。

4) 作为第二课堂开设

在暂时未能列入教学计划的情况下，可以利用课余时间作为第二课堂活动开设。例如安排在教学实习之前，结合实习内容进行。这种形式不受课时限制，实施起来较灵活。

5.2 教学信息资源环境

教学信息资源环境是指集中存储了丰富的现代教学媒体(主要是信息化教学资源)，同时还具备供学习者进行视听阅览的场所与设施的环境。教学信息资源环境以提供教学信息服务为主，具有两个特点：一是拥有大量的教学信息资源，二是向学习者提供自由的访问。

现代信息技术的蓬勃发展和普及应用，使得各种以磁、光介质为载体的数字化教学资源建设迅猛发展，知识的存储载体和传播方式将会随着信息化进程发生根本性变化。各级教育部门和各类学校都相继开发了数字化教材和网络课程，并建立了教学资源中心、数字图书馆、多媒体阅览室等教学信息资源环境。

5.2.1 多媒体阅览室

所谓多媒体阅览室是指利用视听媒体、计算机通信和网络设备等，为师生提供视听阅览电视、录像、视频软件和网络学习资源等多媒体信息的场所。多媒体阅览室是集电子型文献与印刷型文献检索、阅览、服务于一体的多功能、现代化阅览室；在光盘服务器、网络服务器和工作站的支持下，可扩展成远程检索系统的网络环境。多媒体阅览室在学校中既可单独建立，也可与学校图书馆建设相结合，成为信息化教学资源中心的一部分。

1. 多媒体阅览室的类型及系统结构

从管理使用的角度来看，多媒体阅览室分为以下几类。

(1) 开架式多媒体阅览室。学习者在这类阅览室内可以自由索取媒体进行阅读，需要外借时才登记借出。

(2) 集中管理式多媒体阅览室。这类多媒体阅览室，媒体集中在控制室内管理，学习者可以通过室内的管理系统或管理员，提出需要项目，由控制中心播放传输所需的媒体信息给学习者进行视听阅读。

(3) 基于多媒体计算机的多媒体阅览室。这类多媒体阅览室以多媒体计算机为核心，与校园网、国际互联网连接，学习者既可以阅读单机读物，也可以通过网络浏览教学资源中心、数字图书馆及其他在互联网上的教学资源。

从技术角度来看，多媒体阅览室分为以下几类。

(1) 用单机装备多媒体阅览室。用几台、几十台彼此独立的影碟机、录像机、电视机等视听媒体和多媒体计算机构成的多媒体阅览室，其优点是花钱不多、机动灵活；缺点是不能对网络版本的读物实现共享，这一类多媒体阅览室适合一些财力不足的单位或一些已购入计算机还未建立网络的单位，使已购入的设备继续发挥作用和效益。

(2) 用闭路电视系统方式装备多媒体阅览室。用闭路电视系统联网的方式将多媒体阅览室内的视听媒体装备成一个小型的闭路电视系统，终端只有显示设备，其他媒体由控制室集中管理，在学习者提出要求后，由控制室播放传输所需的媒体信息给学习者进行视听阅读。

(3) 用无盘工作站方式装备多媒体阅览室。在已建立的校园计算机网络的基础之上，可用无盘工作站的方式建立多媒体阅览室。这类阅览室可以由几台至几十台不装备硬盘、软驱与光驱的计算机组成。只要在服务器上装备有光盘塔，并在光盘塔上一次装入几十张网络版本的光盘读物，多媒体阅览室中的每一台计算机前的读者便可同时调用阅读其中的文献。这类多媒体阅览室的优点是设备配置的投入较少、管理比较简单，也不必担心读者会将系统配置文件搞乱；这类多媒体阅览室不仅能够通过网络阅读光盘塔中的网络版读物，还可通过网络查询本馆中的书目，以及通过互联网获取世界其他图书馆的信息资源。但不足之处是它不能利用现已存在、并且品种数量仍在不断增长的单机读物。

(4) 基于网络技术的多媒体阅览室。在已建立的校园计算机网络、有线电视网络的基础之上，用几台至几十台多媒体计算机和影碟机、录像机、电视机等媒体配备起来，即可构成网络环境下的多媒体阅览室。利用多媒体阅览室中的视听媒体，既可以阅读浏览单机版本的视听读物，又可以通过电视网络浏览观看教学节目；多媒体阅览室中的每一台计算机，既可通过网络共享光盘塔中的光盘文献读物，又可通过本机所带的光驱阅读单机版本电子读物，还可通过网络查询本馆的书目，并从互联网获取世界其他文献服务机构的文献信息。这是目前比较完备的阅览室，其功能区划分如图 5.8 所示。

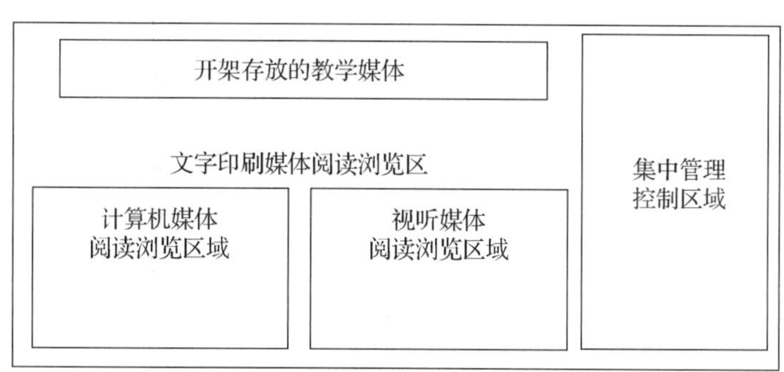

图 5.8 多媒体阅览室功能区划分示意

2. 多媒体阅览室的功能

多媒体阅览室是信息时代学生自主学习的主要场所，包括以下主要功能：

1) 公共阅览、检索和查询服务

多媒体阅览室可为学习者提供视听教学信息的检索和浏览服务。既可以通过影碟机、录像机和电视机等视听媒体观看视听教学资料，也可以通过网络观看教学电视节目，利用计算机进行视频点播。

多媒体阅览室可为教育科研提供各种电子型文献信息的检索和阅览服务。既可提供网络上的各种信息，也可检索光盘上的文献；既可提供摘要信息，又可提供部分文献的全文阅读。

连接到互联网的多媒体阅览室，可以使获取信息资源的范围得到极大的扩展。通过将“中国期刊网”“中国数字图书馆”等光盘数据库在校园网服务器上建立镜像等方法，检索查询各种学科专业数据库，并实现网上阅览或下载图书、期刊、论文等。

多媒体阅览室提供了联机检索、网络检索等多种检索系统和多种资源检索方式，有效地缩短了查询时间，提高了效率。在多媒体阅览室中，还能为读者提供扫描、拷贝、打印等系列化配套服务，查找、传送、打印、复制等均已实现自动化。

利用多媒体阅览室可以进行科技查询服务，为科研课题的立项、鉴定、报奖、申请专利等提供查询的检索服务，并出具国家级查询报告。

2) 多媒体教学

教师和学生可以通过资源库查询、浏览本地 Web 服务器上的各学科网上教材(以网页形式存在)，也可通过 Web 服务器浏览远端站点的教学资源。利用大量的多媒体教学软件进行多媒体教学，如多媒体英语教学、阅读多媒体英语文学光盘、计算机登记模拟考试等。同时，还可以对用户进行数字化文献信息检索阅览的教育培训，包括馆藏信息资源、网络信息资源、互联网信息资源分布、计算机检索技术、科技信息意识的宣传教育；科技文献检索与利用的教学；网络用户培训；等等。配合通信软件如 NetMeeting 等，实现网上协商学习；配合视频会议，支持远程教学。

3) 数字化信息生成、存储

以不同形式的载体存储的文献资料，如文件、图片、声像资料等，都能被转化成为计算机能够处理的数字化信息，存储于大型数据库中，或以光盘形式提供应用。

3. 多媒体阅览室的应用

多媒体阅览室作为学校数字图书馆、教学资源中心的一部分，丰富和扩充了传统阅览室的功能，为师生提供了丰富的阅览、检索和查询多媒体信息的服务；既是学生自主学习的主要场所，又是教师查阅资料、备课的场所，通过多媒体阅览室的网络服务可以访问校内外的图书馆，或浏览、利用互联网上丰富的信息资源。

利用多媒体阅览室可以开展多种教学模式。如以浏览视听教材、CAI 课件、教学网站和网络课程等为主的个别化自主学习模式；利用多媒体阅览室的网络实时或非实时的交互通信工具进行的小组协商学习模式和远程教学模式；等等。

5.2.2 教学资源中心

教学资源中心又称教育资源平台。我国教育资源公共服务平台是提供教育基本公共服务的一次创新。为深入实施国家教育数字化战略行动，大力促进基础教育高质量发展，教育部在原“国家中小学网络云平台”基础上改版升级了“国家中小学智慧教育平台”，于 2022 年 3 月 1 日试运行。平台试运行以来，资源更加丰富，应用更加广泛，运行安全平稳，有效支撑了“双减”工作，社会反响良好。

平台资源建设坚持“需求牵引、应用为王、服务至上”，尽最大努力满足学生、教师、家长等不同群体实际需要，服务学生自主学习，服务教师改进教学，服务农村提高质量，服务家校协同育人，服务“双减”和“停课不停学”。

一是资源总量得到大幅增加。平台在原有专题教育和课程教学两个资源版块的基础上，新增加了课后服务、教师研修、家庭教育和教改实践经验等四个版块，共有 36 个二级栏目。还外链了中国国家博物馆、中国数字科技馆、国家公共文化云、人民日报少年网、数字敦煌、北京大学考古与艺术博物馆、清华大学科学博物馆等一批重要专业网站。

二是资源功能注重全面育人。平台资源内容广泛，着力提高学生综合素质，促进德智体美劳全面发展健康成长，专门开设了党史学习、爱国主义、品德教育、科普教育、生态文明、体育锻炼、文化艺术、劳动教育等栏目；着力支撑“双减”和疫情防控等重大任务，专门开设了作业命题、课后服务、学科研修、“双减”经验和防疫知识、生命与安全、心理健康等版块栏目，还专门提供了心理援助热线；着力实现课上课下、校内校外全过程育人，既有覆盖多个教材版本的各学科各年级全部课程学习资源，又有丰富的课后活动、研学实践、影视教育、经典阅读、家庭教育等多方面的资源。

三是资源质量体现精品化。平台资源秉承“国家工程、质量至上”宗旨，坚持系统谋划、精心设计、严格标准、强化审核，切实把好政治关、坚持科学性、注重规范化。课程教学资源主要依托教育水平高的地区、办学水平高的学校、教学水平高的教师和制作水平高的团队开发建设，每节课都经过教学设计、备课研究、课件创作、反复打磨等环节；其他资源坚持广泛遴选、好中选优、应连尽链，确保资源精品化、专业化、体系化。

四是资源来源坚持集成共建。平台资源建设得到了中央有关单位、地方教育部门和部分高等学校的大力支持。北京大学、清华大学、中国人民大学、西安交通大学、北京航空航天大学等高校提供了丰富的各类优质资源，北京、上海、江苏等省市提供了优质课程教学资源。

1. 教学资源中心的组成

教学资源中心不是传统课堂教学的补充，而应是一种新的教学系统设计。在教学资源中心，学生可在教师的指导下独立地寻求知识，并要学会如何寻找。因此，教学资源中心应将可收集的各种媒体资料集中起来，给以合理的编目、索引；提供支持各种媒体的设备；还应具备供使用媒体个别学习或小组学习相应的用房和环境。

教学资源中心的组成如图 5.9 所示。

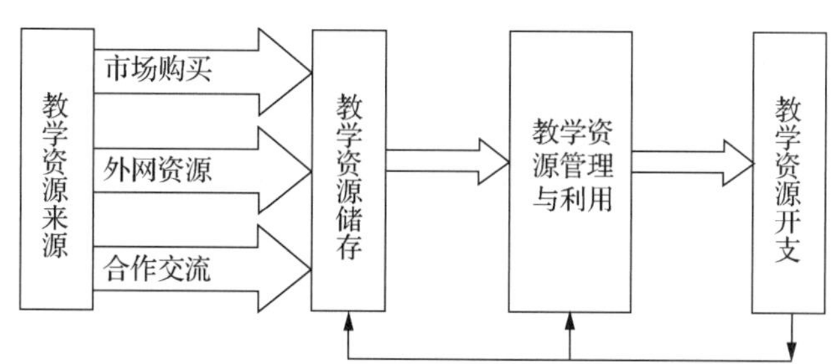

图 5.9 教学资源中心的组成示意

1) 教学资源的来源

(1) 购买各种各样的媒体资源。现代教育媒体的发展异常迅速，要掌握信息，及时购进符合教学需要的媒体。

(2) 建立与校外网络相连接的校园网络系统，这是一个重要的教学信息来源。

(3) 有开发条件和能力的学校应组织师生自行开发教学媒体资源。

(4) 通过校际合作交流，进一步扩大来源。

2) 教学资源的储存

教学资源的储存是要建立图书和各种媒体资源的储存库，包括设备库、图书信息库、软件库和网络资源库。

3) 教学资源的管理与利用

管理和利用既有矛盾又有密切联系，处理好两者的关系，以便同时达到两个有一定对立的目标。第一个目标：管理好各种媒体，不丢失、不损坏；第二个目标：方便师生充分利用，有较高的利用率和利用效果。因此，就出现了两种管理方法：一是集中管理，有利于达到第一个目标，却不利于第二个目标；二是开放式管理，不利于第一个目标，却极大地有利于达到第二个目标。

(1) 集中管理方法，就是将大部分重要的图书资料、媒体、信息资源和软件资源集中于库房统一管理。学习者在使用时，需办理借阅手续，或由学习者检索所需的信息源，然后再由集中管理的媒体信号控制系统输出，这样学习者就可在相应区域的学习终端上进行学习。

一般集中管理的教学资源中心功能区划分如图 5.10 所示。

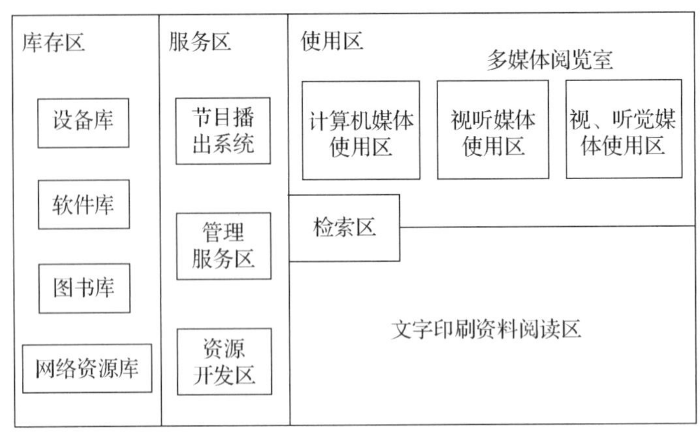

图 5.10　教学资源中心功能区划分示意

① 库存区。它是图书、硬件、软件和网络教学资源集中储存的区域，有专职人员管理和维护。

② 服务区。节目播出系统：管理人员根据学习者要求，播送媒体信号至媒体学习者的终端；管理服务区：学习者在这里向管理人员提出所需服务的项目，如借出图书、硬件和软件，或是要求传送某种媒体信号至某一区域学习终端等；资源开发区：教学资源开发的环境。

③ 使用区。计算机媒体使用区：这里放置联网的计算机终端，信号源来自资源中心的光盘课件、教学资源服务器，或来自外接的网络系统；检索区：学习者通过计算机检索，可查找出所需要的学习资源编码目录；视听媒体使用区：这里放置有几台至几十台放像装置，并有线路与信号播出系统连接，学习者可要求播放某内容，或借出录像带、U 盘、移动硬盘，在这里收听、观看学习；视、听觉媒体使用区：这里放置有幻灯机、投影仪、录音机等视、听觉媒体设备，学习者借出的幻灯片、投影片、录音带、CD 唱片等可在这里观看、收听。文字印刷资料阅读区：这里放置有供阅览用的桌、椅，周边放置有报纸、杂志和常用的参考书，方便学习者自由选取阅览，学习者也可从图书库借出书籍在此阅读。

由以上可见，集中管理强化了管理，但对学习者利用资源却增加了不同程度的烦琐程序。

当前大多数学校采用的就是这种管理办法。

(2) 开放式管理是指教学资源中心的图书资料、硬件和软件资源完全开架存放，任由学习者选取在教学资源中心内使用，若需要也可办理手续借出到中心外使用。这种管理办法，对管理人员来说增加了管理的难度，而对学习者来说，则提供了方便，有利于提高学习资源的利用率和利用效果。有条件的学校应该逐步采用这种管理办法，或部分采用这种管理办法。

4) 教学资源的开发

完善的教学资源中心，还应具有教学资源开发的环境，它主要是提供给教师利用，也可提供学生特别是师范院校的学生使用。教学资源的开发包括文字资料的复印，图片扫描，视频采集，光盘刻录与复制，幻灯片、投影片的制作，录音教材的复制与录制，电视教材的复录与编制，CAI 课件、教学网站和网络课程的开发等。

2. 教学资源中心的功能

教学资源中心是学校中学习信息最集中的场所，它在教学活动中的作用与功能是多方面的。

1) 资源共享功能

学校的教学资源中心是为全校师生服务的，资源能为多数人共享，充分发挥了资源的作用。

特别是教学资源中心网络教学资源，更能为网上更多的学习者共享；本校师生也能取得网上更多的信息资源去学习，真正起到了教学资源共享的功能与作用。

2) 综合服务功能

教学资源中心能为师生提供对多种媒体的教学信息资源进行阅览、检索和查询的服务。

可以阅读传统的印刷教学媒体；利用视听媒体观看视听教学媒体；通过网络观看教学电视节目；利用计算机进行视频点播；利用多媒体计算机和计算机网络浏览阅读数字化、云储存化或网络化的电子教材、CAI 课件、教学网站、网络课程和教学资源库的教学内容。

教学资源中心提供了传统人工检索查询、计算机联机检索查询、网络检索查询等多种检索查询教学资源的方式，有效地缩短了检索查询时间，提高了效率。

在教学资源中心，还能为学习者提供扫描、复制、打印等系列化配套服务，查找、传送、打印、复制等均已实现自动化、网络化。

3) 教学功能

教学资源中心有丰富的多种媒体的信息资源，为学习者个别化自学提供了充分的条件。

教师通过自学能及时掌握最新的科技成果，丰富教学内容，提高教学质量。学生通过自学，能扩大知识面、培养自学能力。另外学生在课后按教师的指导到教学资源中心去查找资料，完成某种探究性的学习与作业，使资源中心的学习成为课堂教学的重要补充。

教师可以利用教学资源中心的资源进行备课，有些教学内容的教学可在教学资源中心进行，也可借出资源中心的媒体到课室中去展示，充实了课堂教学的内容、媒体与方法，也可以远程调用教学资源中心的网络资源进行教学。

教学资源中心为学生提供课堂外的一个重要学习场所，学生能在这里按自己的兴趣与爱好，利用多种媒体去扩充自己的知识与能力，接触社会上更新、更广的信息，对全面提高学生的素质、促进素质教育可起到重要作用。

3. 教学资源中心的教学应用

新型的学校教学资源中心应担负着这样的重任：妥善收录、制作、编排和管理多媒体信息资源，为支持教学、充实教学活动、设计安排学习单元和课程进度方案服务，为信息社会所倡导的终身学习、休闲教育、陶冶情操和素质培养起到积极的推动作用。

教学资源中心应摆脱传统图书馆的影响及其收藏、整理、借还书籍等简单的管理模式。

它应该是一个集信息资产、教学咨询和有效管理于一体的机构，也是三者相互依存、相互规划和相互支持的系统。只有这样，才能真正发挥其为学校教学服务的功能和作用。

基于教学资源中心可以开展多种教学模式。如学生利用教学资源中心进行浏览印刷教材、视听教材、CAI 课件、教学网站和网络课程等个别化自主学习；教师利用教学资源中心的网络资源开展基于网络环境的课堂多媒体教学；还可以开展基于网络环境下的“资源利用—主体探究—合作学习”等多种教学模式。

5.2.3 数字图书馆

传统的图书馆以印刷资料为主，计算机的应用使图书馆进入自动化时期。20 世纪 70 年代出现了一批联机编目和检索服务系统；80 年代由于局域网的广泛应用，人们可以在一定区域如办公室访问图书馆的信息；90 年代国际互联网的迅速发展，使图书馆的概念开始由物理形式向电子化、虚拟化、数字化转变。

通俗地说，数字图书馆是运行在高速宽带网络上的、分布式超大规模的、可跨库检索的海量数字化信息资源库群。数字图书馆的前身是电子图书馆，包含了一些电子模拟信息和资料。20 世纪 90 年代以来，随着技术的发展，特别是 IBM 公司推出全球数字化图书馆计划后，“数字图书馆”一词就被普遍采用。从另一个角度讲，数字图书馆又被称为虚拟图书馆，即在本地图书馆之外，还有许多外地图书馆可以联机访问，电子信息中心和电子杂志中心也成为数字图书馆的重要成员。由于数字图书馆与传统图书馆相比，有查询方便、打破时空的局限、数字化的管理方式和信息的及时性等很多优点，20 世纪 90 年代以后，各种数字图书馆开始蓬勃发展起来。

近年来，伴随“互联网+”的飞速发展，数字阅读已经成为中国人获取知识、信息的主要方式，据《2020 年度中国数字阅读报告》统计，2020 年中国数字阅读产业规模达 351.6 亿，增长率达 21.8%；数字阅读用户规模达 4.94 亿，增长率达 5.56%，人均电子书阅读量 9.1 本，人均有声书阅读量 6.3 本。与此同时，人均纸质书阅读量 6.2 本，同比上年减少 2.6 本。

近年来随着现代信息技术的迅速发展，中国的数字图书馆建设已经取得了相当大的进步，为加快文化事业的繁荣发展，我国出台了一系列推动公共文化服务体系建设、提升公共文化服务能力的针对性政策。其中，开展数字图书馆建设便是重要途径之一。数字化图书馆是随着时代发展应运而生的。大数据时代，群众阅览、阅读方式发生了很大变化，阅读电子书已成为新常态，公共图书馆要发挥对于社会公众阅读的推动、引领作用，就应走在时代前列，顺应人们阅读方式的新变化，努力完善公共图书馆的数字化构建。

自 2011 年起，数字图书馆推广工程开始带动全国各级图书馆进行建设，并逐步实现平台、资源、服务相连。目前，已有 35 家省级图书馆、275 家市级图书馆、159 家县级图书馆接入数字图书馆网络体系，各级图书馆 839 个业务平台互联互通。人类的数据存储已经进入 PB、EB 量级时代，对城市数据存储提出了空前挑战。在大数据时代，数据的爆炸式增长超出了人类的想象，以知识存储为基本责任的图书馆应该如何应对呢？近年来，国家就特色文化产业方面的发展，提出了一系列政策要求。图书馆是文献信息中心也是历史积淀和文化传承的场所，拥有丰富的文献资源和历史遗产。互联网技术不断发展，尤其是“互联网+”发展，使得图书馆数字化逐渐成为图书馆发展的重要趋势。

数字经济成了我国文化产业发展的新动能、文化消费新的增长点和推动文化领域供给侧结构性改革的重要抓手。数字经济在推动文化产业转型升级、引领文创新业态方面发挥着重要作用。《2019—2020 中国数字出版产业年度报告》显示，2019 年国内数字出版产业整体收入规模为 9881.43 亿元，较 2018 年增长 11.16%。网络文学、数字阅读整体收入达 600 亿元。2020 年数字出版产业规模超万亿元，溢出效应更大。

数字图书馆可以将大量纸本资源通过数字化技术重组、建设、展示，更大范围为公众提供文化资源，真正实现公共文化服务均等化、学术研究文献系统化的要求。随着大数据时代的来临，各种阅读新载体纷纷涌现，大多是电子产品；各种阅读新样态更迭频繁，大多为数字呈现。图书、报纸、期刊作为我国传统新闻出版单位的主营业务，一直颇受重视。近年来，传统出版单位纷纷推进转型升级、融合发展工作，加快实施数字出版业务，取得一定成效，但与其他新业态相比，增长仍然缓慢。目前国内图书情报单位都在积极增建各类型数字化图书馆，其中既有国家级项目，也有地方省市级项目，还有商业性数字图书馆项目。

中国图书馆的数字化探索，将不再囿于传统的业务管理模块，而是进一步展开数字资源的加工与传播，为公众提供全文数据库和多媒体信息处理、图文查询等服务。在推动图书馆数字化建设时，要树立创新发展理念，与其他博物馆、美术馆等公共文化结构融合，促进文化事业的互联互通、协同服务。同时要以用户需求为核心，充分利用大数据、云计算等先进技术，持续提升服务体验。另外，要将数字图书馆建设成果向贫困地区、少数民族地区倾斜，确保全民都能享受到公共文化服务，避免出现严重的地区不均衡现象。加强不同地域数字图书馆之间的有效整合是数字图书馆发展的必然趋势，不仅能使带有不同特色的图书馆形成一股合力，共同推进中国知识经济的发展，还能在很大程度上增强中国的文化软实力。

2020 年，新冠肺炎疫情的暴发及 5G 商用的普及加速了阅读从数字化向数智化转型。数字阅读行业不断探索“5G+”阅读模式，AI、AR、VR 等新技术、新模式拓展了云端图书馆、云书店等数字阅读的新空间和新场景，数字阅读领域的云服务、物联网进入发展快行线。

数字图书馆充分将数字信息技术应用于图书馆各项服务中，几乎所有的图书信息都能以数字化形式获得，读者通过网络访问图书馆的文献数据库系统，如电子杂志、电子图书、多媒体音像资料等；图书馆通过局域网、校园网、国际互联网连接到办公室、教室、家庭等，使人们能很方便地共享各种资源。

数字图书馆工程是运用现代高新技术所支持的数字资源系统工程，涉及信息资源加工、存储、检索、传输和利用的全过程，是学校信息化建设不可缺少的重要内容，是知识经济的重要载体。

1. 数字图书馆的特点

1) 信息处理的数字化

传统图书资源一般以印刷形式存在，20 世纪七八十年代缩微技术的发展使得主要文献能制成缩微制品。而在数字图书馆中，所有资源均以数字形式存放在物理介质上通过网络使用。原有的书本、录音、录像可通过扫描、音视频捕捉转换形成数字形式。一些公司提供先进的压缩技术来减少存储量，从而使数字化的多媒体资源越来越多地出现。经过数字化处理的信息，保存期长，信息可在互联网上传递。

2) 信息传递的网络化和管理的数字化

当前数字图书馆大多采用客户机/服务器的网络化存储和管理模式，主要有两种服务器：图书馆服务器和信息对象服务器。前者管理数据目录、索引和查询，后者管理数字化的对象资源。客户通过客户机向图书馆服务器发出请求，图书馆服务器把收到并处理过的有关信息送给信息对象服务器，信息对象服务器按要求把信息资源发送给客户机。数字化资源可以是文本、图形、图像、音频、视频信息等，存放在对象服务器的大容量硬盘、磁带或光盘上。

计算机网络是数字资料传输的通道。基本的传输网络，如综合业务数字网(ISDN)、ATM高速网和有线电视广播网是数字资料有效传输的环境。只有在高速的网络环境下才能进行多媒体传送乃至视频点播等数据量非常大的服务。用户可通过本地局域网、有线电视网、互联网来获取各种数据信息。

数字图书馆是计算机管理与网络管理的有机结合，每一个图书馆使用者都具有一个对应号码，每一本图书、每一份资料都具有一个对应号码，这样利用数字就可以管理所有的使用者及所有的图书馆资源。网络上每一个人、物或事件都有一个对应的数字化接口，利用数字接口可管理网上的所有信息资源，还可以减少图书馆工作人员的工作量。

3) 信息检索查询方便有效

数字图书馆具有大信息量、高流通速度、方便的查询手段等特点。其中最引人注目的就是图书查询服务，它能利用各种查询方式方便地帮读者查询图书，如果不知道书名，还可用作者查询，或模糊查询，当然还有主题、关键词检索、书号等其他查询方式，查询结果会以尽可能详细的分条目形式展现给读者。如果某家图书馆没有所需资料，重新输入一个网址，即可到另一家图书馆查找。这些都极大地方便了读者，为他们节省了时间和精力。

随着 WWW 的发展，传统的关键词索引，以及文本类型的文件检索已不适应网络发展的需求，出现了网上快速全文检索和按自然语言方式进行查询的方式。当前对智能搜索工具和多媒体影像的检索提出了新要求，如按照图像颜色、纹理、灰度，以及音乐的曲调旋律进行查询的问题，正得到广泛的关注。

4) 信息资源的开放性

数字图书馆是基于网络的系统，由于网络的开放性，有相应权限的用户可以在任何地方、任何时间，通过上网获得查询信息、预约文献、漫游浏览各种信息等多种服务。这些服务是多方面、多形式、多层次的，还可以在网上与相关学者、专家探讨交流，其效率远高于传统图书馆。

数字图书馆可为所有人服务，没有人数、开放时间的限制。同一个信息资源可以同时供给多个人查阅，只要接入网络，有相应权限就可以使用这些资源，极大地提高了信息的使用效率。读者可以在远方进行续借、预约、查询个人借阅情况等操作。数字图书馆具有无限的扩充能力，将成为世界上最大的图书馆。

5) 信息资源的及时性

数字图书馆可以让读者了解到最新的科技动态，学习最新的科技内容，而传统实物图书馆则因为图书出版周期等问题，往往使读者不能及时了解最新的发展动态。

6) 信息的安全及用户权限管理

数字图书馆的安全问题十分重要，要重视各种用户权限的管理及版权问题，防止非法访问，确保资源不被滥用。如标记数字化图像的技术，类似水印的加密技术等。

2. 基于 Web 的数字图书馆的系统结构

目前很多校园网上的数字图书馆都采取基于 Web 的访问方式，在 Web 上访问数字图书馆的多媒体数据库可不分地域获取世界范围内的图书馆信息资料。基于 Web 的校园数字图书馆结构如图 5.11 所示，整个系统由用户浏览器、Web 服务器、多媒体数据库服务器、数据库创建与维护系统四部分组成。

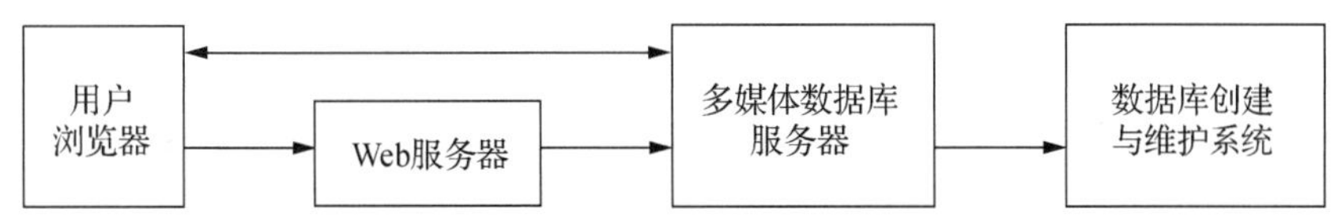

图 5.11　基于 Web 的校园数字图书馆结构

在校园网上，用户通过浏览器不仅可以访问丰富的 Web 信息，而且还可通过 Java、CGI 或 API 等接口对数据库进行存取，获得动态的 Web 数据，扩展可访问的信息源。Web 服务器提供 Intranet(内网)服务，管理 HTML 构成的信息空间，并提供对数据库的存取接口。基于内容的检索引擎也可以嵌入 Web 服务器中，对 Web 信息进行检索。多媒体数据库由 MDBMS 内核引擎(包括事务管理、查询优化、恢复管理和常规数据的储存管理等)、基于内容的检索引擎和层次型存储管理子系统构成。实用的多媒体数据库系统也应具有管理常规数据的能力。数据库创建和维护系统负责创建和定义数据库，并对数据库进行插入、修改、删除等维护工作。对于多媒体数据，要经过特征提取处理，特征和原始数据分别插入数据库中，并针对多维特征建立索引。

3. 数字图书馆的功能

数字图书馆提供的对外服务是以先进的网络环境为基础的开放服务。数字图书馆系统采用浏览器—服务器的方式，向终端用户提供数字图书服务。在网上的任意用户都可以使用 Web 浏览器来访问数字图书馆，完成系统登录、检索图书、阅读图书、评论图书、维护书签等操作。用户提出的服务请求和系统响应都是通过标准的 HTTP 协议进行的。目前先进的数字图书馆都具有以下几项功能。

(1) 海量信息。互联网是世界上最大的数字化图书馆，世界各地的数字化信息资源通过互联网或以一个内容丰富、结构清晰、使用极为方便的目录引导形式展现在读者面前。目前，全世界已有 600 多所公共图书馆、大学校园图书馆及 400 多个学术机构，将其联机馆藏目录通过互联网免费对外开放，形成一个无墙的图书馆。

(2) 资源共享。服务对象分布在校园、全国、世界各地，用户无须考虑自身的物理位置即可获取远地的共享资源。

(3) 使用方便、快捷。标准友好的用户界面使读者无须特殊训练即可对付各种信息资源的检索操作，更好、更快地获得信息。互联网上一些信息检索工具使用了菜单、图标、超文本等友好的可视化界面及近于自然语言的询问检索。

(4) 多媒体化的信息和全文检索功能。信息内容不局限于目录、文摘，能获得全文和影像多媒体信息。

(5) 提供自我服务和请求帮助的数字化咨询系统。前者通过一定软件自动引导读者使用数字化图书馆资源；后者随时提供读者帮助，如各种信息专家接受联机访问咨询，有的使用人工智能的计算机专家系统来解决疑难问题。

数字图书馆服务模式一般由三个部分和附加层组成：用户界面、网络和通信、本地信息源和外部信息源，以及附加的咨询系统，如图 5.12 所示。

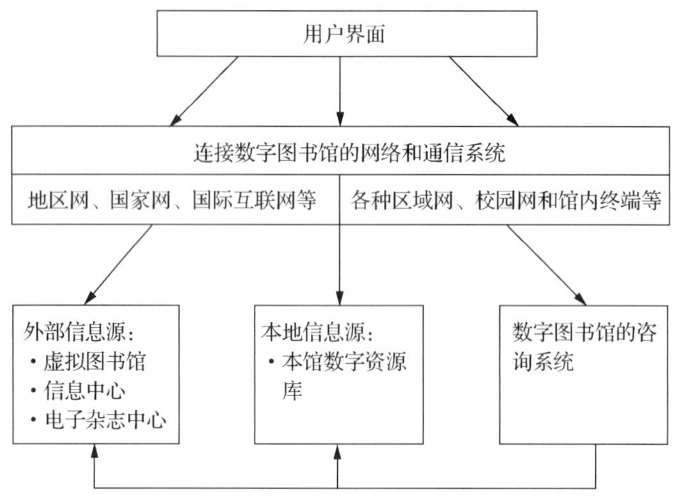

图 5.12　数字图书馆的一般模式

4. 数字图书馆的应用

目前，我国许多学校采用引进和自建数据库的方式构建了相当规模的数字化信息资源，通过数字图书馆、多媒体阅览室和校园网、互联网等多种途径为广大师生提供越来越方便的信息服务，极大地提升了我国教育科研队伍获取信息和知识的能力。

1)　学校数字图书馆的主要应用

(1)　科研。科研课题从立项到完成，都需要大量的信息资源作支撑。通过数字图书馆的科研课题导航索引，将分布在网络各信息点上的相关信息资源进行集中、分类、整理、加工，为课题提供系统的导航索引，使研究人员不断获得该领域的前沿研究动态和最新进展资料，从而使零散无序的信息变成整体有序的宝库，让数字图书馆充分发挥其科研服务的功能。

(2)　教学。数字图书馆中丰富的学科资源是教师备课和开展教学研究活动的主要教学资源，教师从学科资源中下载自己所需要的素材，经过加工整理，最后形成 PowerPoint 课件或者基于网络的 CAI 课件、专题学习网站、网络课程等网络教学资源，用于教学或供学生在线学习。

(3)　素质教育。数字图书馆为开展自主探究式学习、专题研究式学习和小组项目协作式学习等多种学习模式提供了丰富的资源，为开展多种素质教育活动提供了良好的环境，有利于培养学生的信息素养、学习能力、合作能力和创新能力。比如，教师向学生提出问题或任务，提供相关背景和素材，学生可利用数字图书馆搜寻大量与问题或任务有关的素材、资料，自行检索、分析、整理形成报告(或完成作品)后，再由教师来组织学生交流、讨论和评价，最后总结归纳。与传统教学相比，这种问题探究式的学习模式，使学生发掘和掌握的知识量呈倍数级增加，而且易于记忆和理解，充分发挥了学生的主观能动性，培养了学生多方面的能力。

(4) 远程教育。目前，在互联网中已拥有大量大型联网图书馆，其中有丰富多彩的网络学习资源，如网络期刊、电子图书、参考工具资料、政府信息、新闻、图书馆网上公共目录、学位论文数据库、电子论坛及各类网络学习资源指南等，为人们终身学习和实施远程教育提供了丰富的、可共享的信息资源，学生在如此海量的信息中将会如鱼得水。数字图书馆可以将学习的课堂延伸到任何时间、空间领域，改变了传统教学场地的单一性、授课方式的被动性、学生学习的压抑性，大大激发了学生自主学习的兴趣和热情，为培养自主学习能力，建立终身学习体系创造了良好的平台条件。

从教育角度看，数字图书馆是一个巨大的教育资源库，同时也是一个学习环境，数字图书馆不仅给学校带来学习资源，而且带来了信息时代的学习观念、习惯和模式。在新学习理念的指导下，学生的研究性学习、自主性学习、合作性学习等学习模式将日益普及与流行，学生的科研能力、自学能力、协作能力等将得到有效的培养。随着数字图书馆内容的不断丰富，功能的不断完善、提升，它必将会为未来教育发挥更大的作用。

2) 我国主要的数字图书馆

(1) 中国数字图书馆。这是以国家巨额财政投入建立的国家数字图书馆工程为基础，充分依托中国国家图书馆丰富的馆藏资源和国家数字图书馆工程资源建设联盟成员的特色资源，借助遍布全国的信息组织与服务网络，建立起来的目前我国规模最大的数字图书馆。

(2) 中国期刊网。中国学术期刊网是清华大学和中国学术期刊光盘版电子杂志社主办的一个学术文献及学术期刊查阅网站。

(3) 超星数字图书馆。由广东省立中山图书馆与北京时代超星公司共同建立的有偿借阅网站。除以上几个规模比较大的数字图书馆外，我国华东师大、上海图书馆等单位建立的数字图书馆也在不断完善与发展之中。

5.3 网络化教学环境

网络化教学环境是指利用视听技术、通信控制技术、多媒体技术和计算机网络技术，将分散的媒体化教学环境按一定的教学功能要求进行物理连接，以构成一种全新的网络化教学环境。目前，学校建设的网络化环境有多媒体演播型教室、多媒体网络型教室、校园计算机教学网络和校园广播电视网络等。随着教育信息化的普及，网络化教学环境的建设将日益显示其作为学校现代化教学环境建设的重要意义和应用价值。

5.3.1 多媒体演播型教室

多媒体演播型教室，通常简称为多媒体教室，是指将传统教学媒体(如黑板或白板、挂图、模型等)、视听媒体(如电视机、录像机、录音机、CD 唱机、影碟机、功放机、扬声器、话筒、幻灯投影机、视频展示台等)和计算机媒体等按一定教学功能进行整合、集成，并以某种方式接入网络(广播电视网或计算机网)，能实现文字、图形图像、视频、音频、动画和课件等多种媒体的播放与控制，以及网络资源调用、转播的教学系统。目前我国各类学校建设的多媒体教室，大多属于这一类型。

1. 多媒体演播型教室的类型及其结构

多媒体演播型教室根据媒体配置和教学功能差异，又可分为以下几类。

1) 简易型

它是在综合型视听教室的基础上，装配了多媒体计算机、音视频切换器、功率放大器等，通过音频切换器和视频切换器能将各种设备连接成图像与声音两个系统，多媒体计算机输出的 VGA 视频信号转为 TV 视频信号后，能在电视屏幕上呈现，并有电视网络接入功能，基本上具备开展多媒体教学的条件，其结构如图 5.13 所示。

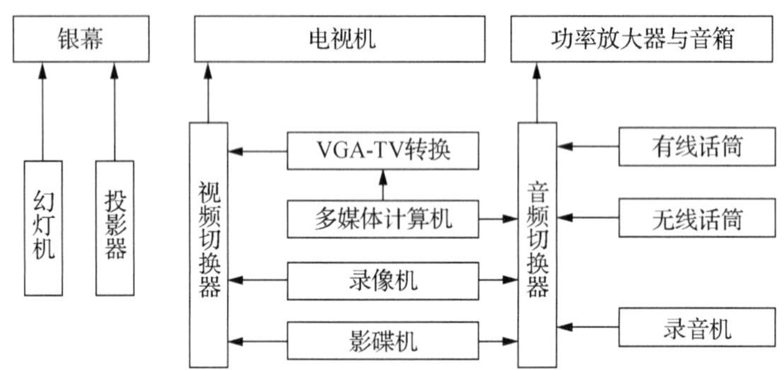

图 5.13　简易型多媒体教室结构

2) 标准型

标准型比简易型增加或改用了一批较高档次的设备与技术，如多媒体投影机、视频展示台等，其主要设备通过集成控制系统连成一体，多媒体计算机、录像机、影碟机、视频展示台等音视频信号可直接输入、输出，由控制面板统一操控。采用多媒体投影机进行图像输出，能显示大画面的视频或 VGA 图像，并有校园电视网络或计算机网络接入功能。其结构如图 5.14 所示。

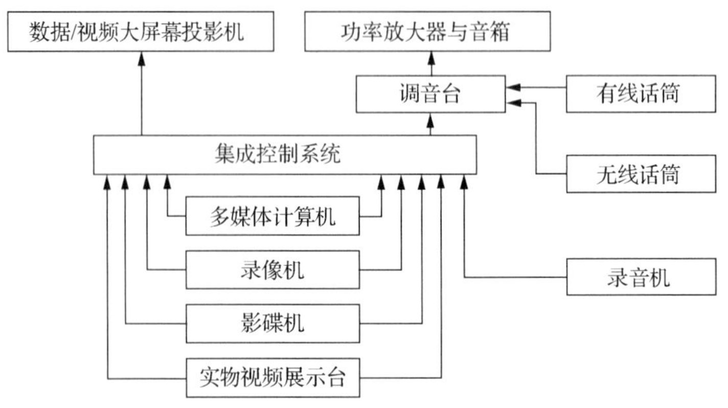

图 5.14　标准型多媒体教室结构

为了方便对多媒体教室内多种设备和设施(如银幕、灯光、窗帘等)的操作与控制，集成控制系统把操作与控制的功能键集中放置于讲台的一块面板上(称为控制面板)，使用控制面板实施各种操作与控制。常用的控制方式有以下几种。

(1) 按键开关式。它用线路连接各种媒体设备的控制信号，用手动按键开关操作。特点是简单、可靠、价格低等。

(2) 计算机触摸屏式。它是通过计算机触摸屏去控制计算机主控机的输出，从而实现对各种设备与设施的操作与控制。这一方式技术先进、使用方便，但价格较高。

(3) 计算机软件控制方式。通过运行在多媒体计算机上的软件进行控制，软件界面也非常直观，使用方便。

(4) 网络控制方式。基于网络播控的多媒体演播型教室的系统配置如图 5.15 所示，其中多媒体计算机和网络中央控制器均具备联网功能，可以独立设置或结合设置，并配置管理软件，构成多媒体教室的集成控制系统，可通过网络对多媒体教室的设备、设施进行远程控制和管理。

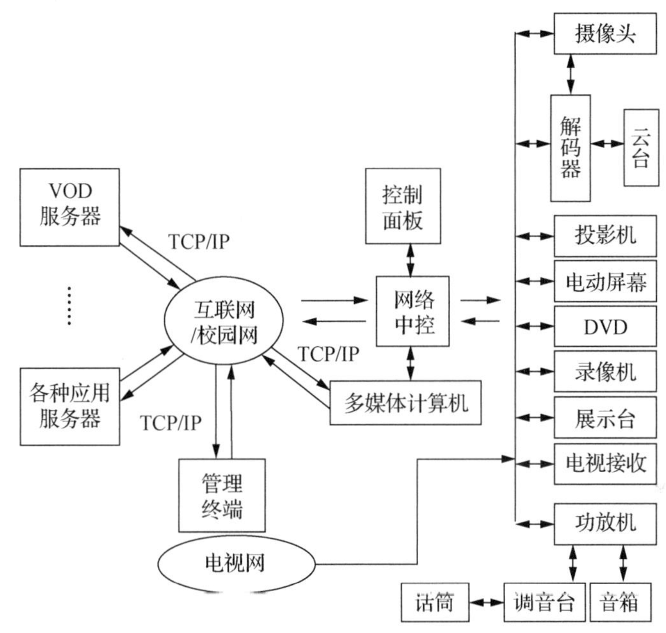

图 5.15 基于网络播控的多媒体演播型教室的系统配置结构

3) 多功能型

多功能型多媒体演播教室是在标准型的基础上增加了以下设备。

(1) 摄录像装置。在教室装配有 2～3 台带云台的摄像机，用于摄录师生的教学活动过程。摄像信号传送到中心控制室记录储存，或同时传至其他教学场所供观摩、演示。

(2) 学习信息反馈分析装置。该装置能令全班同学在座位旁的按键上对教师提出的问题作选择性地回答。它通过计算机收集与分析学生的学习信息，使教师能及时全面了解学生的情况，更有针对性地进行教学活动。多功能型多媒体教室的结构如图 5.16 所示。

4) 学科专业型

该类型是在简易型或标准型配置的基础上，增加一些某种学科教学特殊需要的设备，如生物课教学需用的彩色显微摄影装置、音乐教学需要的 MIDI 等，以构成某一学科专用的多媒体教室。学科专业型多媒体教室结构如图 5.17 所示。

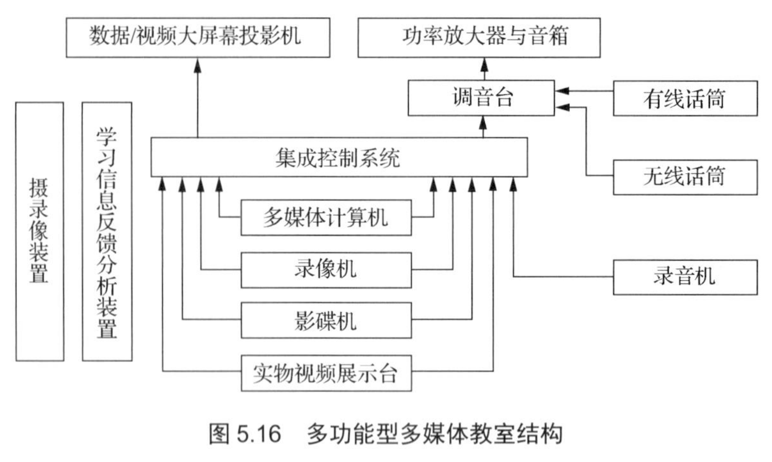

图 5.16　多功能型多媒体教室结构

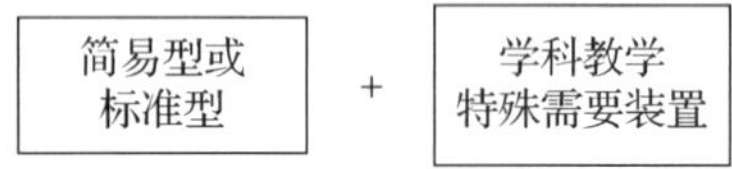

图 5.17　学科专业型多媒体教室结构

2. 多媒体演播型教室的教学功能

1)　控制和管理功能

(1)　基本功能。使用者可以通过控制台和控制面板很方便地操作教室的设备和设施，实现各种媒体的演播、切换功能。

对基于网络控制方式的多媒体演播教室，还具备：

(2)　远程控制功能。使用者可在教室通过网络电子“举手”，向管理终端的管理人员提出帮助请求，进行双向对讲；管理人员利用管理终端通过校园网，对教室的集成中央控制系统及其接入设备进行远程监测、控制、管理和维护。

(3)　智能管理功能。利用管理软件系统可以根据课表对教室进行自动控制，某教室有课，管理系统可以自动在上课前 5 分钟打开该教室的中控系统，使教室设备处于预备状态；若下一节没有课，管理系统可以在下一节上课 5 分钟后关闭中控系统和投影机。

(4)　安全防盗功能。教室端通过 IC 卡，实现“插卡即用”“拔卡即走”功能；系统对控制讲台的使用门、维修门进行布点防盗；对投影机进行红外式的防盗，防盗信息通过网络送到远程管理终端，并实时地进行声光报警。

2)　多媒体演播和教学实况转播或录播功能

演播型多媒体教室具备的基本教学功能有幻灯投影教学、电视录像教学、广播录音教学、多媒体计算机辅助教学等。对基于网络播控的多媒体教室，还可将课堂教学实况和教师用的电子讲稿或播放的课件进行实时压缩，通过校园网络直播系统直播给听课教室和网上其他用户；或存储于流媒体服务器中，支持基于校园网的 VOD 点播和 AOD 点播，实现异步授课；也可实时收看远程教学中主讲教室的示范教学，实现同步听课。

3. 多媒体演播型教室的教学应用

多媒体演播型教学系统由于具有强大的多种媒体演播功能、集成控制功能和网络接入功能，目前广泛应用于课堂演播教学、培训、远程网络教学、会议报告和各种演示等方面。

多媒体演播型教学系统用于课堂教学，可通过文字、图形、图像、实物、电视、录像和动画等多媒体信息的演播来展示事实、模拟过程、创设情境和设疑思辨，开展多种教学模式。如以教师讲授为主、辅以媒体演播的讲播式教学模式；运用媒体演播，提供示范，然后让学生模仿练习的示范式教学模式；运用媒体创设情境，引起学生联想，激发学生兴趣的情境式教学模式；运用媒体设疑思辨，引导学生探究的引探式教学模式；等等。需要指出的是，关于多媒体演播型教学系统的应用，目前正处在探索与研究阶段，随着应用的不断深入，相信会有更多适合教学目标要求和学生学习的教学模式产生。

由于这类多媒体教室的规模可达200～300人，甚至更多，投资相对较少，但收益面广，又能与传统的课堂教学相衔接，因此使用普遍。

5.3.2 多媒体网络型教室

1. 多媒体网络型教室的结构

多媒体网络型教室，简称网络CAI教室，是指分布在一个教室范围内的用于课堂教学的计算机局域网络。网络教室的组成比较简单，计算机数量较少时，由集线器(Hub)和双绞线连成共享式局域网，比较大的网络教室(计算机数量大约80台以上)，则需要交换机或交换式Hub组成局部交换式的网络，如图5.18所示。

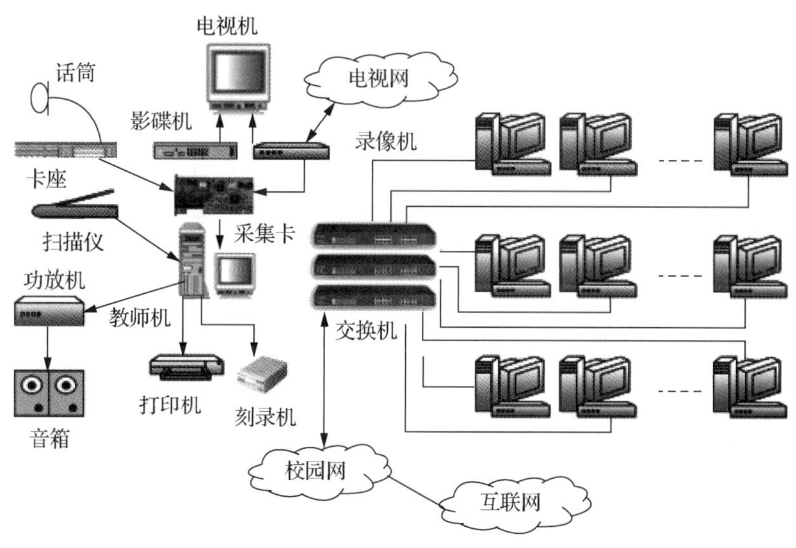

图5.18　多媒体网络型教室系统结构

多媒体网络型教室一般配置如下。

1)　与互联网连接

为便于存取校园网和互联网上的教学资源及开展网上交流，网络教室应通过校园网或ADSL与互联网连接。

2)　配置多媒体设备

学生机应配置网卡、声卡、CD-ROM、耳机等部件，教师机加配采集卡、投影仪、扫描仪、TV卡等部件。

3) 安装控制系统

控制系统是以计算机网络系统为基础，在教师机和学生机上加相应的硬件或软件，对教室的设备进行控制和信息资源的传输与共享，使计算机网络的功能得以实现。网络教室的这种控制系统大致分为纯硬件型、纯软件型和软硬结合型。纯硬件型控制系统，像巨龙多媒体产品等，教学信息和控制信号通过教师机控制面板、视音频传输卡、传输线和学生套件进行传输。在纯软件型控制系统中，所有的数据和控制信号都是通过网络进行传输的，不需要额外的硬件，但对软件和网速有比较高的要求。纯软件型的产品有清华泰豪、苏亚星多媒体教学网、苦丁香多媒体教育网等。软硬结合型介于两者之间，既有硬件部分，也有软件部分；其特点是把教学内容信号和控制信号分开进行传输，应用的产品如金山 TOP 多媒体视听教学系统等。

4) 配置教学信息资源

教学信息资源是网络教室最重要的组成部分，没有教学信息资源，网络教室就没有应用价值。教师机通常存放本地教学资源库，如辅助备课资源库、学习资源库、资源开发与搜索工具等。

2. 多媒体网络型教室的主要功能

1) 实时广播教学

教师可以将屏幕内容或讲话声音传递给全体学生、部分学生或单个学生。实时广播包括屏幕广播和声音广播。屏幕广播不仅在一定程度上发挥黑板的作用，还可以插入各种精美图片、音视频动画和图像，丰富黑板的功能，提高课堂教学效果；声音广播使网络教室具有了语音室的功能。

2) 远程控制

教师可根据教学活动的实际需要，要求学生机远程执行某种命令，达到相应的控制效果。比如对学生机器进行锁定或解锁、关机或启动等。

3) 学习监督

通过学习监督功能，教师可以在自己机器上观看和检查网络上全体学生、某个小组学生或个别学生的屏幕信息。这样教师不用离开自己的位置就可以了解学生的活动情况，及时进行指导或教学活动控制。

4) 实时分组

实时分组是指教师在教学过程中可以对全班学生按机号进行分组，组成学习小组开展学习或竞赛活动。

5) 在线交流

通过在线交流功能，师生之间、生生之间可以相互交流信息。交流的方式可以是语音交流，也可以是文本交流。

6) 电子举手

在教学过程中，学生如果想提问，可以随时通过自己的计算机请求发言，即所谓的“举手”。教师机上可以随时看到关于学生的“举手”信息，并决定是否允许学生提问。

3. 多媒体网络型教室的教学应用

利用多媒体网络教室可以有效地完成多种教学任务，其应用形式主要有以下几种。

1) 多媒体课堂教学

在教学过程中，通过文本、声音、动画、图像、图片等符号表达教学信息，可以激发学生的兴趣，提高教学效率和质量。在网络教室中，可以方便地将各种符号信息集成在一起，开展多媒体课堂教学，甚至可以把其他学校的直播课堂或网上学习资源引入课堂，极大地丰富教与学的资源，有效地解决了一般教室上课信息符号单一、静止化问题。同时可以让教师在不影响其他同学学习的情况下，对学生进行个别指导交流。

2) 电子备课

教师开发电子课件经常遇到两个问题：一是相关资料不足；二是文件较大不容易移动。在网络教室备课可以解决这两个问题，网络教室中资源库可以为教师提供丰富的资源，教师还可以把做好的课件存入资源库供课上调用，解决了磁盘装不下、不便于移动的问题。在网络教室备课还有一个好处就是可以实现资源的共享，例如，如果学校购买一份资源，一般只能给一位教师使用，有了网络教室就可以把资源存入服务器或教师机同时供多位教师使用。

另外教师不断把课件存入资源库，可以使资源库不断得到丰富，为教师间的交流共享提供途径。

3) 学生利用网络教室资源进行自学

学生可以利用网络教室服务器提供的学习资源进行自我学习。如果网络教室连入互联网或校园网，则为学生自学提供了一个更加开放的资源。

4) 网络练习和测试

教师可以通过网络教室为学生提供课堂练习或进行考试，既避免了打印、发放试卷的麻烦，又可以及时了解学生答题情况，甚至可以当场完成试卷评判，免于收批试卷的劳累，可以更集中精力备课。

5.3.3 校园计算机网

校园计算机网络系统是指将校园范围内的具有独立功能的计算机、终端和网络通信设备等，用通信线路连接起来，按一定方式进行通信并实现资源共享的系统。校园计算机网络系统往往由多个计算机局域网组成，同时又与外部的计算机网络(如 Cernet 或互联网)相联。

1. 校园网的体系结构

校园网覆盖范围比较大，包括整个校园。校园地理环境复杂程度不同，采用的技术也不同，但一般使用主干加分支交换式结构。主干网的技术选型有四种：快速以太网、千兆以太网、ATM 网和 FDDI 网；主要包括服务器、交换机、路由器、传输介质(包括光纤、双绞线)等设备。本书主要讨论校园网的功能和教学应用，关于其具体技术和结构形式，读者可参考有关技术类书籍。校园网络的体系结构一般由网络基础层(包括校园视频网络、校园数字网络和基础教学设施)、信息资源层(包括教学资源库、数字图书馆和综合信息库等)、技术支持层(包括网上办公平台、网上教学平台、网上科研平台和公共服务平台等)和应用服务层(包括电子身份认证系统、电子商务系统和个性化服务界面等)四部分组成，如图 5.19 所示。

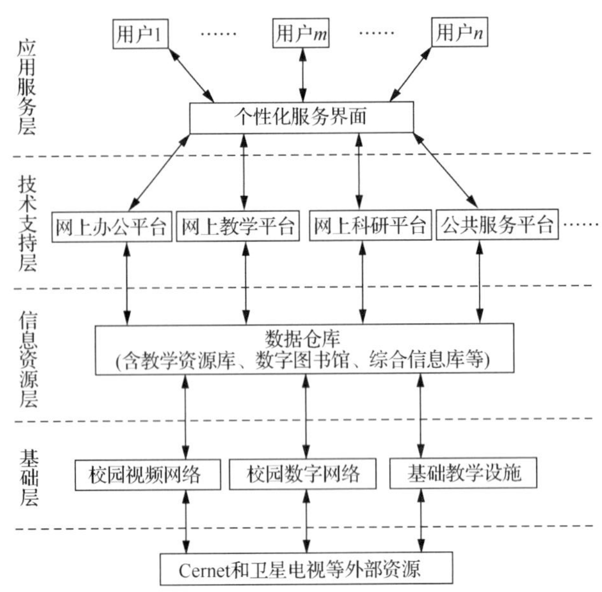

图 5.19　校园计算机网络体系结构

2. 校园网的主要功能

1)　教学功能

(1) 充分利用校园宽带计算机网络系统建立海量的教学信息资源库，实现高质量教学资源的共享与传播。

(2) 建立网络教学平台、视频广播和视频点播平台等，实现基于网络环境的同步实时和异步点播等多种形式的学习方式；促进高水平的师生互动，促进主动式、协作式、研究型的学习，逐步形成开放、高效的教学模式。

(3) 创设良好的信息网络化环境，更好地培养学生的信息素养，以及解决问题的能力和创新能力。

2)　科研功能

(1) 利用校园宽带计算机网络系统及时了解国内外的学术前沿信息和科研动态，促进科研资源和设备的共享，加快科研信息传播。

(2) 促进学校教师参与国际性学术交流，开展网上合作研究。

(3) 建立科研信息数据库，利用网络平台促进最新科研成果向教学领域的转化，以及科研成果的产业化和市场化，提高科研的创新水平和辐射力。

3)　管理功能

(1) 建立基于网络运行的办公自动化系统，利用计算机网络技术实现校内各职能信息管理的自动化。

(2) 实现学校内部上下级之间和部门之间更迅速便捷的沟通，实现不同职能部门之间的数据共享与协调。

(3) 提高决策的科学性和民主性，提高管理效率，减员增效，形成充满活力的新型管理机制。

4)　服务功能

(1) 在公共服务体系方面，逐步建立覆盖学校教学、科研、管理、生活等各个区域的宽带高速网络环境，在校园内建立电子身份及其认证系统，提供面向全体师生的基本网络服务和正版软件服务。

(2) 建设高质量、大容量的数字化图书馆和档案馆，为实现学校教学、科研和管理的信息化提供强有力的支撑。

(3) 在学校社区服务方面，逐步建立适应后勤社会化改革需要的各种网络化服务项目，包括电子商务、电子医疗等，为师生员工提供便捷、高效、集成、健康的生活和休闲娱乐服务，形成智能型的社区服务体系。

3. 校园网的教学应用

1) 网络教学

网络教学是指在校园网上利用网络和多媒体技术构筑的教与学环境(或称虚拟课堂)，如教学网站、学习网站、网络课程、网络教学平台等，使身处异地的教师和学生相互听得到、看得见。这样学习者不受时间和空间的限制，只要将自己的计算机连接到校园网中进入上述教学环境，通过键盘、鼠标和耳机进行学习或者与其他同学交流。

2) 教学资源库的建设与利用

教学资源库是将各个学科的教学资源进行精选并汇总在共享的数据库中，通过校园网进行发布，从而让全校教师和学生利用其中的丰富资源。建设教学资源库可以对教学资源实行集中管理，为教师选择有效的教学资源、开发高质量的教学课件提供支持，使优秀的教学信息在全校范围内共享。主要形式有涵盖各学科的教材教案库、素材库、案例库、试题库、教育动态文献资料库、课件库等。

5.3.4 校园广播网

广播是各类学校，特别是中小学教育管理工作中不可缺少的设备，是一种非常廉价而有效的教育媒体，它能及时地传递信息、翻译信息、发现和利用信息，适用于学习、教育和培训。它在对学生进行思想品德教育和开展文娱体育活动等方面，都起着重要的作用。近年来，尽管视频技术、计算机技术和网络技术在飞速发展，但广播系统仍以它的实用性、经济性、便捷性被各类学校所应用。

1. 校园广播网的类型

按信号传送方式不同，我国各类学校现有的校园公共广播网可分为两类，即有线广播和无线广播。一般来说，无线广播建设成本较低、收听方便，但需配备接收机，调频发射受频率限制，传输效果易受空中干扰，收听效果难以得到保证。有线广播无须配备接收机即可收听，并且基本上能保证收听效果，但需要架设专门的线路，建设成本较高。

1) 有线广播系统

校园有线广播系统是通过线路(导线、电缆、光缆)将广播信号送到各个终端扬声器的有线网络系统。

传统校园广播系统由广播节目源(包括传声器、录音机、CD 唱机等)、信号前级放大处理设备、功率放大器、其他周边设备及线路负载(扬声器)组成。

随着多媒体计算机硬件水平的提高和相应专用软件的开发，目前“智能广播系统”已经开始了实际的应用。智能广播系统就是利用多媒体计算机、通信等技术，以传统的广播系统为基础，根据用户对广播系统功能的要求，由计算机来控制、管理、播放的广播系统。

如图 5.20 所示是一个智能有线广播系统的示意图。

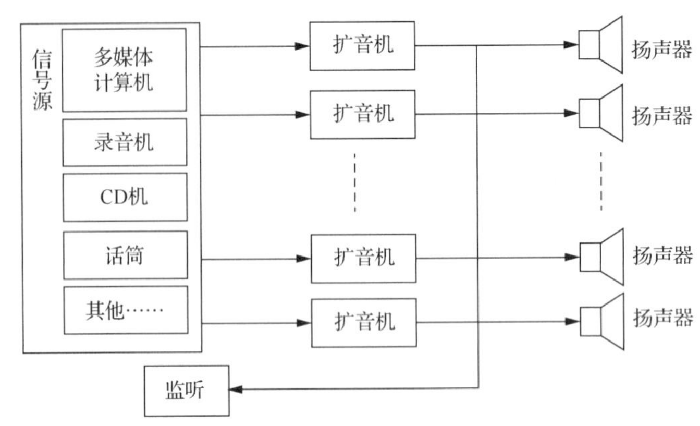

图 5.20 智能有线广播系统示意

2) 无线广播系统

校园无线广播系统是通过无线电波的形式将广播信号送到各个终端扬声器或耳机的无线网络系统。

无线广播系统是由广播节目源(包括传声器、录音机、CD 唱机、多媒体计算机等)、信号前级放大处理设备、功率放大器、调频发射机、传输信道(环形闭合天线或其他调频天线)和接收机(无线耳机)等组成。无线广播系统与有线广播系统的主要区别是传输信道的不同，有线广播是利用电缆来传输广播信号，而无线广播是利用无线电波来传输信号。

无线广播系统的传输信道，亦即发射天线的布设有以下三种方式。

(1) 室外整体式布线法。即将导线环绕整幢大楼平行布设，或将几幢大楼区域环形布线。其优点是布线简便、收听范围大，缺点是同一时间只能播放一种内容的节目。其系统示意如图 5.21 所示。

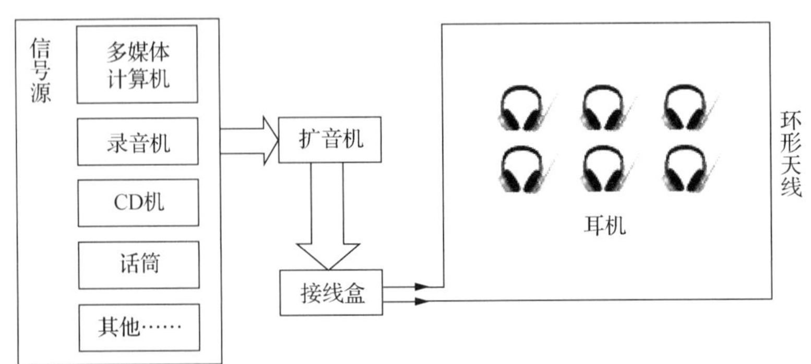

图 5.21 室外整体式布线法的无线广播系统示意

(2) 室内分离式布线法。室内分离式布线法是相对于室外整体布线法而言的，它的主要特点是以单个教室为布线单位，兼顾录音(扩音机)和传输导线、环形天线之间的阻抗匹配，并将同一纵向布线教室之间连接起来，引至放音室，建立数个放音声道；大面积统一使用时再将数个放音声道合为一体，由一台录音机作为总信号源，通过功放后对所有布线教室同步放音。这样就为单个教室上听力课、课外播放数套语音节目和大面积听力训练创造了条件，也使学生配备的耳机在多种教学场合下都有用武之地。

(3) 采用调频广播电台的调频发射方式。该系统由前端的广播节目源、调频发射机、调频发射天线和许多终端“随身听”(小型调频接收机)组成，前端设备不仅具有放音、话筒扩音等功能，而且具有无线发射功能，其覆盖半径可选择相应功率的调频发射机以覆盖整个校园范围。教学节目或教师的讲解可以通过前端设备向有限的校园周围空间进行无线传送，学生则用“随身听”的耳机或其他调频广播接收机收听。其系统示意如图 5.22 所示。

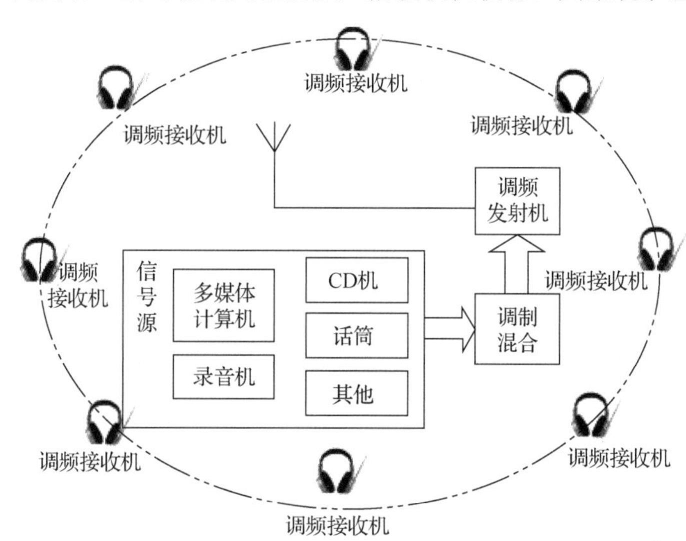

图 5.22 调频无线广播系统示意

2. 校园广播网的功能

目前广泛应用的有线或无线智能广播系统，一般具有以下几项基本功能：

1) 多路不同节目同时广播

系统可提供一套至数十套立体声广播节目，可同时进行多个不同班级、年级语言课程的教学及考试。

2) 授权管理

主控系统采用计算机控制，可视化控制界面，直观、操作简便，通过中心控制室的操作平台可对广播终端进行授权管理。

3) 定时自动播放

根据学校教学和管理的需要，系统可预排播放课表和各项广播任务。开机后，系统自动播放各种教学节目、上下课铃声、广播操、眼保健操、国歌等，并可存储、修改、编辑播放表。

4) 分区广播和定点广播

系统可根据学校的需要对某个教室、某个年级或全校，进行定点广播、分区、分组广播，向学生提供多内容、多语种的校园广播节目。各个收听点可根据不同的需求收听不同的节目。

5) 支持多种文件格式播放和音频插播

系统支持播放各种音乐节目；计算机播出系统可以播放所有数字音频文件格式，如WAV、MID、WMF、MP3 等；可实现传声器插播广播。

3. 校园广播网的应用

校园智能广播系统具有多路广播、定点广播、分区广播、自动定时广播等多方面功能，可同时开展不同班级、不同年级的语言教学、听力训练、听力考试，早、中、晚外语广播和普通话广播等教学活动；还可以进行校园新闻广播、接收电台广播、各种讲话广播、报告广播和通知广播等不同的广播形式，营造良好的校园文化环境。

5.3.5 校园有线电视网

校园有线电视网是综合运用远程通信、计算机网络、卫星广播和有线电视广播等多种技术，主要利用有线电视网络来实现视音频电视节目的实时播放、传送、显示，以及其设备的同步控制的电视网络系统。

1. 校园有线电视网的系统组成

1) 校园有线电视网

校园有线电视网由前端、信号传输网络和终端(电视接收)三部分组成，有线电视网络的简繁程度视要实现的功能及用户终端的规模而异。图 5.23 是一个双向播控的校园有线电视网络系统结构示意图，前端和终端都有控制对方相应设备的控制器。

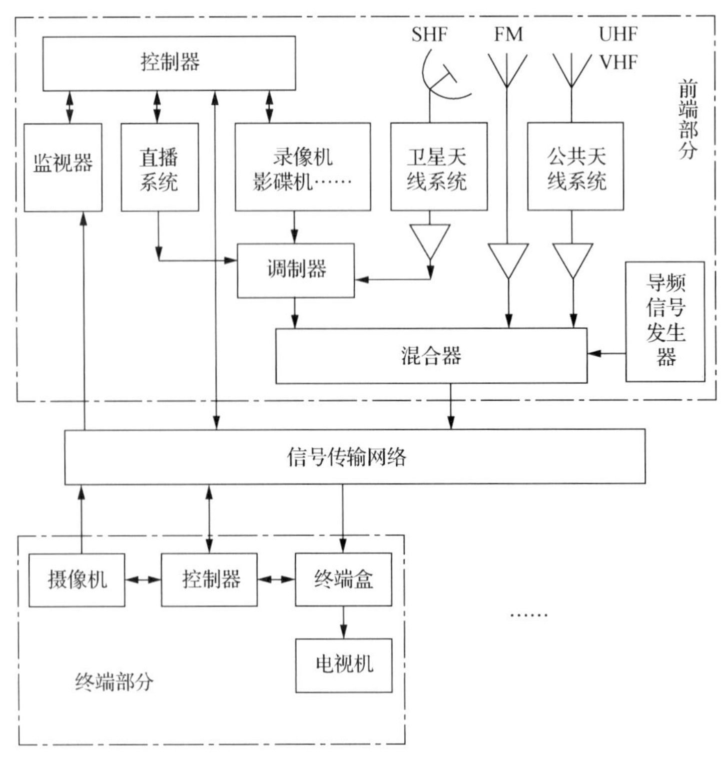

图 5.23 校园有线电视网络系统结构示意

前端部分的主要作用是把天线接收到的电视信号和语言广播信号、卫星地面接收站接收的卫星电视信号、自制的电视节目，或者其他有线电视系统送来的多种信号源进行频道转换，把不同的电视节目信号分别调制到相应的频道，再进行放大、混合等处理后成为一路宽带信号进行传送，以满足远距离传输的要求。

前端部分主要由信号源及信号处理设备组成。信号源通常有 VHF、UHF、FM(调频广播)和 SHF(卫星电视广播)等频段的接收设备，还有摄像机、录像机等自办节目用的设备。信号处理部分的设备主要有频道放大器，用于放大来自天线的某一频道的电视信号；天线放大器，用于放大来自天线的一定频率范围的电视信号；频道变换器，将广播电视节目的频道变换到与系统相适应的频道；视/音频切换器，有选择地输出若干路相同或不相同的录像节目，满足终端课室的各种需要；调制器，将音、视频信号调制为射频信号输出；导频信号发生器，产生自动电平和自动斜率控制信号，自动补偿和自动调整传输干线的电缆衰减、干线放大器的增益和频率特性的变化；混合器，把多路射频信号混合为一路信号输出，以防止信号源之间的互相干扰。

信号传输网络的功能是将前端部分输出的混合信号通过电缆网络输送到用户终端，它主要由主干线和若干分支线、各种放大器及分支器、分配器组成。放大器的功能是用来补偿信号在电缆中传输所带来的损耗，保证各终端的信号电平达到要求，以获得满意的收视效果。

分配器是用来分配电视信号并保持线路匹配的装置，它能将一路电视信号等功率地分成几路输出，通常安装在干线与支线或各分支线之间。分支器是从分支线或干线上取出一部分信号能量反馈给终端电视机或分支线的部件。它有一个输入端，一个主路输出端，一个或几个分支输出端。分配器和分支器是无源部件，而各类放大器则需低压供电。

终端部分包括电视机或监视器及信号源插座等。插座可以根据电视机输入阻抗的数值选用 300Ω或 75Ω两种阻抗插口，需要接收调频广播的还可以加装调频广播插口。

2) 卫星广播电视系统

所谓卫星广播电视系统，是指利用地球同步卫星向预定地域转发广播电视节目的电视系统。卫星广播电视系统是开路电视系统的特殊形式，是校园有线电视网络的节目信号源之一。

卫星广播电视系统由上行站、星体和地面站三部分组成，如图 5.24 所示。

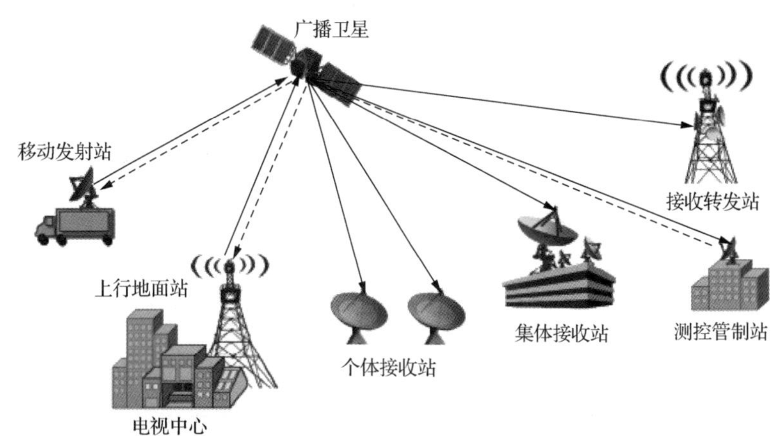

图 5.24 卫星广播电视系统结构示意

上行站包括节目调制发送设备、监测设备、遥控遥测设备及发送天线。主要任务是传送卫星电视节目，跟踪控制同步卫星，发送指令等。

星体主要由电源、遥测指令系统、转发设备和天线四部分组成。

地面接收站的接收设施一般由天线(抛物面天线)、高频头和卫星接收机组成。地面接收站的基本工作原理是用高增益的天线对准同步卫星，从卫星上发来的电视信号经天线收集放大，然后经高频头、卫星电视接收机对信号进行两次变频放大、解调等技术处理，还原出视频信号和伴音信号。具体如图 5.25 所示。

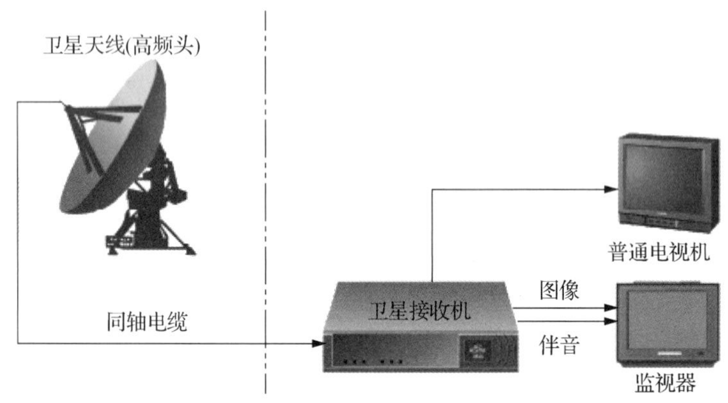

图 5.25　卫星地面接收系统

2. 校园有线电视网的功能

1)　接收转播电视节目

校园有线电视网可以接收并向终端转播无线电广播网、卫星电视网、有线电视网、其他闭路电视网的电视广播节目；还可以加入自办的电视节目，如定时播出校园新闻、专题电视节目、召开全校范围的电视直播会议等。

2)　电视广播教学

利用该网络，可以对联网的教室进行电视广播教学。连接网络的各教室通过网络可以接收各种教学电视节目信号，可以向控制中心预约播出电视或录像节目，也可以调用并控制教室或中央控制室的设备，播放录像、录音、VCD、DVD、CD 等多媒体信息。

3)　示范教学

利用该网络可以转播连接网络的某一教室的教学实况，进行不影响课堂的观摩教学、课堂实况录像及教学实验观测。

4)　教学监控

该系统能进行教学监控管理。如果联网的教室装有摄像系统，在中央控制室能监视各教室的教学实况，如进行考试监控管理，发现问题能及时传递管理指令。

3. 校园有线电视网的应用

校园有线电视网由于具有强大的接收、转播和直播教学电视节目的功能，目前广泛应用于学校的课堂演播教学、培训、远程网络教学、会议报告等方面。校园有线电视网用于课堂教学，可开展多种教学模式：如以教师讲授为主、辅以电视插播的讲播教学模式；运用电视录像演播，提供示范，然后让学生模仿练习的示范教学模式；通过播放电视节目创设情境，引起学生联想，激发学生兴趣的情境式教学模式；等等。

利用校园有线电视网，可以召开全校电视会议，进行各种讲话、通知等电视广播；可以播放校园电视新闻等贴近学生的电视节目，可对学生进行思想品德和行为规范教育，有利于学生形成良好的思想品质和良好的行为习惯；可以播放爱国主义教育影片，对学生进行爱国主义教育；可以播放文学、艺术影视精品，创造一个潜移默化的文化、艺术、美育教育环境，营造良好的校园文化环境，陶冶学生的情操。

思考题

一、填空题

1. 视听教室广泛应用于各类学校的课堂演播教学，通过________、________、________、________、________、________等多媒体信息的演播来________、________、________和________，可开展多种教学模式。

2. 在几种语言实验室中，________的功能最先进，它集________、________、________及________于一体，具有很强的________，使教学更加________、________；可以促使学生进行探索式、发现式学习；能充分调动学生学习的积极性，促使他们通过思考和努力来获得新的知识；可以大大地减轻教师的劳动强度，有效地提高教学质量。

3. 校园有线电视网的功能包括________、________、________、________。

二、选择题

微格教室的管理功能包括以下的(　　)。

A. 示范观摩　　B. 反馈　　C. 教学模拟　　D. 对讲

三、简答题

1. 视听教室的类型，按媒体配置的方式不同，可分为简易型和综合型两种。那么简易型的特点和综合型的特点分别是什么？

2. 语言实验室的组成形式多种多样，从不同的角度来看，语言实验室有不同的分类方式。从装配方式来看，语言实验室分为哪几种？并简单介绍。

3. 多媒体学习型语言实验室的特性有哪些？

第6章 教学设计

本章学习目标

1. 正确解释教学设计的基本概念；
2. 理解教学设计所依据的理论基础和教学设计的基本原理；
3. 说明教学设计的一般过程和基本环节；
4. 说明教学对象分析(或称学习者分析)的主要内容；
5. 结合实际教学内容，陈述相应的教学目标；
6. 结合实际教学内容，说明教学媒体选择的依据；
7. 结合自己的专业课程，设计一个单元的教学活动方案。

6.1 教学设计的基本概念

教学设计是 20 世纪 60 年代以来逐渐形成和发展起来的一门新的实践性很强的应用科学，是教育技术学领域中很重要的一个分支。教学设计最早萌芽于第二次世界大战中的军队和工业培训领域，到 20 世纪 60 年代才逐渐被引入学校教育中。目前，教学设计在正规的学校教育、全民的社会教育和继续教育，遍及工业、农业、金融、军事、服务等各行业、各部门的职业教育和培训领域中都得到了广泛的应用。本章介绍的教学设计理论和方法主要涉及中小学课堂教学领域。它是广大中小学教师在课堂教学中研究教学过程、落实素质教育的教学技术，也是设计开发各种教学媒体所依据的理论和方法。

6.1.1 教学设计的定义

教学设计是运用系统方法分析教学问题和确定教学目标，建立解决教学问题的策略方案、试行解决方案、评价试行结果和对方案进行修改的过程。它以优化教学效果为目的，以学习理论、教学理论、传播学理论和一般系统理论为理论基础。

1. 教学设计的研究对象

教学设计的研究对象是教学系统。教学系统是由教师、学生、教学内容、教学媒体和教学方法等要素所构成的。任何一种教学活动都必须具备这样一些要素，都是在特定教学目标的指引下，由这些要素组成的具有整体功能的有机统一体。由于功能大小不同，教学系统又可分为课程设置计划、课程大纲、单元教学计划、课堂教学过程、教学媒体材料等不同的层次。可以说，整个教与学的活动都是教学设计的研究对象。

2. 教学设计的研究目的

所谓设计，是指为了解决某一问题，在开发某些事物和实施某种方案之前所采取的系统化的计划过程。设计的本质在于决策、问题求解和创造。教学设计就是为了更有效地达到教学所预期的促进学生发展的目标，针对教学过程中所出现的问题，设计、试行、评价和修改解决问题方案的过程。因此，教学设计的最终目的就是优化教学效果。具体地说就是提高教学质量和教学效率，使学生在单位时间内能够学到更多的知识，提高学生各方面的能力，使学生获得良好的发展。

3. 教学设计的研究方法

由于教学设计的研究对象是教学系统，而教学系统是为了达到特定的教学目标而由各要素按照一定互动方式组织起来的结构、功能集合体，所以作为一个计划的过程，教学设计须应用系统方法来研究、探索教学系统中各个要素(教师、学生、教学方法、教学媒体、教学内容、教学组织形式等)之间的本质联系，通过一整套具体的操作程序，使各要素有机地配置、协调，从而更好地完成教学系统的功能。

4. 教学设计的理论基础

教学设计作为教育技术的主要研究领域，同教育技术一样，也是以下面四种理论为基础的。

(1) 学习理论。教学设计重视为学生的学习创造环境，是根据学生的需要构建不同的教学方案，在充分发挥学生潜能的基础上促进学生潜能的进一步发展。因而教学设计必须充分了解人类的学习本质以及学习的形成机制，即必须以学习理论作为其理论基础。

(2) 教学理论。教学设计是在既定教学目标的指引下，分析教学问题、设计、试行、评价以及修改解决教学问题方案的过程，为了解决好教学问题就必须遵循和运用教学客观规律。因此教学设计必须以教学理论为理论依据。

(3) 传播学理论。传播学理论说明了教学传播过程所涉及的要素，揭示了教学过程中各个要素之间动态的相互联系。因此，教学设计应以人们对传播过程的研究所形成的传播学理论作为理论基础。

(4) 一般系统理论。教学设计的研究对象是教学系统，对教学系统的设计离不开对系统要素的分析与综合，要设计最优的教学过程，最初教学目标的设定、控制教学目标的指向和各种因素的操作就显得非常重要，也只有把教学设计根植于系统方法进行设计与操作，才能做到对教师、学生、教学内容、教学条件、教学方法等各种教学要素进行综合、系统的考虑，协调它们之间错综复杂的关系，制定出最优的教学策略，并通过评价、修改来实现教学过程的优化。因此，教学设计应以一般系统理论为理论依据。

5. 教学设计的结果

教学设计的结果是经过验证，能实现预期功能的教学系统。它们既可以是直接应用于教学过程、完成预定教学目标的教学资源，比如文字教材、声像教材、计算机辅助教学软件、辅导手册及测试题等，也可以是对某门课程的大纲及实施方案的设计，或者是某一单元、某一节课教学计划的详细说明。

6. 教学设计的学科性质

在庞大的教育科学体系中，教学设计作为教育技术学的主要领域，具有连接和应用的学科性质。教学设计是对教和学双边活动进行设计的，为了优化教学效果，教学设计不仅关心教师如何教，更关心学生如何学，因此它把研究人类学习心理机制的学习理论和探讨教学规律的教学理论在设计实践中连接起来，应用于教学实践，并不断地检验和发展教学与学习的理论，形成一套教学设计独有的具有很强操作性和实践性分析、解决教学实际问题的理论和方法。

7. 教学设计的指导思想

教学设计作为教育科学中的一门学科，是以一定的教育观念为指导思想的，这种教育观念就是现代教育观念。现代教育观念是在传统教育观念基础上发展起来的，主要表现在以下几个方面。

(1) 它强调教与学的辩证统一，既重视教师在教学中的主导地位，又重视学生在学习中的主体地位，努力让所有学生都处于教育的优势之中，激发其学习的内驱力，鼓励学生积极参与学习过程，从而获得成功的学习。

(2) 变传统的知识教学观为现代的发展教学观。强调教学不应仅停留在封闭式地传授知识与技能的，而应在知识技能基础上开发学生的智能，让学生学习到不断更新的知识和掌握知识的认知过程，特别是通过创设学习情境，鼓励和启发学生自己去探究知识、得出结论、解决问题，从而培养与发展学生的认知结构和学习策略，培养学生处理信息的能力，培养学生批判性、创造性思维和解决问题的能力。

(3) 变单一的、面对面的集体授课方式为个别化学习、小组协作学习与集体授课等多种教学组织形式的合理配置，目的是创设有利于学生自主学习的环境。

(4) 它强调教学目标和教学评价，提倡建立明确、清晰的教学目标以及建立以教学目标为参考的评价学生学习结果的客观标准，以促进教学活动的开展。

6.1.2 教学设计过程模式及其组成部分

模式是再现现实的一种理论性的简化形式，教学设计过程的模式是心理学家、教育学家、教育技术学家在教学设计的实践过程中逐渐形成的，运用系统方法进行教学开发、设计的理论性的简化形式。教学设计学科的主要进展往往同开发可靠性强、适用性好的模式有着密切的关系，由此可见，有关教学设计过程模式的研究在教学设计领域有着重要作用。由于教学背景和应用水平各不相同，导致数百种教学设计过程模式的产生。教学背景是指教学设计过程模式应用的背景，大致可分为初等教育、中等教育、高等教育、企业培训与政府机关培训四大类。不同教学背景对教学设计过程的要求各不相同，适用于一种背景的教学设计过程模式未必就适用于另一种背景。

除了教学背景外，教学设计过程模式的应用水平也各不相同。应用水平划分的主要依据是模式应用对象人数的多少，目前一般分为七种应用水平：大众水平、机构水平、课程水平、学科水平、单元水平、课堂水平和模块水平。大众水平的教学设计可能是一个全国性的成人继续教育计划；而为某区小学教师提供职业培训则属于机构水平的教学设计；为某大学专业教学设计四年课程计划是课程水平的教学设计；学科水平的教学设计往往局限于一门特定的学科，比如确定数字电路这门学科的教学顺序；单元水平的教学设计是设计某门学科某单元教学的具体课题或任务；而在具体教学过程中的教学安排则需有课堂水平的教学设计来完成；模块水平设计是一种微型设计，比如确定如何进行正弦三角函数的教学。

由教学设计过程的一般模式可知，尽管数百种模式各不相同，但是可以归纳出模式的基本组成部分，它们是学习需要分析、学习内容分析、学习者分析、学习目标的阐明、教学策略的选择与制定及教学设计成果的评价。其中学生、目标、策略和评价构成教学设计的四大基本组成要素。

这里有几点需要说明的是：第一，我们把教学设计过程划分成诸种要素的目的是使我们更加深入地了解、分析、掌握和发展整个教学设计过程的技术。在实际的教学设计工作中，我们应在系统思想的指引下，使各要素相辅相成，发挥整体功能，优化教学效果；第二，我们应当认识到教学系统是个开放的系统，教学过程是个开放的过程，它所涉及的如环境、学生、教师、教学媒体等各个因素也都是处于不断的变化之中的；第三，我们应当认识到，虽然该一般模式把教学设计过程的诸要素按一定的线性排列，但它们之间的关系并不是单纯的线性关系，而是相互影响、相互制约、错综复杂的非线性关系。

因此，教师在进行实际的教学设计时，应根据实际的教学问题。依据教学设计的基本原则，在学习借鉴别人模式的同时，充分把握教学设计过程的各要素，创造性地设计教学方案、教学材料，开发并形成自己的教学设计过程的模式。本章后几节分别对教学设计过程的基本组成部分进行介绍。

6.1.3 学习教学设计的意义

1. 有利于教学工作科学化

在传统教学中，虽然设计活动也普遍存在于教师的教学实践，但那些设计活动大多是凭借教师个人的经验和意向做出的，其设计思想的精华也只被少数优秀教师所掌握，难以大规模普及他们成功设计教学的经验。教学系统设计克服了这种局限，使教学活动的设计建立在系统方法的科学基础上，脱离了纯经验主义，而被纳入科学的轨道，用可复制的技术作为教学的手段，使广大教师易于掌握并在教学中进行实践操作。因此，学习和运用教学设计的原理是推动教学工作科学化的有效途径。

2. 有利于科学思维能力与科学态度的培养

教学设计是系统解决问题的过程。它所提出的一整套确定分析、解决教学问题的系统方法、逻辑思维和决策技术也可用于其他领域和其他性质的问题情境中，具有一定的迁移性。例如，在学习需要分析这个设计环节中，要求设计者分析进行教学设计的可能性、必要性和重要性。这与现代科学工作中的前期分析论证的思路是相同的。因此，通过学习与运用教学设计的原理和方法，可以培养学习者创造性地分析、解决问题的科学思维能力和科学态度。

3. 有利于教育技术理论与实践的发展

教学设计作为教育技术学的重要组成部分，它是将教育技术理论运用于教学实践的一门应用性很强的学科。长期以来，由于大量有关教学的研究都较偏重于理论的描述与完善，脱离了教学实际，对实际改进教学工作帮助不大，受到了广大教师的批评。而教育技术领域却未受到较多的指责，这在很大程度上就是因为作为“桥梁学科”的教学设计很好地起到了沟通教育技术理论与教学实践的作用。教学设计的开展推动了教育技术的实践，也必然会在实践经验的基础上进一步检验、完善和升华教育技术的理论。

4. 有利于媒体教学软件质量的提高

媒体技术作为教育技术的重要组成部分，在教育技术现代化中起着非常重要的作用。媒体教学软件既包含了教学内容同时也体现着教学方法与策略，只有通过严格的教学设计，才能保证其教育性、科学性、艺术性和技术性的品质。正如国外的一些媒体专家所说，“在节目的制作过程中致力于严格的教学设计”是使他们“走出困境”、取得成功的“秘诀”之一。

6.2 教学设计的前端分析

教学设计的前端分析是指在教学设计开始的时候，对一些直接影响教学设计的进行但又不属于具体设计事项的问题的分析过程，包括学习需要分析、学习内容分析和教学对象分析。

6.2.1 学习需要分析

学习需要分析是教学设计的前端分析中一个重要组成部分，是系统思想运用于教学设计实践的结果。在教学设计实践发展过程中，人们从最初只关注的“如何教”，即教学策略的选择与运用，到后来关注“教什么”，即教学目标、教学内容的确定与安排，现在又开始顾及“为什么教”，即学习需要的分析。学习需要分析可以使教学设计有的放矢。

1. 学习需要及其分析

一般而言，需要是指事物的目前状态与所希望达到的状态之间的差距。作为教学设计中一个特定概念的学习需要，是指学生在学习方面目前的状况与期望水平之间的差距。这里，期望来自社会和学生自身两个方面，是社会和学生自身对其能力素质及其发展的要求。目前的状况是指学生群体和个体在能力素质方面已达到的水平。期望的状况与目前的状况之间的差距揭示出学生在学习过程中存在的问题，而问题的存在也说明了通过教学去解决问题的必要性。例如，某一教育机构希望自己的学生中95%以80分以上的成绩通过功能性识字标准测验，而任课教师预测估计只有 81%的学生可以通过该测验。这里预测的状况和要求之间的差距就是语文教师所遇到的一个教学问题，即语文教学时所面临的学习需要之一。

学习需要分析是指通过系统的分析，发现教学中存在的问题，确定问题的性质，论证解决问题的必要性和可行性的调查研究过程。具体而言，学习需要分析主要是进行三方面的工作：一是深入调查研究，分析教学中需要解决的问题是什么；二是通过分析该问题产生的原因，以确定解决该问题的必要途径；三是分析现有的资源条件和制约因素，明确设计教学方案以解决该问题的可行性。

作为一种差距分析，学习需要分析可以获得确切可靠有关“问题”的资料和数据，从而形成切实可行的教学设计的目的，为教学设计随后的一系列步骤提供主要依据。因此学习需要分析工作直接影响教学设计各部分工作的方向与好坏，关系整个教学设计过程的成败。另外，学习需要分析论证了教学设计的必要性和可行性，可以让教师和学生的精力、时间以及其他资源条件被有效地利用以解决教学中真正迫切的问题，从而提高教学活动的效益。

2. 分析学习需要的方法

以不同的期望值作为目标参照系进行学习需要分析，就形成了两种不同的方法，即内部参照需要分析法和外部参照需要分析法。

1) 内部参照需要分析法

内部参照需要分析法是将组织机构所确定的目标与学生学习的现状相比较，找出两者的差距，从而鉴别学习需要的一种分析方法。我国普通学校教育一般采用这种方法来分析和确认教学问题。前面列举的功能性识字标准测验的例子用的就是这种方法。

由于教育机构内部已经制定了教学的目的和要求，作为目标参照系的期望值可从各科教学大纲和标准教材找到，所以资料收集的重点在学生目前状态的信息。具体的做法有：利用测验题、问卷、观察表对学生在相关问题上的现状进行评价；分析学生近期的测试成绩；召开教师座谈会，询问学生目前的状态；召开学生座谈会，了解他们对所安排的新的学习任务的看法。利用以上各种形式的调查所获得的信息，通过归纳整理，并与既定的目标作比较找出差距，从而确定学习需要。

2) 外部参照需要分析法

外部参照需要分析法是将学生的学习现状与外界社会所提出的要求相比较，找出两者差距，从而了解学习需要的一种分析方法。我国的职业技术培训大多采用这种方法来分析教学问题。

这种分析方法的特点是把社会目前和未来发展的需要为价值尺度来揭示现实教育、教学中存在的问题，从而制定学习目标和设计教学活动。它是调整教育教学系统，使之适应社会发展的必要措施之一。

由于教学的目的和要求是以外界社会所提出的要求为依据的，因此外部参照需要分析需要收集社会需求的信息。具体做法有：区域性的民意调查；对毕业生的跟踪访谈调查，听取他们对社会需求的感受；向行业专家及相关人士调查咨询；向与专业相关的工作单位调查，得到社会对人才能力素质的要求信息。另外，这种分析方法中对有关学生学习现状信息的收集与内部参照需要分析法相同，这里不再重复。

综合以上叙述可知，两种方法的主要区别在于期望值的参照系不同，由此带来了收集信息的方法有些差异。两种学习需要的分析法各有其优缺点。相对来说，前者期望值稳定性强，所以操作容易、省时省力，但由于既定的教学目标无法得到经常检测，易于脱离社会实际；后者操作起来比较费时费力，但由于能密切联系实际，保证了教学目标的合理性。在实际运用时，为了扬长避短，可采用内外结合的方法分析学习需要。

3. 设计项目论证

学习需要分析的重要工作是初步提出教学设计的项目，确定设计的具体课题，这项工作大体包括三方面的内容。

1) 分析问题的性质

通过调查研究，可以发现教学中存在一些需要解决的问题，例如，学生英语听力以及写作水平有待提高；为适应未来社会需求，须对学生进行计算机知识的教育；教师应当提高运用现代教育媒体的技能等。但是仅发现教学中存在的一些问题是不够的，还需分析这些问题的性质。因为不同性质的问题只能通过不同的途径进行解决。教学设计有利于教学性质问题的解决，不等于说它能够解决我们所面临的所有教学问题。因此在开展教学设计的初期，我们必须认真分析教学中产生问题的真正原因，确定问题的性质。在普通学校教育中，我们可以从以下几个方面来确定问题的性质。

(1) 解决该问题的重要性如何？是否值得开展教学设计？

(2) 能否通过一些相对比较简单的方法，如激发学生的学习动机、提高其学习兴趣、改进某种教学方法、调整教学进度等，解决该问题？

(3) 教学设计是不是解决问题的合适途径？

2) 分析资源和约束条件

通过分析问题的性质，明确教学设计的必要性。为了论证教学设计解决该教学问题的可行性，我们必须对进行教学设计的资源和约束条件等有关信息进行分析。资源是指能支持开展教学设计活动、解决教学问题的所有人力、物力和财力，比如现有的教师、教学资源、教学设备等。约束条件是指对教学设计工作起限制或阻碍作用的事物——人、物、财，比如教学媒体软件贫乏、教师教学思想陈旧等。应当指出的是，有些因素既是资源又是约束条件。比如教师是最重要的人力资源，但如果没有锐意教改的精神，就可能妨碍教学设计的正常进行。在分析资源和约束条件时要考虑的因素有经费、时间限制、人员情况、设备设施、文献资源、组织机构等。常常可以用下列的问题形式进行分析。

(1) 开展教学设计及实施教学的经费有多少？

(2) 开展教学设计的时间段是什么时候？

(3) 有哪些人员参与教学设计的整个工作？

(4) 有哪些设备设施和资料可供设计时使用？

(5) 教学将在哪儿进行？有哪些管理措施？

3) 认定设计项目课题

通过对问题性质的分析，并对资源和约束条件进行分析，只要条件允许，我们就可以把所面临的问题作为教学设计的项目。但要最终作为教学设计的课题还须进一步的认定。这里要根据两个变量来考虑：一是解决这一教学问题(满足学习需要)在人、物、财、时间上要付出的代价 a；二是若不解决这个教学问题(忽视学习需要)将付出的代价 b。只有当 $a<b$ 时，教学设计才值得进行。根据 a、b 的差值大小我们便可以确定这一教学设计项目的价值大小，至此，我们就可以认定教学设计课题。当然，这种计算和比较的方法涉及成本效益问题和教学设计人员的经验，因此虽然较为科学但也比较复杂。通常情况下我们可从以下几个方面定性地加以考虑。

(1) 该课题在教学中的急需性如何？

(2) 该课题所反映的学习需要是否有一定的稳定性？

(3) 该课题有没有推广价值？

(4) 该课题对教学改革的意义如何？

4. 分析学习需要时应注意的问题

为了保证确定课题的正确性，我们在进行学习需要分析过程中应注意三个方面的问题：一是应注意学习需要是指学生的学习需要，而不是教师的差距与需要，更不是对教学过程、手段的具体需要；二是获得的数据必须真实、可靠地反映学生和有关人员的情况，要避免从“感觉”入手；三是需要不是一成不变的，学习需要分析需要不断地进行检验与修正。

6.2.2 学习内容分析

学习内容分析也称教学内容分析，它的提出体现了以“学”为中心的教学思想。学习需要分析的结果是确定了切实可行的总的教学目标，为了完成这个总的教学目标，学生必须掌握哪些相应的知识、技能以及形成什么样的态度？换而言之，学生必须完成哪些学习任务才能产生所需要的知识、技能以及态度的变化？

1. 学习内容及其分析

1) 学习内容

所谓学习内容是指为实现教学目标，要求学生系统学习的知识、技能和行为经验的总和。它具体体现在教学大纲计划以及教科书、教学软件中。学习内容有一定的层次，在教学设计领域，通常把学习内容划分为课程(指狭义的课程)、单元和项目(一个知识点或一项技能)三个层次。同时学习内容也有一定的结构，其各组成部分不是孤立存在的，而是具有一定联系的整体。学习内容的内在联系有两种基本形式，一是序列联系，即学习内容各组成部分是按某种次序排列的，如时间次序、简单到复杂的次序；二是部分与整体的联系，即学习内容的一部分是另一部分的构成要素。

2) 学习内容分析

学习内容分析是指对学生从起始能力(教学之前已具有的知识、技能等)转化为教学目标所规定的终点能力(满足学习需要后学生所形成的知识、技能等)所需学习的从属先决知识、技能和态度及其关系进行详细剖析的过程。以学习需要分析所确定的教学目标为依据，分析学习内容包括两方面的基本内容：一是根据教学目标的陈述确定学习内容的类型；二是确定学习内容的广度和深度，并揭示组成学习内容的各项先决知识、技能的联系。学习内容的广度是指学生必须掌握的知识与技能的范围，学习内容的深度是指学生必须达到的知识深浅和技能复杂的水平。由此可见，学习内容分析既与“教什么”有关系，又与“如何教”有关系。

2. 确定学习内容的类型

进行学习内容分析，首先须将需要分析所提出总的教学目标与学习内容的类型相联系，然后再去考虑如何进行内容分析。在此，美国当代著名教育心理学家和教学设计专家加涅(Gagné)提出的五种学习结果理论具有指导意义。他认为应该按学习结果进行教学内容分类，他所指的学习结果即“所学习的东西”是不受学科限制的。

1) 言语信息

言语信息又称“陈述性知识”，是指学生通过学习后，能记住诸如事物的名称、地点、时间、定义、对事物的描述等具体的事实，并能在需要时将这些事物表述出来。言语信息的习得表现为学生能用句子的形式把所学的信息表达出来，例如，当学生说“武汉是湖北省的省会”时，表明他已学会了这方面的“言语信息”。在学校教学情境中，言语信息的“教与学”是通过口头语言或文字进行的。加涅认为，学生获得有组织的言语信息是进一步学习的先决条件，是培养智力技能的基础。

2) 智力技能

智力技能是指学生运用符号或概念与环境相互作用的能力。智力技能的学习与言语信息的学习不同，前者关注学会如何做某些智力性的事情，而后者关注知道某些事物或某些特征。如学会根据字数和韵脚辨别诗词的格律或词牌，是一种智力技能学习，而记住诗词的内容却是言语信息的学习。

智力技能可分几个子类，有简单的辨别技能，进一步的是具体概念和定义概念的形成，在此基础上是使用规则，到最高形式的解决问题即高级规则能力的获得。学习智力技能中每一项都以先前学习的一种或多种较简单的技能为前提，是有明显的层次关系。

(1) 辨别是一种基本技能，指的是对一个或几个物理量不同的刺激物作出不同反应的能力。例如区别“日”与“目”，辨别不同性质的岩石标本。学习辨别技能的重要性主要在于它是学习其他技能的必要前提。

(2) 形成概念是指在一系列事物中找出共同特征并给同类事物赋予同一名称的一种习得能力。如能在一组词汇中，将同义词和反义词归类。掌握辨别技能是概念学习的基础，因为只有辨别事物的特征才能发现事物间的共性和差异。概念可分为具体概念和定义概念。具体概念指的是反映具体事物的概念，如汽车、长、短、房子等，定义概念是指反映事物的各种属性的概念，这类概念需要通过下定义才能识别，如教学设计、障碍物、正义等。

(3) 规则是揭示两个或更多的概念之间的关系的一种言语表达。规则可以是一条原理、一个定律或一套已确定的程序。例如，“平行四边形的面积等于底乘高”是一条数学定律，由“平行四边形”“面积”“底”“高”等概念及其相互关系构成。我们说学生学会了基本规则，是指他能陈述并在作业中正确按规则行事。

(4) 高级规则是由简单规则组合在一起，用来解决一个或一类问题的复杂的规则。例如，学生在解决等腰梯形的面积计算时，运用先前学过的三角形以及长方形面积计算公式，得出解决问题的方法，就是高级规则的学习。高级规则具有广泛的应用性，是学生在解决问题过程中思维的产物。加涅指出：“培养学生解决问题的能力是教育的主要目标之一，学生在试图解决某一问题时，可能把属于不同内容范围的两条或复杂的规则结合起来，组成一条能解决该问题的高级规则。”因此，高级规则学习的实质是解决问题能力的学习。

3) 认知策略

认知策略是指学习者用来选择和调节自己的注意、学习、记忆和思维方式等内部过程的技能。例如复述策略、精细加工策略、组织策略等都属于认知策略。认知策略与智力技能不同，智力技能是处理外部世界的能力，而认知策略构成了学生学习活动中“执行监控”的成分，是通过影响学习的内部加工方式来对学习者的活动作出调节的，是处理内部世界的能力。我们常说的“学会如何学习”“学会如何思维”，便是对认知策略提出的要求。虽然认知策略的客体是学习者自身而非像智力技能那样以外界环境为客体，但认知策略的学习不能脱离具体内容的学习。

4) 动作技能

动作技能是一种习得能力，其行为结果表现为身体动作的迅速、准确、有力和连贯等方面，如打球、唱歌、写字、演奏乐器等。动作技能的学习常与其他类型的学习交织在一起，例如要学会打篮球，除了动作技能外，还得学习规则、策略和良好的比赛态度等。由于动作技能并不是简单的外显行为，而是受内部心理过程的控制，故又称之为心理动作技能。

5) 态度

态度是一种习得的、影响个体对某事物、人或事件的行为选择的内部状态。例如，一个人对垃圾处理的态度就决定了他如何处置饮料罐、瓜果壳等。态度学习内容包括认知成分、情感成分和行为倾向性。依据以上加涅对五大学习结果的分类，根据教学目标的表述，我们就可以确定学习内容的类型，进而确定教学目标的类型。

3. 信息加工分析

在完成教学目标类型的确定工作之后，我们就可以对学生在达到目标时将会做些什么作出更为具体的说明，目的是提高教学效果和教学效率。为此，要对目标进行信息加工分析。信息加工分析是将学生在完成教学目标时对信息进行加工的所有心理和操作的过程用流程图揭示出来的分析方法。它是确定学生要达到教学目标而需要学习的内容的第一步。运用这种方法进行分析时，会出现两种情况：一种是直线式的步骤，如图 6.1 所示，教师只需用流程图的形式在方框中列出相应的步骤即可；另一种是带有选择点，具有替代步骤可供选择的分岔式步骤，如图 6.2 所示。

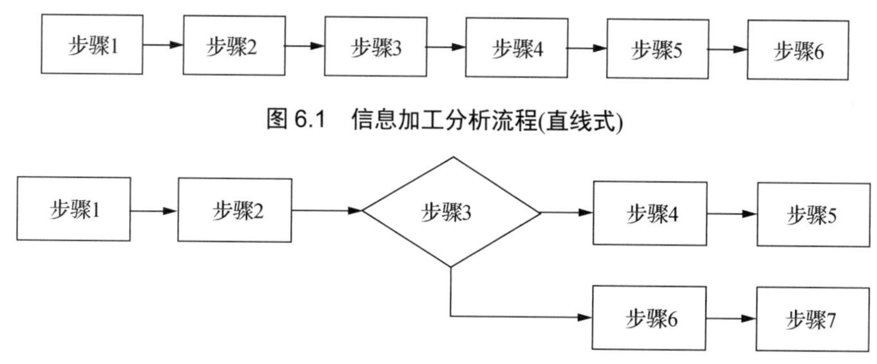

图 6.1 信息加工分析流程(直线式)

图 6.2 信息加工分析流程(分岔式)

4. 进行从属技能的分析

从属技能有时也被称为“先决技能”，是指学生为了有效地达到某一种教学目标而必须掌握的那部分技能。从属技能本身可能不是既定的学习结果，但它却是掌握更高一级的技能或上位技能所不可缺少的。在教学设计中，从属技能分析应努力做到恰到好处，因为一方面，如果教学中缺少了一些必要的从属技能，就会使一些学生失去达到目标的必要基础，教学也就不可能成功；另一方面，如果教学中存在太多的从属技能，使教学花费不必要的额外时间，就会干扰教学效果。确定分析从属技能的方法与教学目标的类型有关，这里我们做如下说明。

1) 层级分析法

层级分析法揭示为了达到一定的教学目标而需要掌握的不同层次的从属知识和技能的分析方法。在进行层级分析时，我们可以提出问题："为了掌握这一学习目标，学生必须知道什么？"并由此一层层分析下去，一直到适当的水平为止(与学生的起始能力有关，将在随后谈及)。

2) 程序分析法

程序分析法是用来确定与心理动作技能类型学习内容有关的从属技能的分析方法。在进行程序分析时，除了要对完成一个动作所组成的更细小动作进行分析以外，还要对其所需的智力技能的成分进行分析。

3) 归类分析法

由于言语信息本身不存在逻辑层级或程序，只需鉴别实现教学目标而需要学习的知识点，所以对言语信息的学习内容进行分析的最有效手段是确定信息的主要类别，即采用归类分析法。例如对于人体的主要结构，可按人体的主要部位头、躯干、上肢、下肢等加以归类。

4) 图解分析法

图解分析法是以直观形式揭示学习内容要素及其相互关系的内容分析法，适用于认知类学习内容的分析。图解分析是用一套图表或符号简明扼要地从内容和逻辑上高度概括学习内容。如可以用几条带箭头的线段和简洁的数字、符号来展示某一历史事件的全过程，其事由、时间、地点、参战各方人数等都被反映在其中。这种方法有助于发现教学内容的残缺或多余部分，以及各部分联系中的割裂现象。

5) 态度目标教学分析

为了确定态度目标中的从属技能，可以从两个方面分析：一方面是分析学生在表现这种态度时应做些什么，这里总会涉及心理动作技能或智力技能，故态度目标分析的前一部分可以用程序分析法或层级分析法确定学生所必须具备的从属技能。例如，如果态度目标是鉴赏古典文学作品，那么学生必须能够理解和分析某一古典文学作品。另一方面是分析为什么他们应表现这种态度，这里涉及言语信息，故可用归类分析法分析。

6) 学习内容分析的综合性

学习内容分析的过程往往同确定来自不同学习类型的从属技能有关，而言语信息、智力技能、心理动作技能和态度这四种学习结果往往是紧密联系的。

6.2.3 教学对象分析

教学对象分析又称学习者分析。教学设计的目的是促进学生的学习，为了实现教学目标，仅对学习内容进行分析是不够的，还应该对教学对象即学生具有客观的了解。因为学生是学习活动的主体，只有按学生的实际情况安排的教学活动才有可能取得优化和成功，所以必须重视对教学对象的分析。具体而言，分析教学对象的目的是了解学生的能力、特征以及风格，为教学外部条件适应学生的内部条件提供重要依据。它包括以下三方面的内容：

1. 起始能力预估

起始能力又称初始能力，是指学生在从事特定学科内容的学习前已经具备的知识技能基础，以及对有关学习内容的认识与态度。预估学习者的起始能力是为了了解以下三方面的内容：一是了解学生是否具备了从事新的学习所必备的知识与技能基础；二是了解学生对将要学习的内容知道了多少；三是对学生学习态度的了解。因此，可预估的起始能力实际上包含有先决能力和目标能力等几个方面的内容。

1) 先决能力的预估

先决能力是指由先前学习获得，并为后续学习所必备的知识技能，学生只有具备了这些知识技能才足以面对新的教学活动。因此，先决能力的预估是对于达成新的教学目标所需掌握的知识技能有关的学生先决能力的评定。

预估先决能力的程序与学习内容分析过程有密切关系。前面在对学习内容分析的过程中，我们运用各种分析方法对教学目标所包含的多种从属技能(子目标)进行了考察，预估先决能力实际上就是在学习内容分析图上画一条虚线，设定以这条虚线作为教学的起点，虚线以上部分是教学的目标能力，虚线以下部分是教学开始前学生已经具备的先决能力，图 6.3 给出了教学起点的设定。以虚线以下部分为依据编制测试题，对学生进行测试，可以获得学生对于特定的学科内容，已具备了哪些知识、技能，哪些需要补习，以及哪些一点儿准备都没有，需要从更低的起点开始等方面的有关信息。

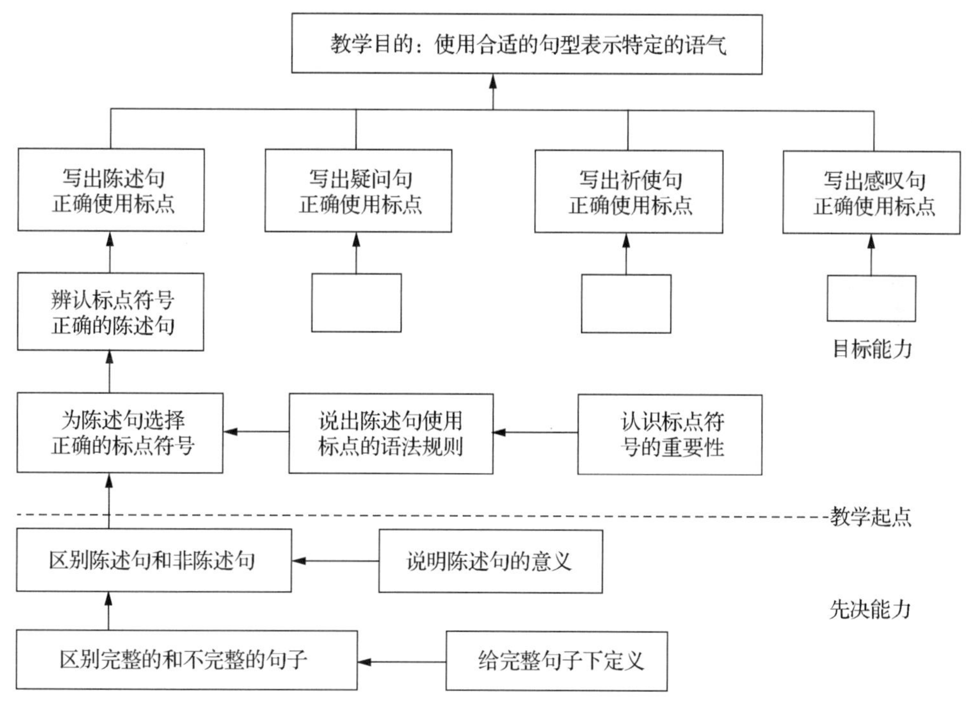

图 6.3 先决能力的预估

先决技能的估测对实际教学起点的确定具有重要作用，它勾勒出了展开教学活动的基本框架。学生具备了先决能力所包含的知识技能，教学就能较为顺利地进行下去，反之，教学则会花费大量的时间和精力，甚至难以进行。

2) 目标能力的预估

作为学生起始能力一部分的目标能力是指学生已经部分掌握的教学目标中要求达到的

知识技能，它决定了部分学生是否可以省略某些教学内容。在图 6.3 中，教学起点线以上的知识技能即是目标能力。对目标能力的预估又被称为前置评定，与先决能力预估一样，目标能力的预估也可利用编制一套测试题进行测试的方法进行。因此，目标能力的预估可以与先决能力的预估同时进行，如一部分题目测试目标能力，另一部分题目测试先决能力。

目标能力测试题目在编制时要考虑层次关系，可以从最终教学目标测试题库中选择和组织一部分有代表性的、不同难度的试题对学生进行预试，这种预试的结果，为教师了解学生在学习层次中所处的位置以及哪些教学内容可以省略提供了有用的信息。

3) 学习态度的了解

了解学生对所学内容的态度及相关的情感因素，对选择教学内容确定教学方法等方面也都有重要影响。每个学生对每门课及其各个单元的学习态度可能都不太一样，因此在教学活动之前了解学生的学习态度，并尽可能有针对性地提高他们对学习的认识，端正学习态度，将直接影响教学的效率与效果的提高。

虽然一般来说，学习态度难以精确地衡量，但我们还是可以通过问卷、采访、观察等方法进行了解。

总之，对学生起始能力进行预估的范围、频率、程度应根据教学的实际情况来进行。如果开设的是新课，或接手的是新班，一般都应对学生的起始能力进行预估。如果教师是对同一班级、同一课程进行连续教学，则每个单元的预估可以简化。另外，在起始能力的预估中，对先决能力、目标能力以及学习态度的测试项目可以用一套试卷的形式出现。依据测试结果，对教学目标和教学内容以及教学方法进行相应调整，真正促进教学效果、效率的提高。

2. 学生的一般特征分析

学生的一般特征是指学习者具有的与具体学科内容无关，但影响其学习的生理、心理和社会特征，它包括年龄、性别、认知成熟度、学习动机、生活经验等内容。在一般特征方面学生之间既有共通的地方，也存在着个体差异。例如，相同年龄的学生具有大致相同的感知能力、信息处理能力，但个体间也会存在智商、认知成熟度等方面的差异。

因此，在教学过程中，教师应把握学生在一般特征方面的相同点，并以此作为集中教学时选择教学内容、制定教学策略等工作的依据，同时还要充分重视学生在一般特征方面的差异，并以此作为制定个别化学习策略、进行个别辅导等工作的依据。重视学生在一般特征方面的个别差异对实现因材施教的教学目标有着非常现实的意义。美国著名教育技术专家海涅克等就曾指出："对学生的一般特征，即使做一些粗略的分析，对教学方法和媒体的选择也是有益的。"下面我们分两个方面讨论：一方面是在校学生在智力、能力以及情感发展上的一般特征；另一方面是获得学生一般特征的方法。

1) 在校学生的一般特征

综合国内外心理学家的研究成果，在校学生的一般特征可归纳如下。

(1) 小学生的一般特征。首先，小学生思维的一般特征是从具体形象思维为主要形式逐步过渡到以抽象逻辑思维为主要形式，但这种抽象思维在很大程度上，仍然是直接与感性经验相联系，仍然具有很大成分的具体形象性。其次，小学生的智能由具体形象到抽象逻辑的过渡，存在一个明显的"关键年龄"，或称转折期和质变期，是在四年级(10～11 岁)，若教育条件适当，也可以提前到三年级。具体到不同的学习对象、不同的学科和不同的智能成分，这个一般的发展趋势又会表现出很大的不平衡性。此外，小学生在情感方面的自居作用、模范趋向和自我意识有较快的发展，学习动机多倾向于兴趣型，情绪发展的主要矛盾是勤奋与自卑的矛盾，意志比较薄弱，抗诱惑能力差，需要外控性的激发、辅助和教导。

(2) 中学生的一般特征。首先，中学生思维的一般特征是在小学生阶段发展的基础上，思维能力迅速得到发展，他们的抽象思维处于优势的地位。初中生的抽象逻辑思维属于经验型，需要感性经验的支持，高中生的抽象逻辑思维属于理论型，他们能够用理论做指导来分析综合各种事实材料，从而不断扩大自己的知识领域。其次，中学生在其思维发展过程中存在一个明显的“关键年龄”(13～14 岁)，但经验型的抽象逻辑思维向理论型水平的转变，到高中二年级转化初步完成。此外，在情感方面，初中学生的自我意识更为明确，同一性、勤奋感是其情感发展的主要方面。在高中阶段，独立性、自主性是其情感发展的主要方面。

(3) 大学生的一般特征。大学生在智能发展上呈现出进一步成熟的一系列特征。其思维有了更高的抽象性和理论性，并由抽象逻辑思维逐渐向辩证逻辑思维发展。他们观察事物的目的性和系统性进一步增强，已能按程序掌握事物本质属性的细节特征，思维的组织性、深刻性和批判性有了进一步的发展，独立性更为加强，集中注意的范围也进一步扩大、注意更为稳定。大学生在情感方面已有更明确的价值观念，社会参与意识很强，深信自己的力量能加速社会的进步与发展，学习动机倾向于信念型，自我调控也已建立在趋向稳定的人格基础上。

2) 获得学生一般特征的方法

获得学生一般特征信息通常可以通过以下几种途径。

(1) 访谈：包括对学生本人进行访谈，以及对学生的教师、班主任、家长、同学的访谈。

(2) 观察：利用观察表对学生的学习活动和与他人交往等方面进行观察记录。

(3) 问卷调查：通过对学生或与学生有关人员填写的问卷进行分析，获得相关信息。

(4) 文献调研：查阅有关研究学生智力、技能、情感等一般特征的文献。

6.3 教学设计的基本模式

教学设计模式是在教学设计的实践当中逐渐形成的一套程序化的步骤，运用系统方法进行教学开发、设计的理论的简化形式。教学设计模式指出了以什么样的步骤和方法进行教学系统的设计，是关于设计过程的理论。由于教学设计实践涉及教学系统的一节课、一门课程，甚至国家教育系统等不同的范围和任务层次，而且设计的具体情况和针对的教学问题也不完全一样，再加上教学设计人员工作环境和个人专业背景的不同使他们对教学设计有不同的理解和认识等，导致产生了多种不同的教学设计模式。从构成要素来看，各类教学设计模式都包括学习者、目标、策略和评价四个基本要素。从理论基础和实施方法来分类，可以将众多的教学设计模式分为基于“教”的教学设计模式、基于“学”的教学设计模式和基于“教师为主导、学生为主体”的教学设计模式三大类。对教学设计模式进行分类便于人们抓住繁多的模式中基本结构和主要特点，有助于设计人员检验其设计的假设条件，分析所要解决的教学问题的层次，在此基础上去确定适合具体情况的模式。这样做还可以消除企图用一两个模式去包办所有问题的不良现象。

6.3.1 基于“教”的教学设计

基于“教”的教学设计强调教师的主导作用，以“教学”为设计的焦点，主要基于行为主义学习理论和认知学习理论，突出循序渐进、精细严密地运用系统方法对教学进行设计，也称传统的教学设计。基于“教”的教学设计理论和方法经过几十年众多专家的深入研究与发展，已形成一套较为完整严密的理论体系，具有较强的可操作性。该模式对客观事实的介绍、行为的矫正、简单认知加工任务的完成、动作技能的学习，以及问题解决技能的培养等均比较适合，在目前仍是占主导地位的教学设计模式。基于“教”的教学设计模式的基本组成如图 6.4 所示。

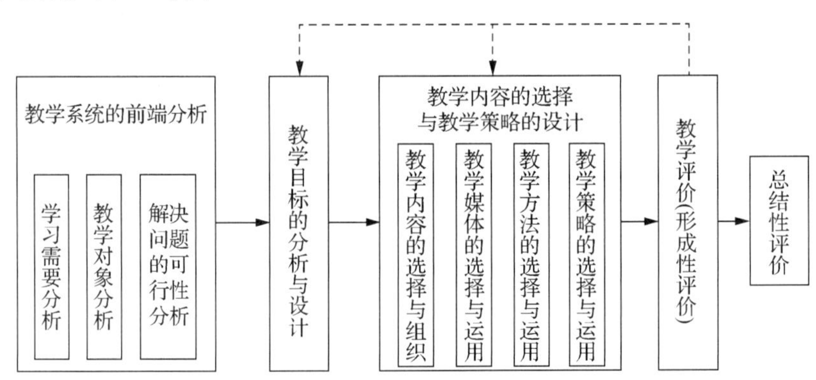

图 6.4　基于“教”的教学设计模式

1. 学习需要分析

学习需要是指学习者学习方面目前的状况与所期望达到的状况之间的差距，也就是学习者目前水平与期望学习者达到的水平之间的差距。具体如图 6.5 所示。

图 6.5　学习需要示意

对需要进行分析就是要采取恰当的需要分析方法，找出“实达状态”(目前学习状况)与“应达状态”(期望达到的学习状况)之间的差异，即明确进行教学设计所要解决的问题。根据目标参照系的不同，分析学习需要的基本方法可分内部参照需要分析法和外部参照需要分析法。内部参照需要分析法是由学习者所在的组织机构内部，用已经确定的教学目标(应达状态)与学习者的学习现状(实达状态)做比较，找出两者之间存在的差距，从而鉴别出学习需要的一种分析法。外部参照需要分析法是根据学习者所在的组织机构外部社会的要求(或职业的要求)来确定对学习者的期望值，以此为标准衡量学习者的学习现状，找出差距，从而确定学习需要的一种分析法。

学习需要分析是一个系统化的调查研究过程，这个过程的目的就是要揭示学习需要从而发现教学中存在的问题，通过分析问题产生的原因确定问题的性质，论证解决该问题的必要性和可行性。学习需要分析的核心是发现问题，而不是寻求解决问题的方法，具体包括三方面的工作：一是通过调查研究，分析教学中是否存在要解决的问题；二是分析存在问题的性质，以判断教学设计是不是解决这个问题的合适途径；三是分析现有的资料及约束条件，以论证解决该问题的可能性。学习需要分析也称“前端分析”“学习需要的评价”，在分析学习需要的基础上，确定优先解决的问题和要达到的总的教学目标，为后续的教学设计工作提供依据。

2. 教学对象分析

教学对象分析又称学习者分析，是教学设计前期的一项分析工作，目的是了解对教学设计产生重要影响的学习者特征，为后续的教学设计活动，如教学内容的选择和组织、教学目标的设计、教学活动的设计、教学方法与媒体的选择与运用等提供依据。教学对象或学习者的特征涉及很多方面，主要可分智力因素和非智力因素两大类型。对教学设计产生重要影响的与智力因素有关的学习者特征主要包括个体认知发展的一般特征、知识基础、认知能力、认知结构变量等；与非智力因素有关的特征则主要包括兴趣、动机、情感、学习风格、焦虑水平、意志、性格，以及学习者的文化和宗教背景等。

教学设计的一切活动都是为了促进学习者的学习，要取得教学设计的成功，必须了解学习者的学习准备情况及其学习风格，重视对学习者的分析。由于整个教学设计活动过程都会不同程度地考虑激发学习者的兴趣、动机、陶冶情操等非智力因素方面的问题，所以以下对学习者学习准备的分析，重点从与智力因素有关的、对教学设计有重要影响的几个方面的学习者特征进行阐述。

1) 确定学习者的原有知识基础

了解学习者的原有知识基础，是为了确定当前所学新知识、新概念的教学起点。要确定学习者原有的知识基础，可以采用测验、分析学习者的预备技能和目标技能的方法进行，也可以采用“分类测定法”和“二叉树探索法”。

分类测定法是先按照以往学生的理解和掌握情况，将当前所学新概念的原有知识基础分成若干种类型，然后再利用与知识基础分类密切相关的问题对学习者进行测试，根据测试结果就可以推知学习者关于当前所学新概念的知识基础类型。

二叉树探索法是根据已学习概念的难易程度对问题进行仔细划分，并将它们按由易到难的程度线性排列，从中选择出最符合学习者实际水平的问题，从而也就了解到学习者的学习准备状况，确定该学习者关于当前所学新知识、新概念的原有知识基础。

2) 确定学习者的认知能力

了解学习者的原有认知能力基础，是为了确定学习者的初始能力。布鲁姆曾按智力活动的复杂程度将学习者的认知能力水平分为知识、理解、应用、分析、综合、评价六个等级。一般利用计算机采用“逐步逼近法”对学习者认知能力进行评估，其基本原理是首先由学习者本人填写关于个人认知能力的评估表，能力值的范围是0～1闭区间内的任一数值，得到“初始估计值”；利用初始估计值，从领域知识库中选出与该学习者认知能力相适应的知识点进行教学，在教学过程中，系统不断修改学习者的初始估计值，得到六项认知能力的“一次评估值”；然后根据一次评估值，再到领域知识库中选取与该学习者认知能力相适应的知识点进行教学，系统再次修改评估值，从而得到六项认知能力的“二次评估值”。如此继续下去，即可得到该学习者较准确的认知能力值。

3) 确定学习者的认知结构变量

奥苏贝尔认为，在认知结构中有三方面的特性对于有意义学习的发生与保持具有至关重要的意义和最为直接的影响，它们是认知结构的“可利用性”“可分辨性”“稳固性”。由于这三方面的特性并不是恒定不变的常量，而是因人而异的变量，所以奥苏贝尔就把学习者认知结构中的这三方面特性称为三个认知结构变量。要确定认知结构是否具有“可利用性”，就是要确定当前所学的新观念(新概念、新命题、新知识)与学习者原有认知结构中的某种概念或知识之间是否存在类属关系(下位关系)、总括关系(上位关系)或并列组合关系中的某种关系。确定了原有观念与当前所学的新观念之间的关系，也就确定了认知结构的“可分辨性”。接下来，需要分析学习者认知结构中起同化、吸收作用的原有观念的“稳固性”，原有观念愈稳固，就愈有利于有意义学习的发生与保持。一般来说，若能找到和新观念具有类属关系或总括关系的原有观念，那么这种原有观念对于绝大多数的学习者都是比较稳定而牢固的；假如原有观念与新观念之间是并列组合关系，则这种原有观念的稳固性将随不同的学习内容而有较大的差别。

3. 解决问题的可行性分析

如果我们已经解决了教学设计的必要性问题，即通过学习需要分析，找出了若干个必须通过教学设计来解决的教学问题，那么现有的资源和条件是否允许对这些问题全部都进行设计呢？这些教学问题是否有可能全部都解决呢？这就要进行解决问题的可行性分析。下面从资源和约束条件的分析、设计课题的认定及总的教学目标的阐明三方面来分析解决问题的可行性。

1) 分析资源和约束条件

要进行解决问题的可行性分析，必须收集资源和约束条件等信息。资源一般指能支持开展教学设计活动和解决教学问题的所有人力、财力和物力。约束条件指对教学设计工作和解决教学问题起限制或阻碍作用的事物，包括人、财、物。也就是说，支持开展教学设计的人、财、物是资源；限制或阻碍开展教学设计的人、财、物就是约束条件。在分析资源和约束条件时要考虑的因素有经费、时间限制、人员情况、设施、设备、文献资料、组织、规章制度、管理方法、教学组织形式、政策法规等。

2) 认定设计课题

通过教学设计的必要性分析之后，确定了应进行教学设计的项目；通过资源和约束条件的分析之后，明晰了解决问题的可行性。但并不是对所有需要解决、能够解决的教学问题都开展教学设计。还需要进一步认定教学设计的优先课题，即判定哪些教学问题是值得进行设计和哪个教学问题更值得优先设计。当解决这一教学问题在人力、财力、物力和时间上要付出的代价小于不解决这一教学问题所要付出的代价时，这一教学问题才值得解决，值得优先设计。

3) 阐明总的教学目标

当确定了设计课题后，一般要给这个课题起个名字，然后提供关于这个项目要解决的问题的总的陈述，也就是要阐明总的教学目标。这一通过学习需要分析和解决问题的可行性分析所形成的总的教学目标，是指导教学设计继续进行的总依据，它为后面的教学内容的选择与组织、教学策略的制定、教学评价等提供可靠基础。

4. 教学目标的分析与设计

通过对教学系统的前端分析(包括教学对象分析、学习需要分析和解决问题的可行性分析)后，确定了教学设计的课题和总的教学目标，要使总的教学目标落实到整个教学活动体系的各个部分中去，必须对实际的教学活动水平作出具体的规定，即分析与编写具体的教学目标。教学目标(或学习目标)也称为行为目标，是对学习者通过教学以后将能达到何种状态的一种具体的、明确的表述。教学目标应是可观察、可测量的，所以在具体编写教学目标时，一般要求用明确、具体、详细的行为术语来描述。为了保证教学目标的可操作性，通常采用 ABCD 方法编写教学目标。

所谓 ABCD 方法是指一个规范的学习目标包括 A、B、C、D 四个要素，简称 ABCD 模式。

A——对象(Audience)，是指阐明教学对象。

B——行为(Behaviour)，是指说明通过学习以后，学习者应能做什么(行为的变化)。

C——条件(Condition)，是指说明上述行为在什么条件下产生。

D——程度(Degree)，是指规定上述行为应达到的程度或最低标准。

5. 教学内容的选择与组织

为了保证实现教学目标，教学必须有正确的、合乎目标要求的教学内容。教学内容是指为了实现教学目标，要求学习者系统学习的知识、技能和行为规范的总和。分析教学内容的工作以总的教学目标为基础，旨在规定教学内容的范围、深度和揭示教学内容各组成部分的联系，以保证达到教学最优化的目的。教学内容的范围指学习者必须达到的知识和能力的广度；教学内容的深度规定了学习必须达到的知识深浅程度和能力的质量水平。明确教学内容各组成部分的联系，可以为教学顺序的安排奠定基础。

分析教学内容是对学生的能力由起始水平达到学习终点水平所需要的从属知识、技能，以及这些知识技能之间的类属、总括或并列结构关系进行详细剖析的过程。在以课堂教学为主的微观层次的教学设计中，教学内容的选择一般从单元层次开始。分析教学内容并对其进行选择与组织主要包括选择与组织单元、确定单元学习目标、确定学习任务类别、分析学习任务，以及评价所选的教学内容等步骤。经过对教学内容选择与组织的评价，确定了教学内容的基本框架后，就要对各个单元的教学内容逐一进行更深入的分析。具体的分析方法有归类分析法、图解分析法、层级分析法、信息加工分析法和卡片法等。

教学内容的组织编排是对已选定的学习任务(教学内容)进行组织编排，使它具有一定的系统性或整体性。近三十年来，在教学内容组织编排的各种主张中，较有影响的有五种观点：一是布鲁纳提出的螺旋式编排教学内容的主张；二是加涅提出的直线式编排教学内容的主张；三是奥苏贝尔提出的渐进分化和综合贯通的原则；四是梅瑞尔等人提出的最短路径序列；五是瑞格鲁斯提出的细化理论。上述几种观点从不同角度探索了教学内容组织编排的方法，我们在具体组织编排教学内容时，可根据学科特点对上述观点加以综合运用。

6. 教学媒体的选择与运用

当确定了教学目标、选择与组织好教学内容后，教师就要考虑组织教学活动去实现目标。在教学活动的组织中，要做的一项重要工作就是对教学媒体的选择。如何才能在众多功能各异的教学媒体中选择出恰当、适宜的媒体来开展教学活动呢？这需要我们既要了解影响教学媒体选择的因素，又要掌握选择教学媒体的方法。

1) 影响选择教学媒体的因素

对教学媒体的选择一般考虑各种教学媒体的功能特性和教学的实际需要，将两个方面结合起来加以分析，决定取舍。首先要考虑教学目标、教学任务和教学内容的要求，在教学中，不同的教学目标常需使用不同的媒体传输教学信息，不同的任务要求教师采用不同的媒体和方法完成，不同性质的教学内容对教学媒体也有不同的要求。其次要考虑学生的需要和水平，不同年龄阶段的学生有着不同的认识能力和思维特点。最后要考虑教学媒体的功能，每种媒体都有不同的功能和特点，它们应用在不同的教学环境中会产生不同的教学效果。此外，对教学媒体的选择还要考虑一定的教学条件，如技术问题、经费问题和教学环境问题等。

2) 选择教学媒体的方法

对教学媒体的选择除了考虑上述影响因素外，还可以参照一些具体的方法、程序或模型。

(1) 问卷式程序。这种方法是列出一系列有关媒体选择中的问题作为问卷内容，教师通过答题对这些问题进行逐一深入的考虑，来确定适用于一定教学情境的媒体。

(2) 流程图程序。此方法是在问卷程序基础上建立起来的。它把选择过程分解成一系列有序排列的步骤，每一步骤就是一个问题，每一个问题都紧跟前一个问题，排列成流程图的形式。媒体选择者对每个问题都回答“是”或“否”而进入不同的选择分支，每一次回答都将排除一部分媒体，回答完最后一个问题，剩下的一种或一组媒体就被认为是最适合于某种教学情境的媒体，从而最终完成对教学媒体的选择。

(3) 矩阵图程序。此种程序是把各种教学媒体和选择媒体所要参照的主要指标(如教学目标、教学功能、学习类型等)进行二维排列，建立一个矩阵式的表格。常见的矩阵一般以媒体的种类为一维，教学目标或媒体的教学功能或媒体的特性为另一维，然后用某种评判尺度(如效能的低、中、高)反映两者之间的关系。对照此矩阵图就足以选择出所需要的媒体。

(4) 效益/成本计算法。这种方法基于最小代价律原则，是在媒体成本与所得到的教学效益之间，通过模糊数值计算来决定对媒体的选择。美国传播学家施拉姆(W.Schramm)提出了媒体选择的公式：

$$\text{媒体选择的概率}(P)=\frac{\text{产出的效益}(V)}{\text{媒体的成本}(C)}$$

6.3.2 基于“学”的教学设计

随着多媒体和网络技术的日益普及，建构主义学习理论愈来愈显示出其强大的生命力。进入 20 世纪 90 年代以后，基于建构主义的全新教学设计理论也在逐渐形成和发展，基于“学”的教学设计应运而生。这种基于“学”的教学设计也可称为建构主义的教学系统设计，重视“情境”“协作”在教与学中的重要作用，弥补了传统教学设计过分分离和简化教学内容的局限，强调发挥学习者在学习过程中的主动性和建构性。基于“学”的教学设计模式(如图 6.6 所示)以“问题或项目”“案例”“分歧”为核心，建立学习“定向点”，然后围绕这个“定向点”，通过设计“学习情境”“学习资源”“学习策略”“认知工具”“管理和帮助”而展开。“问题或项目”“案例”“分歧”的提出基于对教学目标、学习者特征和学习内容的分析，结束部分的教学评价是教学设计成果趋向完善的调控环节。

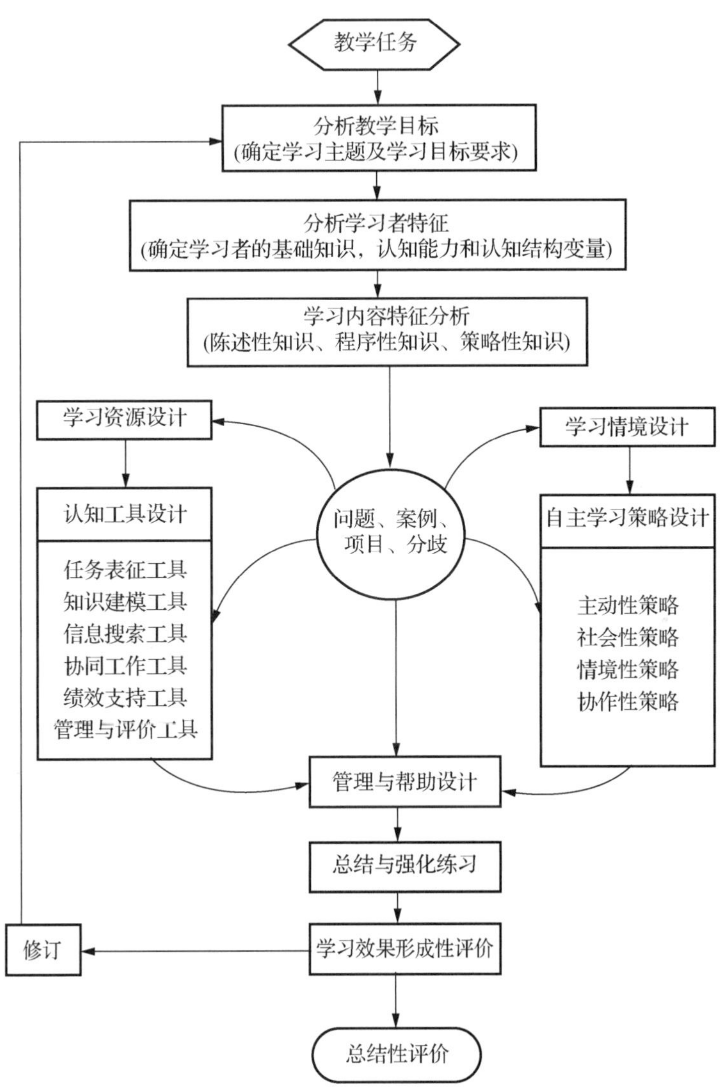

图 6.6　基于“学”的教学设计模式

1. 分析教学目标

教学目标是促进学习者朝着所规定的方向逐步变化的过程，它贯穿于教学活动的始终。建构主义指导下的学习同样要遵循这一基本原则。分析教学目标是为了确定学生学习的主题，即与基本概念、基本原理、基本方法或基本过程有关的知识内容。分析教学目标时，首先要考虑学习者这一主体，即教学目标不是设计者或教师施加给学习过程的，而是从学习者的学习过程中提取出来的；其次，要尊重学习主题本身的内在逻辑体系。

在编写教学目标时，不应采用传统的教学目标分析过分细化的做法，而应采用一种整体性的教学目标编写法。另外，还要注意区分学习目标与教学目标的异同。教学目标是所有学习者应达到的学习要求，学习目标则是学生自己确定的，它们在很多情况下是一致的，但有时由于学习者知识背景和兴趣爱好的不同，其学习目标也不完全相同。

2. 学习者特征分析

在建构主义教学系统设计中，学生是学习的主体，是意义的主动建构者。对学习者特征分析的主要目的是通过设计适合学生能力与知识水平的教学内容和问题，提供丰富的学习资源和恰当的指导来促进学习者的学习。在这里，学习者特征分析的方法和前面基本相同。

3. 学习内容分析

建构主义强调学习要解决真实环境的任务，在解决真实任务过程中达到学习的目的。要使真实的任务体现教学目标，则需要对学习内容做深入分析，明确所需学习的知识内容的类型(陈述性、程序性、策略性知识)及知识内容的结构关系。这样在后面的设计学习问题(任务)时，才能很好地涵盖教学目标中定义的知识体系，根据不同的知识类型将学习内容嵌入建构主义学习环境中的不同要素中，如陈述性知识可以通过学习资源的方式提供，而策略性的知识则可通过设计自主学习活动来体现并展开。

4. 设计学习任务

学习任务的提出是整个建构主义教学系统设计模式的核心和重点。它为学习者提供了明确的目标、任务，使得学习者解决问题成为可能。学习任务可以是一个问题、案例、项目或是观点分歧，它们都代表某种连续性的复杂问题，能够在学习的时间和空间维度上展开，均要求采用真实的情境通过自主建构的方式来学习。构建学习任务时，应充分考虑如下几项原则。

(1) 在教学目标分析的基础之上提出一系列的问题。这些问题可分为主问题和子问题，子问题的解决是主问题解决的充分条件。同理，下层子问题的解决是上层子问题解决的充分条件，这样就形成了一个树状谱系图。

(2) 学习任务要涵盖教学目标所定义的知识，只能更加复杂，不能更简单。

(3) 要设计非良构的问题。非良构的问题具有多解或者无解的特征，有多种评判答案的标准，而且与问题相关的概念理论基础具有不确定性。

(4) 设计学习任务要符合学习者的特征，不能过多地超越学习者的知识能力。

(5) 要设计开放性的问题。解决问题的目的不是期望学生一定能够给出正确的答案，而是鼓励学生积极参与，使其了解这个领域。

5. 学习情境设计

建构主义主张学生要在真实的情境下进行学习，要减少知识与解决问题之间的差距，强调知识的迁移能力的培养。因此，建构主义的教学系统设计强调学习情境的设计，强调为学生提供完整、真实的问题背景，还原知识的背景，恢复其原来的主动性、丰富性，以此为出发点支撑环境、启动教学，使学生产生学习的需要，驱动学习者进行自主学习和合作学习，达到主动建构知识意义的目的。

建构性的学习情境有以下三个要素。

(1) 学习情境的上下文或背景。描述问题产生的背景(与问题有关的各种因素，如自然及社会文化背景)有利于控制、定义问题。

(2) 学习情境的表述及模拟。具有吸引力的表征(虚拟现实、高质量视频)；它要为学习者提供一个真实的、富有挑战性的上下文背景，使学习者在学习过程中得到各种锻炼机会。

(3) 学习情境的操作空间。为学习者提供感知真实问题所需要的工具、符号等。

在设计学习情境时，应注意如下情形。

(1) 不同学科对情境创设的要求不同。对有严谨结构的学科(数学、物理、化学等理科内容皆具有这种结构)应创设包含许多不同应用实例和有关信息资料的情境，以便学习者根据自己的兴趣、爱好，去主动发现、主动探索；对不具有严谨结构的学科(语文、外语、历史等文科内容一般具有这种结构)应创设接近真实的情境，使学习者产生身临其境的感觉，从而激发学习者参与交互式学习的积极性，在交互过程中去完成问题的理解、知识的应用和意义的建构。在这两种环境中均有自包含的帮助系统，以便为学习者在学习过程中随时提供咨询与帮助。

(2) 在进行教学目标分析的基础上，选出当前所学知识中的基本概念、基本原理、基本方法和基本过程，作为当前所学知识的“主题”，然后围绕这个主题进行情境创设。

(3) 学习情境只是促进学习者主动建构知识意义的外部条件，是一种“外因”。外因要通过内因才能起作用。设计理想的学习情境是为促进学习者自主学习、最终完成意义建构服务的，明确这一点对于开展以学为中心的教学系统设计具有重要意义。

(4) 学习任务与真实学习情境必须相融合，不能处于分离和勉强合成的状态，新创设的情境要能够以自然的方式展现学习任务所要解决的矛盾和问题。

6. 学习资源设计

学生自主学习、主动建构知识意义是在大量信息的基础之上进行的，所以丰富的学习资源是建构主义学习的一个必不可少的条件。学习者为了了解问题的背景与含义、建构自己的问题模型和提出问题解决的假设，需要知道有关问题的详细背景，并需要学习必要的预备知识，因此在教学系统设计时，必须详细考虑学生解决这个问题需要查阅哪些详细的资料、需要了解哪方面的知识。最好能建立系统的信息资源库(或使用现有的资源管理系统)，并提供正确使用搜索引擎的方法，即进行学习资源设计。

7. 提供认知工具

认知工具是支持和扩充使用者思维过程的心智模式与设备。在现代学习环境中，主要是指与通信网络相结合的广义上的计算机工具，用于帮助和促进认知过程。学习者可以利用它来进行信息与资源的获取、分析、处理、编辑、制作等，也可用来表征自己的思想，替代部分思维，并与他人通信和写作。常用的认知工具有六类：问题/任务表征工具、静态/动态知识建模工具、绩效支持工具、信息收集工具、协同工作工具、管理与评价工具。

8. 自主学习策略设计

自主学习策略是指为了激发和促进学生有效学习而安排学习环境中各个元素的模式和方法，其核心是要发挥学生学习的主动性、积极性，充分体现学生的学习主体作用。从整体上来讲，学习策略分为四类：主动性策略、社会性策略、协作性策略和情境性策略。在设计自主学习策略时，主要考虑主、客观两方面因素。客观因素是指知识内容的特征，它决定学习策略的选择，如对于复杂的事物和具有多面性的问题，由于从不同的角度考虑可以得出不同的理解，为克服这方面的弊病，在教学中就要注意对同一教学内容，要在不同时间、不同情境下，为达到不同的教学目的、用不同的方式加以呈现。这样学习者可以随意通过不同途径、不同方式进入同样教学内容的学习(即运用“随机通达”学习策略)，从而获得对同一事物和同一问题的多方面的认识与理解。主观因素首先是指作为学习主体的学生所具有的认知能力、认知结构和学习风格。除了这些智力因素以外，主观因素方面还包括非智力因素。智力因素对学习策略的选择至关重要。

9. 管理与帮助设计

建构主义学习中，学习者是学习的主体，但并没有忽视教师的指导作用，任何情况下，教师都有控制、管理、帮助和指导的职责。由于不同学生所采用的学习路径、所遇到的困难各不相同，教师需要针对不同情况作出适时的反馈。学生自主学习过程中，面对丰富的信息资源很容易出现学习行为与学习目标相偏离的情况，教师还应在可能的条件下组织协作讨论，要启发学生自己去发现规律，自己去纠正和补充片面的认识，并对协作学习过程进行引导，使之朝着有利于意义建构的方向发展。因此，教师是教学过程的组织者、指导者，意义建构的帮助者、促进者。

10. 总结与强化练习

适时地进行教学总结可有效地帮助学生将零散的知识系统化。在总结之后，应为学生设计出一套可供选择、并有一定针对性的补充学习材料和强化练习，以便检测、巩固、拓展所学知识。这类材料和练习应经过精心的挑选，既要反映基本概念、基本原理，又能适应不同学生的要求，以便通过强化练习纠正原有错误理解或片面认识，最终达到符合要求的意义建构。

11. 教学评价

建构主义主张评价不能仅依据客观的教学目标，还应该包括学习任务的整体性评价、学习参与度的评价等，即通过让学生去实际完成一个真实的任务来检验学生学习结果的优劣。因为建构主义主张学习是自我建构知识意义的过程，因此，源于建构观的评价并不强调使用强化和行为控制工具，而较多使用自我分析和元认知工具。

6.3.3 基于“教师为主导、学生为主体”的教学设计

基于“教师为主导、学生为主体”的教学设计，是基于“教”和基于“学”的两种教学系统设计相结合的产物。从理论基础以及实际的设计方法方面，它兼具两种教学设计的优点，同时具有较强的灵活性，强调既要发挥教师在教学中的主导作用，又要体现学生在

学习中的主体地位，能够适应教育的各种不同实际情况。基于“教师为主导、学生为主体”的教学设计模式如图 6.7 所示。

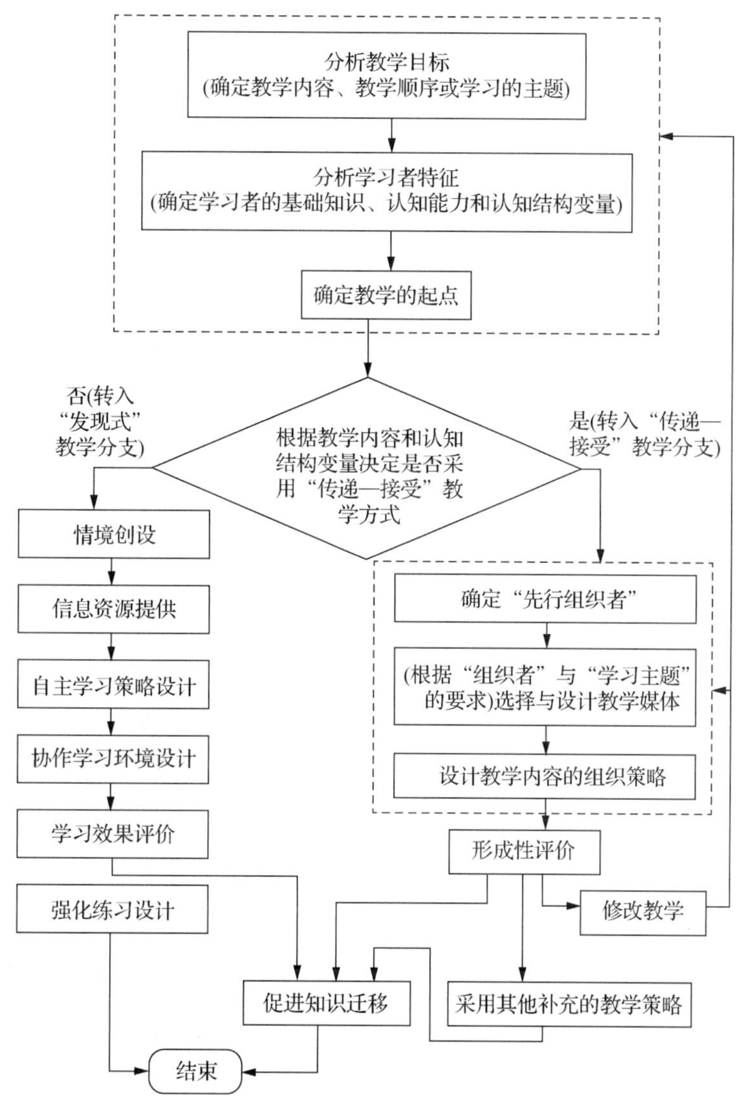

图 6.7　基于“教师为主导、学生为主体”的教学设计模式

基于“教师为主导、学生为主体”的教学设计模式具有以下四个特点：

(1)　可根据教学内容和学生的认知结构灵活选择“发现式”或“传递—接受”教学分支。

(2)　在“传递—接受”教学过程中基本采用“先行组织者”教学策略，同时也可采用其他的“传递—接受”策略(甚至是自主学习策略)作为补充，以达到更佳的教学效果。

(3)　在“发现式”教学过程中也可充分吸收“传递—接受”教学的长处(如进行学习者特征分析和促进知识的迁移等)。

(4)　便于考虑情感因素(即动机)的影响。在“情境创设”(左分支)或“选择与设计教学媒体”(右分支)中，可通过适当创设的情境或呈现的媒体来激发学习者的动机；而在“学习效果评价”(左分支)或取决于形成性评价结果的“修改教学”(右分支)中，则通过讲评、小结、鼓励和表扬等手段促进学习者三种内驱力的形成与发展(视学习者的年龄与个性特征决定内驱力的种类)。

思考题

一、填空题

1. 学习内容分析的过程往往同确定来自不同学习类型的从属技能有关，而________、________、________和________这四种学习结果往往是紧密联系的。

2. 获得学生一般特征信息通常可以通过________、________、________、________四种途径。

3. 对教学媒体的选择可以参照一些具体的方法、程序或模型。例如________、________、________、________。

二、选择题

学习教学设计的意义不包括以下哪项。(　　)

A. 有利于媒体教学软件质量的提高

B. 有利于科学思维能力与科学态度的培养

C. 有利于教学工作科学化

D. 有利于教学工作数字化

三、简答题

1. 以不同的期望值作为目标参照系进行学习需要分析，就形成了两种不同的方法，请写出这两种方法并简单阐述。

2. 建构性的学习情境有哪几个要素？

3. 基于“教师为主导、学生为主体”的教学设计模式具有哪几个特点？

第 7 章　现代教育技术实践

本章学习目标

通过对本章的学习，你应能做到：

1. 了解人工智能教育；
2. 了解慕课及其他优秀平台；
3. 掌握多媒体素材的获取与处理方法。

7.1　人工智能教育

7.1.1　《新一代人工智能发展规划》

2017 年，国务院印发《新一代人工智能发展规划》(以下简称《规划》)中，也明确提出了我国新一代人工智能“三步走”发展战略。

2020 年，人工智能总体技术和应用与世界先进水平同步，人工智能产业成为新的重要经济增长点，人工智能技术应用成为改善民生的新途径。

2025 年，人工智能基础理论实现重大突破，部分技术与应用达到世界领先水平，人工智能成为我国产业升级和经济转型的主要动力，智能社会建设取得积极进展。

2030 年，人工智能理论、技术与应用总体达到世界领先水平，成为世界主要人工智能创新中心。

人工智能已经改造着我们的制造、家居、医疗、出行等生活的方方面面，相信在不久的将来，人工智能将像水和电一样，进入每个行业，成为我们日常生活的必需，深刻地改变着人类的生活方式。

《规划》中提出利用人工智能促进教育发展。利用智能技术加快推动人才培养模式、教学方法改革，构建包含智能学习、交互式学习的新型教育体系。开展智能校园建设，推动人工智能在教学、管理、资源建设等全流程应用。开发立体综合教学场、基于大数据智能的在线学习教育平台。开发智能教育助理，建立智能、快速、全面的教育分析系统。建立以学习者为中心的教育环境，提供精准推送的教育服务，实现日常教育和终身教育定制化。

7.1.2　人工智能对于教育的应用体现

人工智能之于教育，能够解决数据收集的问题，实现从数字化到数据化；能够为教师减负增效，减少教师简单重复工作的时间；能够实现对学生的个性化分析，以学定教，提升学习的效率与质量；能够为教学管理提供大数据辅助决策与建议，为科学治理提供支撑。人工智能与教育的结合，已经体现在教育的教、学、考、评、管各个细分领域的应用，具体表现如下。

(1) 机器阅卷。科大讯飞的全学科智能阅卷技术已在学业水平测试——例如大学英语四、六级，以及全国多个省份的高考、中考、成人高考等大规模考试中进行了多次、多范围试点验证。验证结果表明，计算机评分结果已经达到了现场阅卷教师的水平，完全可以满足大规模考试的需要。人工智能通过精准的图文识别以及海量文本检索技术，可以快速核对检查所有试卷与目标相似的文本，迅速提取并标注出可能存在问题的试卷。

(2) 个性化教学。通过大数据技术，可以收集和分析学生日常学习和完成作业过程中产生的数据，精确地告诉教师每个学生的知识点掌握情况，教师便可以针对每一位学生的学习情况有针对性地布置作业，获得因材施教的效果。而在教学方式方面，智慧课堂可以为教师提供更为丰富的教学手段，全时互动、以学定教，教师上课时也不再是只有一本教科书，而是可以任意调取后台海量的优质学习资源。

(3) 管理。智慧校园解决方案可以覆盖学校的教务处、学生处、校办、校务处等部门，满足常态化校园管理需求。例如，随着新高考的推行，走班制成为新的教学模式，面对多样化的需求，如何合理排课成为一个亟待解决的问题。现在用人工智能算法进行排编提交自己的课程选择，系统就可以结合课程、教室、师资进行快速的排课，从而提高效率与学生满意度，这就是人工智能在教和学方面的重大改革。

所以，对于教师和学校管理者来说，“人工智能+教育”所带来的这些变化，正是“补之所短”，人工智能会在教学和管理过程中起到“穿针引线”的作用，给教师、校长等做辅助或者决策性的分析。

7.1.3 人工智能教育及其发展

1. 人工智能对中小学与高校教育的影响

《规划》中明确指出人工智能将成为国际竞争的新焦点，应逐步开展全民智能教育项目，在中小学阶段设置人工智能相关课程、逐步推广编程教育、建设人工智能学科，培养复合型人才，形成我国人工智能人才高地。

1) 中小学设置人工智能课程，推广编程教育

《规划》提出，实施全民智能教育项目，在中小学设置人工智能相关课程，逐步推广编程教育，鼓励社会力量参与寓教于乐的编程教学软件、游戏的开发和推广。支持开展人工智能竞赛，鼓励进行形式多样的人工智能科普创作。

其中，在 2017 年《义务教育小学科学课程标准》中就曾提出，为进一步加强小学科学教育，从 2017 年秋季开始，小学科学课程起始年级调整为一年级。原则上按照小学一、二年级每周不少于 1 课时安排课程，三年级至六年级的课时数保持不变。

2) 高校增加硕博培养，形成“人工智能+X”模式

《规划》指出，要进一步完善人工智能领域学科布局，设立人工智能专业，推动人工智能领域一级学科建设，尽快在试点院校建立人工智能学院，增加人工智能相关学科方向的博士、硕士招生名额。

鼓励高校在原有基础上拓宽人工智能专业教育内容，形成“人工智能+X”复合专业培养新模式，重视人工智能与数学、计算机科学、物理学、生物学、心理学、社会学、法学

等学科专业教育的交叉融合，培育高水平人工智能创新人才和团队。

3) 普及智能交互式教育，开放研发平台

《规划》还提出，在人才培养计划中，全面的智能教育不可忽视。通过开展智能校园建设，推动人工智能在教学、管理、资源建设等全流程应用，建立以学习者为中心的交互式教育环境，提供精准推送的教育服务，以期实现日常教育和终身教育定制化。

2. 案例：人工智能 K12 教育

1) 人工智能教育的目的

人工智能教育的目的可以分解为以下六个方面。

(1) 让学生了解人工智能的概念、应用方向以及实现原理。

(2) 掌握计算机和编程知识，能够使用编程语言进行人工智能学科项目实践。

(3) 掌握传感、运动、控制知识，并能够用于人工智能工程实践。

(4) 掌握人工智能数学基础，能用统计建模、算法工具等解决人工智能工程问题。

(5) 培养学生的创造力、设计能力、动手实践能力、沟通协作能力。

(6) 培养学生的计算思维和工程思维。

2) 如何开展人工智能 K12 教育

理解愿景目标和意义是着手教学设计的前提。通过以上对人工智能架构、人工智能学科教育目的和意义的分析，K12 人工智能教育的内容结构应包括以下六个方面。

(1) 人工智能概念、应用方向及其原理。

(2) 数学相关学科。

(3) 传感、运动、控制。

(4) 编程语言。

(5) 算法。

(6) 工程思维。

人工智能学科教育作为一门科普和创客教育课程，首先要保证它的科学性和专业性。我们向学生传播的知识和方法一定要有确凿的依据，必须经得起推敲和验证。这体现在人工智能学科架构和概念原理两个方面，我们不能把与人工智能无关的知识体系包装成所谓的“人工智能”课程，也不能把错误的理论和方法教授给学生。

小学阶段，学生的自律能力往往比较差，研发课程时就应充分考虑如何激发学生的学习兴趣。我们的做法是在授课时通过有趣的故事进行情境引入，在知识点讲授环节则要注意内容不宜过多，每节课不应超过三个知识点；连续进行知识讲授的时间不宜超过 15 分钟，否则学生很难有足够的耐心听下去，同时设计紧扣知识点并且参与感和趣味性都比较强的课堂互动环节让学生更容易接受和掌握知识内容。

中学阶段的学生具备了一定的数学和物理学基础，在内容设计上就要考虑在激发学习兴趣的同时，让课程内容更多地与学生已学过的数学和物理学知识相结合，既能起到巩固原基础学科知识的作用，又能让学生对人工智能的数学基础和学科知识产生更深刻的认识。

为了培养学生的创新力，我们在教学环节中设计了大量的头脑风暴和动手实践环节，通过创新思维导图、找缺点法、组合法、分解法等方式训练学生的创新意识和创新能力。

此外，我们在配套教具的设计上也采用了模块化、DIY 的方式，通过大量的动手实践环节提升学生的动手能力、沟通协作能力。

7.1.4 人工智能教育的未来展望

人工智能教育的未来将向专业化和多元化的方向发展。

专业化是大势所趋，随着我们对人工智能以及人工智能教育理念认知的逐步深入，与人工智能无关或相关度不高的内容产品将会与人工智能教育体系脱离，将会有越来越多的优秀人工智能教育产品出现。

而在教育形式上，将会出现多元化的方向。

在中小学内将与信息技术教育或创客教育深度融合，未来会有一些具有权威性的能力水平考试或竞赛出现，让教育成果更加标准化、更加易于验证。

在校外培训领域，将会与机器人教育、创造力课程、编程教育融合。会与科普、儿童文学相结合，出现以人工智能科普教育为主题的，与《海底小纵队》《不一样的卡梅拉》《神奇校车》等相似的科普文学作品或者动画影音产品。会与互联网媒体形式产生更多的结合，例如基于慕课平台、影音录播直播平台、知识付费平台的人工智能科普和教育产品。

人工智能和相关学科课程已逐步成为中小学必备的核心素养提升课程。相信很快，人工智能中小学教育越来越科学、实用，越来越规范，让学生能够学有所得、学有所用。

7.2 慕　　课

7.2.1 慕课简介

所谓“慕课”(MOOC)，顾名思义，“M”代表Massive(大规模)，与传统课程只有几十个或几百个学生不同，一门MOOC课程动辄上万人，最多达16万人；第二个字母“O”代表Open(开放)，以兴趣为导向，凡是想学习的，都可以进来学，不分国籍，只需要一个邮箱，就可注册参与；第三个字母“O”代表Online(在线)，学习在网上完成，不受时空限制；第四个字母“C”代表Course，就是课程的意思。

1. 课程范围

MOOC是以联通主义理论和网络化学习的开放教育学为基础的。课程的范围不仅覆盖广泛的科技学科，比如数学、统计学、计算机科学、自然科学和工程学，也包括社会科学和人文学科。慕课课程并不提供学分，也不算在本科或研究生学位里。绝大多数课程都是免费的。Coursera的部分课程提供收费服务“Signature Track”，可以自由选择是否购买。你也可以免费学习有这个服务的课程，并得到证书。

2. 授课形式

慕课不是收集课程，而是一种将分布于世界各地的授课者和学习者通过某一个共同的话题或主题联系起来的方式方法。尽管这些课程通常对学习者并没有特别的要求，但慕课会以每周研讨话题的形式，提供一种大体的时间表，其余的课程结构通常会包括每周一次的讲授、研讨问题以及阅读建议等。

3．测验

每门课都有频繁的小测验，有时还有期中考试和期末考试，考试通常由同学评分(比如，每份试卷由同班的五位同学评分，最后分数为平均数)。此外，一些学生成立了网上学习小组，或跟附近的同学组成面对面的学习小组。

7.2.2 慕课的主要特点以及优秀平台

1．主要特点

(1) 大规模的。不是个人发布的一两门课程。“大规模网络开放课程”(MOOC)是指那些由参与者发布的课程，只有这些课程是大型的或者叫大规模的，它才是典型的MOOC。

(2) 开放课程。尊崇创用共享(CC)协议；只有当课程是开放的，它才可以称之为MOOC。

(3) 网络课程。不是面对面的课程，这些课程材料散布于互联网上。人们上课地点不受限制，无论你身在何处，都可以花最少的钱享受美国大学的一流课程，只需要一台计算机和网络连接即可。斯坦福大学校长约翰•L．汉尼希(John L . Hennessy)在最近的一篇评论文章中解释说：“由学界大师在堂授课的小班课程依然保持其高水准。但与此同时，网络课程也证明是一种高效的学习方式。如果和大课相比的话，更是如此。”

2．优秀平台

1) 三巨头

Coursera：目前发展最大的MOOC平台，拥有将近500门来自世界各地大学的课程，门类丰富，不过也良莠不齐。

edX：哈佛与MIT共同出资组建的非营利性组织，与全球顶级高校结盟，系统源代码开放，课程形式设计更自由灵活。

Udacity：成立时间最早，以计算机类课程为主，课程数量不多，却极为精致，许多细节专为在线授课而设计。

2) 国内平台

学堂在线(xuetangx)：学堂在线是清华大学于2013年10月10日推出的MOOC平台，面向全球提供在线课程。

慕课网(mooc)：慕课网是由北京慕课科技中心设立的，是目前国内慕课的先驱者之一，现设有前端开发、PHP开发、JAVA开发、Android开发及职场计算机技能等课程。慕课网是一个超酷的互联网、IT技术免费学习平台。

酷学习(kuxuexi)：“酷学习”网是上海首个推出基础教育慕课的公益免费视频网站。酷学习的价值观就是“免费、分享、合作”。

3) 慕课学习社区

MOOC学院：MOOC学院是最大的中文MOOC学习社区，收录了500多门各大MOOC平台上的课程，有50万学习者在这里点评课程、分享笔记、讨论交流。

4) 其他平台

MOOC Stanford Online：斯坦福大学官方的在线课程平台，与“学堂在线”相同，也是基于 Open edX 开发，课程制作可圈可点。

NovoED：由斯坦福大学教师发起，以经济管理及创业类课程为主，重视实践环节。

FutureLearn：由英国 12 所高校联合发起，集合了全英许多优秀大学教授，不过课程要等到“next year”才会大批量上线。

Open2Study：澳洲最大 MOOC 平台，课程丰富，在设计和制作上很下功夫，值得一看。

iversity：来自德国的 MOOC 平台，课程尚不多，不过在课程的设计和制作上思路很开阔。

WEPS：由美国与芬兰多所高校合作开发，开设多门数学课程。授课对象包括开设院校的在校学生，课程内容符合教学大纲要求，考试合格者可获得开设院校所认可的该课程学分。

7.2.3 MOOC 与 SPOC

1. MOOC 的优势之处

MOOC 与过去的国家精品课程及其他网络课程的不同之处在于以下几个方面。

(1) MOOC 是著名教师为你上课，而不是你看著名教师给他的学生上课。

(2) 你可以与网络上同修这门课的同学一起交流、相互结成小组、批改作业、留言。共同进步。

(3) 课程学习结束并完成作业，能够获得教师签字的结业证书。

(4) 课程安排自由，一周内自定步调学习，自由安排。

但是，随着 MOOC 平台上课程数量和学生数量的增加，也引发了教学质量问题。

(1) 由于课程没门槛，而且学生基础差别大，就会挫伤基础较差学生的学习积极性。

(2) 由于开放性让学生学习没有紧迫感，课程完成率不到 5%。

(3) 属于纯网络教学模式，教师不能很好地掌握学生学习情况，影响教学效率。

2. SPOC

SPOC 中的 Small(小众)、Private(私密)与慕课的 Massive(大规模)、Open(公开)相对应，这展现了 SPOC 与慕课的不同之处。SPOC 是对 MOOC 的发展和补充，简单理解为：SPOC-MOOC+课堂，不仅弥补了 MOOC 在学校教学中的不足，还是将线上学习与线下相结合的一种混合式教学模式，采用 MOOC 视频实施翻转课堂教学。

SPOC 是小规模在线课程(Small Private Online Course)，其中“Small”是指学生规模一般在几十人到几百人；“Private”是指对学生设置限制性准入条件，达到要求的申请者才能被纳入 SPOC 课程。对于符合准入条件的在线学习者学习 SPOC 课程，有学习强度和时间、参与在线讨论、完成作业和考试要求，合格后获得证书。

SPOC 主要教学过程：教师根据教学大纲，每周定期发布视频教学材料，布置作业和组织网上讨论。学生在学习清单的引导下按照时间点完成视频观看、作业和参加讨论。在课堂上教师进行课堂授课，处理网络课程答疑，并进行课堂测试。SPOC 利用 MOOC 技术支持教师将时间和精力转向更高价值的活动中，如讨论、任务协作和面对面交流互动等。

SPOC 是融合了实体课堂与在线教育的混合教学模式既融合了 MOOC 的优点，又弥补了传统教育的不足。在进行 SPOC 教学设计时，需要注意网络教学平台只是知识传授的载体，课堂授课才是巩固教学效果和掌握教学节奏的关键。

7.2.4 可汗学院

可汗学院(Khan Academy)，是由孟加拉裔美国人萨尔曼•可汗(Salman Khan)创立的一家教育性非营利组织，主要在于利用网络影片进行免费授课，现有关于数学、历史、金融、物理、化学、生物、天文学等科目的内容，使命是加快各年龄段学生的学习速度。

可汗学院的教学特点如下。

(1) 可汗学院利用网络传送的便捷与录影重复利用成本低的特性，每段课程影片长度约10分钟，从最基础的内容开始，以由易到难的进阶方式互相衔接。

(2) 教学者本人不出现在影片中，用的是一种电子黑板系统。其网站开发了一种练习系统，记录了学习者对每一个问题的完整练习记录，教学者参考该记录，可以很容易得知学习者还有哪些观念不懂。

(3) 传统的学校课程中，为了配合全班的进度，教师只要求学生跨过一定的门槛(例如及格)就继续往下教；但若利用类似于可汗学院的系统，则可以试图让学生搞懂每一个未来还要用到的基础观念之后，再继续往下教学，进度类似的学生可以重编在一班。

(4) 在美国某些学校已经采用回家不做功课，看可汗学院影片代替上课，上学时则是做练习，再由教师或已经懂得的同学去教导其他同学不懂的地方的教学模式。

(5) 可汗教师教学的方式，就是在一块触控面板上面，点选不一样颜色的彩笔，一边画、一边录音，计算机软件会帮他将他所画的东西全部录下来，最后再将这一则录下的影片上传到网上，一切就大功告成了。

(6) 可汗学院的教学视频，没有精良的画面，也看不到主讲人，只想带领学习者一点点思考。该项目由萨尔曼•可汗给亲戚的孩子讲授的在线视频课程开始，迅速向周围蔓延，并从家庭走进学校，甚至正在融入“翻转课堂”，被认为正打开“未来教育”的曙光。

可汗学院给我们提供了一个很好的范例，在这个数字化时代，我们要接受并迎合学习方式和受教育方式不断变化的这一趋势。对当前的视频公开课、视频资源共享课、微课等视频类资源建设，我们也应持理性态度。

教与学活动建议。

(1) 在网上搜索关于信息化2.0与人工智能方面的文件，深入了解科技发展对于教育的影响与变革，积极关注身边学习环境的变化和数字化学习平台的更新，并积极将其运用到自己的学习与工作中。

(2) 让学生上网浏览或手机下载相关慕课平台与App，并根据自己的兴趣选择和学习某一门课程，体会在线学习带来的便利。

7.3 多媒体素材的获取与处理

1. 实践目的

(1) 掌握图形、图像、音频、视频及动画的获取方法。

(2) 能正确使用各种软件处理多媒体素材。

2．实践任务

选择浏览器菜单上的“查看 " 。

(1) 图像素材的获取与编辑。

(2) 音频素材的获取与编辑。

(3) 动画素材的获取与编辑。

(4) 视频素材的获取与编辑。

3．实践环境及材料

多媒体网络教室、Windows 附件中自带的画图软件、数码相机、扫描仪、截屏大师、Photoshop 图像处理软件、一款视频播放器，一张音乐光盘、一个电影光盘。

4．实践内容与步骤

1) 图像素材的获取与编辑

(1) 利用扫描仪采集图片素材。

① 安装扫描仪驱动程序与扫描应用程序。

② 在 Photoshop 中调用扫描仪。

③ 利用扫描仪扫描照片或图片，并存储为图像。

④ 利用 Photoshop 等图片编辑器简单处理扫描图像。

(2) 利用数码相机拍摄照片。

① 熟悉数码相机的基本操作。

② 利用数码相机拍摄图片。

③ 将数码相机与计算机相连，将拍摄的数字图片导入计算机中。

(3) 网络下载图片资源。

① 利用搜索引擎检索图片素材。打开百度、Google 等搜索引擎，在图片搜索框中输入关键词。

② 下载与保存图片。在网页上打开图片并右击，从弹出的快捷菜单中选择“图片另存为”命令，将图片保存到计算机中。

③ 使用高级技巧检索特定格式的图片，如矢量图片、PNG 格式图片。

(4) 截取屏幕图像。

利用键盘上的 PrintScreen 键。其基本步骤如下。

① 按 PrintScreen 键。

② 选择“开始”→“程序”→“附件”→“画图”命令，打开“画图”程序。

③ 选择“编辑”→“粘贴”命令，弹出一个“剪贴板中的图像比位图大，是否扩大位图？”的提示框，单击“是”按钮，将截取的图片粘贴出来。

④ 选择左侧的选定工具栏，在图像上按住鼠标左键拖拽出一个矩形框，然后选择“编辑”→“剪切”命令，剪切出需要的图片。

⑤ 选择“文件”→“新建”命令，弹出一个“将改动保存到未命名？”的提示框，单击“否”按钮，然后选择“编辑”→“粘贴”命令，将裁剪过的图片粘贴出来。

⑥ 按 Ctrl+S 组合键将图片保存即可。

(5) 简单加工和处理图片素材。

① 打开 Photoshop 软件。

② 对图片进行抠像，利用魔术棒、魔术橡皮擦、钢笔等工具来实现。

将图片背景设置为透明色。先选择背景区域，然后用 Delete 键删除不需要的背景，最后将图片保存为支持背景透明的 GIF、PNG、PSD 或者 TIF 格式。

2) 音频素材的获取与编辑

(1) 从网络上下载声音素材。

通过相关搜索引擎(如百度、Google)获取有关奥运主题曲的音乐。其步骤如下。

① 启动浏览器，在地址栏中输入网址 http://www.baidu.com，进入百度网站的主页。

② 单击网页上的 MP3 超链接，在文本框中输入搜索关键字“我和你”，单击“百度一下”按钮。

③ 在网页中找到需要的歌曲，单击歌曲名字上的超链接，在弹出的网页的歌曲地址上右击，从弹出的快捷菜单中选择“目标另存为”命令。

④ 在弹出的对话框中选择保存路径，输入文件名，选择文件保存类型即可。

(2) 利用手机录音机录制。

即利用手机录音机录制所需要的音频素材。

(3) 从 CD、VCD 中获取声音素材。

其步骤如下。

CD、VCD 光盘是重要的声音素材来源之一，采集非常方便，只要将光盘放到光驱中，选择其中所需要的片段，利用“超级音频解霸”等软件即可将其转换为 WAV 文件或 MP3 文件。其步骤如下。

① 打开“超级音频解霸”软件。

② 选择“文件”→“打开”命令，选择要播放的 CD 文件并开始播放。

③ 选择采集的起始位置和终止位置。

④ 选择“控制”→“播放并且录音”命令，在弹出的对话框中选择要保存的文件类型为 WAV 或 MP3 文件，然后单击“保存”按钮，此时开始播放并且录音。

(4) 从视频文件中分离素材。

其步骤如下。

① 利用 Adobe Audition 等音频编辑工具中的“文件”→“从视频文件中提取”命令能直接提取视频中的声音。

② 利用 Vegas 等视频编辑软件，直接把视频文件的声音分离出来。

3) 动画、视频素材的获取与编辑

(1) 从网络上下载视频和动画素材。

对于带有明显下载地址的视音频或动画素材，只需要在下载地址的超链接上右击，从弹出的快捷菜单中选择“目标另存为”命令，即可把相关素材保存下来。但是很多情况下会遇到一些网页中没有给出明显的下载地址的视音频或动画，碰到这类情况，可尝试下面的方法。其步骤如下。

① 在播放视音频或动画的网页里，选择浏览器菜单上的“查看”→“源文件”命令。网页的源文件会以一个文本文档的方式出现。

② 根据音频文件、视频文件和动画文件常见格式查找链接地址。音频常见格式有WMA、MP3、RM、MPEG等，视频常见格式有RMVB、ASF、FLV等，动画文件多为SWF格式。

③ 打开迅雷，选择“文件”→“新建”命令，打开“建立新的下载任务”对话框，在“网址”文本框中右击，粘贴下载地址。选择存储目录，输入文件名，单击“确定”按钮即可把文件下载到存储目录中。

(2) 使用快剪辑获取视频。

其步骤如下。

① 使用浏览器播放视频，选择边播边录。

② 播放影像，单击“录制”按钮。

③ 选取好需要截取的部分，停止录制。

④ 进入编辑视频片段界面，简单地修改录制好的视频。编辑完成后导出视频。

(3) 采集光盘的视频素材。

① 启动超级解霸，打开光盘中的视频文件。

② 选择“循环”→“选择录取区域”命令，剪辑视频文件中需要的部分。

③ 保存剪辑好的视频片段为正确的文件类型。

(4) 利用专业软件制作视频和动画素材。

① 利用 Animator 软件制作 GIF 动画。

打开 Easy GIF Animator 软件。

单击“添加图像”按钮，选择导入几张用来制作动画的图片素材。

单击“动画属性”按钮，设置属性。

单击“保存”按钮，即可生成几张图片连续播放的 GF 格式动画。

② 利用 Flash 软件制作 Flash 动画。

③ 利用单反摄像机录制视频素材后，用会声会影软件或 Premiere 软件制作视频文件。

5. 实践扩展

(1) 下载腾讯网或优酷网上的一段视频。请注意网络下载视频的方式。

(2) 利用 Photoshop 工具将一张破损的照片修复。

(3) 利用 ACDSee 看图工具对图像内容进行管理。

(4) 利用 Premiere 非线性编辑软件处理视频文件，实现文件的裁剪、合并、插入、添加效果、录制旁白、设置背景音乐等。

(5) 利用超级解霸捕获 VCD、DVD 图像。

(6) 利用扫描仪扫描印刷品上的图像。

(7) 利用数码相机拍摄书本上和生活中的图像。

(8) 利用 Easy GIF Animator 软件制作 GIF 动画。

课后习题答案

第 1 章

一、填空题

1. 设计　开发　利用　管理　评价

2. 人力资源　非人力资源

3. 横向科学

二、选择题

AB【解析】现代教育技术之所以能够产生主要有两个原因，一是心理原因；二是物质原因。

三、简答题

1. (1)从硬件建设—软件制作—教学过程和教学资源方向发展；(2) 从注重“教”到注重“学”的方向发展；(3)从以行为主义学习理论为理论指导向以认知主义学习理论为理论指导的方向发展；(4)从单媒体向多媒体、智能化、集成化、网络化媒体发展；(5)从简单教学模式向多样化教学模式方向发展；(6)从电化教育向现代教育技术的方向发展。

2. 现代教育技术和教育技术有所不同，教育技术是关于教育资源和教育手段的设计，开发、利用、管理和评价的理论与实践，以及对这些进行管理的方法和手段。现代教育技术和教育技术研究的方法，目的是一样的，只是研究的对象有所差异。教育技术涉及的是教育资源和教育手段，范围十分广泛，包括从事电教工作的所有人员，一切设计好的和现有的教育资料、一切专用的教育工具和设施。现代教育技术研究的对象利用了现代信息技术的教学过程，现代教育技术关注的主要是与现代信息技术有关的资源，在我国许多高等院校中，现代教育技术管理机构被称作教育技术中心或教育技术系。但高校教育技术工作重点是现代教育技术，因此我们通常意义上的教育技术就是指现代教育技术，与上述教育技术的定义不完全相同。

3. (1)重视技能的训练和提高；(2)重视理论与实践的结合；(3)重视不断学习。

第 2 章

一、填空题

1. 视觉媒体　听觉媒体　视听觉媒体　交互多媒体

2. 幻灯机　幻灯片　投影机　投影片　电影　电影片　光学投影　静止图像　活动图像

3. 多媒体化　网络化　系统化　个别学习化

二、选择题

C 【解析】多媒体教材编制应遵循以下几项基本原则：教育性、科学性、技术性、艺术性、经济性。

三、简答题

1. (1) 固定性

这是指视听觉媒体可以记录和储存信息，以供需要时再现。正是由于这一特性可以使信息量不断积累扩大，进而丰富教师的知识技能。

(2) 开放性

视听觉媒体在传播信息的过程中是完全开放的，不受地域的限制。一个视听教室可以容纳上百名学生同时观看；电缆电视可覆盖几十万人的区域；而卫星电视传播的范围更为广阔，在瞬息间就可将信息传播至世界上每一个角落，地球成了名副其实的“地球村”。

(3) 共享性

视听觉媒体传播的信息，受众是共同享有的，不存在对资料占有之间的矛盾。而视听觉媒体的共享性还使一起收看电视片的不同背景的人建立起相同的经验基础，从而有助于他们展开更为有效的讨论。

(4) 重复性

视听觉媒体材料并不是一次性的，只要保存得好，这些媒体可以被反复多次使用，而信息的质与量并不改变。此外，视听觉媒体材料还可以被复制，扩大了其使用范围。这种重复性有利于重温记忆的需要，也达到了“温故而知新”的目的。而对于一些动作技能的模仿学习，视听觉媒体的重复性也取得了更好的效果。

(5) 趣味性

根据调查，视听觉媒体可极大提高学生学习过程中的兴趣。视听觉媒体所承载并传递的教学信息能同时作用于人的视、听两种感官并引起刺激，它所具有的直观、鲜明的图像与生动的语言、语音、语调的有机配合，创造出一种新的氛围，不仅使传递的教学信息充分表达，而且还有利于学习者处于积极的学习状态，促进对信息的接受、理解和记忆。而对于一个设计良好的视听媒体材料而言，则可以极大地提高学习者的兴趣。

(6) 时空操作性

视听觉媒体具有从不同时间、空间角度进行操作的能力。比如对空间的操作，视听觉媒体所展示的活动图像能让人们看到微观世界、现实世界和宏观世界的现象。它小到肉眼无法看到的细胞分裂，大到宏观的宇宙天体，视听觉媒体都有办法用动画、特技等手段展示，至于世界各地的风光人物事件更是可以任意记录，完全不受空间的限制。而对于时间的操作，“电视时空”能在短短的数小时内展现一段发展时间很漫长的事件，也可以把一件瞬息发生的事情进行时间扩展进而呈现种种细节。比如鲜花开放的时间比较长，而运用电视拍摄手法可以让学习者清楚地看到鲜花连续开放的姿态，而对于子弹穿透玻璃这个瞬间完成的动作，视听觉媒体又可以采用高速摄制、慢速放映的办法让学习者观察到整个过程的细节。

(7) 组合性

视听觉媒体具有和其他教学媒体组合使用、相互促进信息表达的效果。如在某一教学活动中，几种媒体可按一定的顺序轮流使用、呈示各自的信息。此外，视听觉媒体还具有展现其他媒体的作用，这也是其组合性的一个体现。比如可用摄像机拍摄幻灯片、投影片，将其展示到屏幕上。

(8) 辅助性

视听觉媒体的辅助性，是指其在教学过程中虽然具有良好的促进作用，但与人相比它仍处于辅助地位，归根到底，它也是由人制作、受人控制的，只能扩展和代替教师的部分作用，而即便是这部分作用也依赖于教师的精心编制设计。所以，视听觉媒体包括其他一切先进媒体，在教学活动中都处于辅助地位。

2. (1) 制作阶段

制作阶段是根据分镜头稿本，在导演的全面指挥下拍摄、录制视觉和听觉素材的过程。制作的主要工作包括场景摄录、音效采录、图表、动画、字幕录制等。

(2) 后期制作阶段

后期制作阶段就是编辑合成阶段。编辑合成是把前期制作阶段摄录的各种分散的视听素材，按照声像组接原则，进行编辑合成，构成完整的电视录像教材。后期制作阶段的主要工作包括审视素材、修订分镜头稿本、画面组接、配音合成、叠加字幕等。

(3) 编写内容简介

内容简介包括电视教材的主要内容和形式、欲达到的教学目标、适用对象、时间长度等信息，可方便地供师生检索，以便选择使用。

(4) 电视教材的使用和评价

在电视教材制作完成以后，要进行教学实验，取得教学效果的第一手反馈信息，据此作出修改，然后再推广使用，最后作出总结性评价。

3. (1) 集成性：能够对信息进行多通道统一获取、存储、组织与合成。

(2) 控制性：多媒体技术是以计算机为中心，综合处理和控制多媒体信息，并按人的要求以多种媒体形式表现出来，同时作用于人的多种感官。

(3) 交互性：交互性是多媒体应用有别于传统信息交流媒体的主要特性之一。传统信息交流媒体只能单向地、被动地传播信息，而多媒体技术则可以实现人对信息的主动选择和控制。

(4) 非线性：多媒体技术的非线性特点将改变人们传统循序性的读写模式。以往人们读写方式大都采用章、节、页的框架，循序渐进地获取知识，而多媒体技术将借助超文本链接(Hyper Text Link)的方法，把内容以一种更灵活、更具变化的方式呈现。

(5) 实时性：当用户给出操作命令时，相应的多媒体信息都能够得到实时控制。

(6) 信息使用的方便性：用户可以按照自己的需要、兴趣、任务要求、偏爱和认知特点来使用信息，任取图、文、声等信息表现形式。

(7) 信息结构的动态性："多媒体是一部永远读不完的书"，用户可以按照自己的目的和认知特征重新组织信息，增加、删除或修改节点，重新建立链接。

第3章

一、填空题

1. 知识性　无限共享性　用不枯竭性　开发增值性　应用性
2. 纯文本(文本)　图形文本
3. 输入　图像的调整、校正与增强　选择与屏蔽　修描　绘画及艺术处理　图像合成　输出

二、选择题

ABCD

三、简答题

1. (1)　浏览：①偶然发现。这是在互联网上发现信息的基本方法之一。即在日常的网络阅读、传统媒体的介绍或者朋友的推荐中，发现对自己有用的信息。②顺“链”而行。在阅读 Web 页时，利用文档中的超级链接从一个网页转向另一个网页，即所谓的顺“链”而行。目前大部分教育技术专业网站或教育门户网站(如中国教育科研网)，都提供了大量的教育技术网站的链接，可以顺“链”找到相关资源。③书签浏览。

(2)　分类目录和网络资源指南检索：①分类目录检索；②网络资源指南检索

(3)　利用专业数据库进行检索。

(4)　利用搜索引擎查找。

2.

(1)　百度

全球最大的中文搜索引擎、最大的中文网站。

(2)　360

360 搜索，属于全文搜索引擎，是奇虎 360 公司开发的基于机器学习技术的第三代搜索引擎，具备“自学习、自进化”能力和发现用户最需要的搜索结果。

(3)　搜狗

搜狗网址导航是唯一能够实现网页电台音乐的网址导航，用户只需要打开搜狗网址导航，在顶端皮肤中选择使用“电台音乐”皮肤就可以轻松的欣赏各种音乐。

(4)　有道

网易有道以搜索产品和技术为起点，在大规模数据存储计算等领域具有深厚的技术积累，并在此基础上衍生出语言翻译应用与服务、个人云应用和电子商务导购服务等三个核心业务方向。

(5)　新浪搜索

新浪搜索是新浪完全自主研发的搜索产品，充分体现人性化应用的产品理念，为广大网民提供全新搜索服务。

(6)　谷歌搜索

全世界最大的搜索引擎，界面很简洁，与 chrome 配合可以变换主题背景，搜索到的内容也很丰富。

3. 在查找教育信息资源时，要求选择合适的关键词进行查询，关键词要能够表达查找资源的主题，不要选用没有实质意义的词(介词、连词、虚词)作为关键。通常情况下选用专业名词进行信息检索，如 distance education 等。同时，还要注意利用同义词来约束该关键词，才能保证检索结果的全面性和准确性。

第 4 章

一、填空题

1. 局域网　广域网　Internet
2. 单工通信　半双工通信　全双工通信
3. 传统的书本、信件　电视教材　多媒体计算机课件

二、选择题

A 【解析】1995 年 12 月正式开通运行的中国教育与科研网(China Education and Research Network，CERNET)，是一个完全采用 TCPIP 协议的计算机网络，它包括全国主干网、地区网和校园网三级层次结构。

三、简答题

1. (1) 硬件资源共享。在计算机网络范围内的各种输入输出设备，大容量存储设备，以及大型或巨型计算机等都是可以共享的网上资源，用户不用购买这些价格昂贵而又不经常使用的设备，只需要通过网络就可享用这些设备，从而大大提高了这些设备的利用率，为用户节省了大量重复投资。

(2) 软件资源共享。任何计算机用户都不可能将所需要的各种软件(例如系统软件、工具软件、数据文件)收集齐全，况且也完全没有这个必要。在计算机网络中，用户可以根据自己的需要从网上调用或下载各类共享软件，实现全网乃至全世界范围内的信息资源共享。

(3) 信息交流。在人类社会中，任何人都需要与他人进行信息沟通与交流，在高科技迅速发展的信息社会中更是如此。计算机网络为人们进行信息交流提供了最方便、最快捷的途径。

2. (1) 提高教学质量。一方面是指远程教育中所使用的各种媒体教学能以最佳的方式呈现教学信息；另一方面是指开展远程教育可以聘请全国甚至全世界某一专业、某一学科最杰出、最优秀的教授、专家来策划、设计、主讲、制作教材或引导学生自学。

(2) 提高教学效率。这是指在一定时间内，教师完成了比原先更多的教学任务，学生学到了比原先更多的知识。这里的原先主要是针对传统教学而言。远程教育属于现代教育模式中的一种类型。关于现代远程教育可以充分利用各种视觉、听觉和网络教育媒体传授知识，能使学生综合利用多种感官开展学习，从而能使学生得到较佳的学习效果。

(3) 扩大教学规模。远程教育借助各种信息传播媒体，可以突破时间和空间的限制，将教学内容传向全国各地拥有信息接收设备的教学点；同时可以提供多种层次的学习资料和教学内容，使不同职业、不同年龄、不同资历的学生(学员)接受不同层次的教育。

(4) 改革传统教学模式。远程教育与传统教育可以说有天壤之别，它是依据现代教育理念和现代教育理论，借助现代教育媒体而开展的一种新型的教育模式，它的实施和应用，

对于改革传统教育方法和手段、推进学校教育现代化和教育信息化建设步伐、促进学校教育改革具有深远的意义和作用。

3. 课堂演播教学。

课堂演播型教学模式的优点：

(1) 能统一教学要求、师生现场交流、亲切感好；

(2) 便于管理，使学校能比较有效地利用其设备与器材资源(根据时间表的安排)以及合理有效地利用教师资源；

(3) 适合于缺乏经验的学生，适合基本概念、重点、难点内容的教学。

课堂演播型教学模式的缺点：

(1) 教学效果过分依赖于教师的技能与才干；

(2) 不能实施因材施教；

(3) 不适合完成技能和态度方面的教育目标。

广播电视教学。

广播电视教学的优点：

(1) 覆盖面宽，能共享优秀教师的教学和优秀的教材，大大扩展学校的教学资源，特别适用办学资源较差的学校解决师资不足、实验设备简陋的问题；

(2) 电视教学形象生动，临场感、亲切感较强，能逼真地再现一些不常见的现象和过程等，比较适合理工科和部分文科课程的教学；

(3) 广播教学设备简单，使用方便，比较适用于听力教学和语言教学。

广播电视教学的缺点：

(1) 单向传播，教学过程中缺乏师生之间的及时交流、互动，因此需要安排面授来辅助；

(2) 可控性差，广播的时间安排是固定的，很难(甚至不可能)配合课程时间表灵活安排收听时间。

个别化学习。

个别化学习的优点：

(1) 教学目标明确。通常，个别化学习组织者提供的课程单元附有一套行为目标，明确阐述了每个单元结束时应该达到的要求，学生在学习之后能确切地知道自己的学习绩效。

(2) 学生可以自定学习进度，并根据自己的实际情况选择合适的学习方法和教学媒体，无论是单向型还是交互型，在学习过程中，学生主动性较高，加之媒体能提供丰富、直观的教学信息，使得枯燥的学习过程变得生动有趣。特别是多媒体学习系统所提供的人性化的图形界面、友好的交互性和丰富的反馈信息，使学习过程的参与性、探索性大大增强，这对激发学生的学习动机、增强学习兴趣、提高学习效果都是十分有利的。

(3) 教师的指导更具有针对性。

(4) 以学生为中心的学习系统能为那些不能到校学习的学生提供更多的教育和训练机会。

个别化学习的缺点：

(1) 要求学生有较强的自律能力和学习能力，对于年纪较小或缺乏经验的学生来说，可能就不如年纪较大的和比较成熟的学生适合使用。

(2) 以学生为中心的教学依靠良好的教材，为了好的教材，教师需要学会一些新的技能，还必须花费大量的时间才能完成这一任务，因此，个别化学习的教材准备存在不少困难。

(3) 个别化学习模式很难统一进度，给教师的教学安排带来了一定的困难。

(4) 适合个别化学习模式的课程范围和类型相当有限，对于实践性很强的教学内容，要将适当的实验室工作、实际演示以及与一些技能有关的工作纳入个别化自学的课程中，学生的学习将是极其困难的。

小组协作学习。

小组协作学习的优点：

(1) 有利于培养学生分析、归纳、判断和评价等较高级的认知技能；

(2) 有利于培养学生创造性的思考技能；

(3) 有利于培养学生表达、交流的技能和人际关系技能；

(4) 有利于培养学生良好的态度性格。

小组协作学习的缺点：

(1) 采用小组学习和练习存在很多组织方面的问题；

(2) 小组学习的一个潜在缺点是要求参加者们(包括教师与学生)积极合作方能成功。

微格教学。

微格教学的优点：

(1) 目标明确集中；

(2) 反馈及时有效；

(3) 评价准确客观。

微格教学的缺点：

(1) 教学组织困难，对教师的素质要求高；

(2) “角色扮演”前需要做充分的准备工作，否则难以取得较好的技能训练效果。

远程教学。

远程教学的优点：

(1) 有利于共享优质教学资源；

(2) 有利于扩大教育规模；

(3) 有利于构建终身教育体系。

远程教学的缺点：

(1) 由于教师与学生在物理空间是分离的，教学过程的现场感和亲切感不如课堂教学；

(2) 在教学过程中，实现师生之间实时的交流与反馈较困难。

第 5 章

一、填空题

1. 文字　图形　图像　实物　电视　录像　展示事实　模拟过程　创设情境　设疑思辨

2. 多媒体学习型(ML 型)　计算机技术　多媒体技术　通信技术　丰富的软件　交互

性　程序化　智能化

3. 接收转播电视节目　电视广播教学　示范教学　教学监控

二、选择题

D 【解析】管理功能：(1) 实况录像与播放。微格教室具有实况录像与播放功能，在中心控制室可以对各个模拟教室进行教学实况录像，并重播录像节目供各模拟教室观看，各室可以播放同一节目内容，也可以根据需要，不同室播放不同节目内容。

(2) 教学转播。微格教室具有转播功能，在中心控制室可以转播任一模拟教学现场供其他模拟教室或示范观摩室的师生观看。

(3) 监视。微格教室具有全方位的监视功能，在控制室的监视器中，可监视各模拟教室的教学活动实况。

(4) 控制。在控制室中，利用云台控制器可以控制各模拟教室的摄像头上下、左右移动和摄像头的调焦、变焦及光圈大小；利用矩阵切换器和录像播放系统，可以实现各路视频、音频信号的切换、转播和录像等功能。所有的控制操作均在控制台上完成。

(5) 对讲。在控制室，教师可以与任一模拟教室进行双向对讲，以便于学生遇到问题时，教师能提供及时的指导。

三、简答题

1. 简易型视听教室的功能特点：

(1) 能同时传递视、听觉教学信息，放大静止的图形、图像或声音；

(2) 硬件设备较为普及，可移动性强，设备操作简单，教学控制方便；

(3) 软件制作简单，使用成本低。

综合型视听教室的功能特点：

(1) 能传递活动的视、听觉教学信息，丰富教学内容，扩大教学信息传播容量，提高学生学习的积极性；

(2) 利用电视录像的演播功能，可以展示事物的运动或变化过程，可以重播或长时间呈现教学信息，有利于教师进行重点、难点讲述或实时点评，有利于学生加深印象；

(3) 设备普及，使用方便；

(4) 可以在一定程度上减轻教师的教学负担。

2. 常规型(设备安装在固定的教室内)、遥控型(学生通过装在座位上的遥控装置操纵远处设备进行学习)、流动型(全部设备装载于一个可推动的车子或手提箱内)、便携型(可随时装卸、携带至教学地点使用)和无线发射型(由无线电系统代替导线连接控制台、传声器和学生耳机等设备)。

3. (1) 全数字化语音传输。支持多种音频编解码格式(ADPCM、PCM、MP3 等)，效果达 CD 音质。对光盘资源、网络下载资源直接兼容，无须转换。

(2) 多路音频实时广播。教师能根据学生层次任意编组，指定其收听的音频节目源(多路可选)，做到因材施教；数字音频和外部模拟音频(如录音机、录像机、VCD 等)都可作为节目源使用。

(3) 可视化音频点播。学生能查询并点播教学资料库中丰富的语音及文字资源，自主控制播放进度，如停止、快进、快退等，对应的文本资料都能够同步显示；有复读、跟读和书签功能；即使教师离开，学生仍然能自主学习。

(4) 语音课件编辑系统。具备教学素材和语音考题制作功能，实现音频文字同步混合播放，支持多种音频格式；教师通过网络在线更新到教学资源库。

(5) 实现与校园网互联。计算机采用以太网接口，TCP/IP 协议标准；可接入校园网或将多个语音室互联，以共享网络资源。

(6) 实用性强，易于操作。系统控制软件一般采用 Windows 面向对象的模块化开发技巧，系统操作简单易学、操作界面通俗易懂。

第6章

一、填空题

1. 言语信息　智力技能　心理动作技能　态度
2. 访谈　观察　问卷调查　文献调研
3. 问卷式程序　流程图程序　矩阵图程序　效益/成本计算法

二、选择题

D 【解析】(1) 有利于教学工作科学化；

(2) 有利于科学思维能力与科学态度的培养；

(3) 有利于教育技术理论与实践的发展；

(4) 有利于媒体教学软件质量的提高。

三、简答题

1. (1) 内部参照需要分析法。内部参照需要分析法是将组织机构所确定的目标与学生学习的现状相比较，找出两者的差距，从而鉴别学习需要的一种分析方法。我国普通学校教育一般采用这种方法来分析和确认教学问题。

(2) 外部参照需要分析法。外部参照需要分析法是将学生的学习现状与外界社会所提出的要求相比较，找出两者差距，从而了解学习需要的一种分析方法。

2. (1) 学习情境的上下文或背景。描述问题产生的背景(与问题有关的各种因素，如自然及社会文化背景)有利于控制、定义问题。

(2) 学习情境的表述及模拟。具有吸引力的表征(虚拟现实、高质量视频)；它要为学习者提供一个真实的、富有挑战性的上下文背景，使学习者在学习过程中得到各种锻炼机会。

(3) 学习情境的操作空间。为学习者提供感知真实问题所需要的工具、符号等。

3. (1) 可根据教学内容和学生的认知结构灵活选择“发现式”或“传递—接受”教学分支。

(2) 在“传递—接受”教学过程中基本采用“先行组织者”教学策略，同时也可采用其他的“传递—接受”策略(甚至是自主学习策略)作为补充，以达到更佳的教学效果。

(3) 在“发现式”教学过程中也可充分吸收“传递—接受”教学的长处(如进行学习者特征分析和促进知识的迁移等)。

(4) 便于考虑情感因素(即动机)的影响。在“情境创设”(左分支)或“选择与设计教学媒体”(右分支)中，可通过适当创设的情境或呈现的媒体来激发学习者的动机；而在“学习效果评价”(左分支)或取决于形成性评价结果的“修改教学”(右分支)中，则通过讲评、小结、鼓励和表扬等手段促进学习者三种内驱力的形成与发展(视学习者的年龄与个性特征决定内驱力的种类)。

参 考 文 献

[1] 何克抗，李文光. 教育技术学[M]. 北京：北京师范大学出版社，2002.

[2] 王吉庆. 计算机教育应用[M]. 北京：高等教育出版社，2000.

[3] 祝智庭. 网络教育应用教程[M]. 北京：北京师范大学出版社，2001.

[4] 祝智庭. 现代教育技术——走向信息化教育[M]. 北京：教育科学出版社，2002.

[5] 李克东. 教育技术学研究方法[M]. 北京：北京师范大学出版社，2003.

[6] 蒋家傅. 视听教育网络模式研究[M]. 广州：广东高等教育出版社，2004.

[7] 尹俊华，庄榕霞，戴正南. 教育技术学导论[M]. 北京：高等教育出版社，2004.

[8] 高小玲，吕鹏宇. 远程教育系统[M]. 北京：中国宇航出版社，2004.

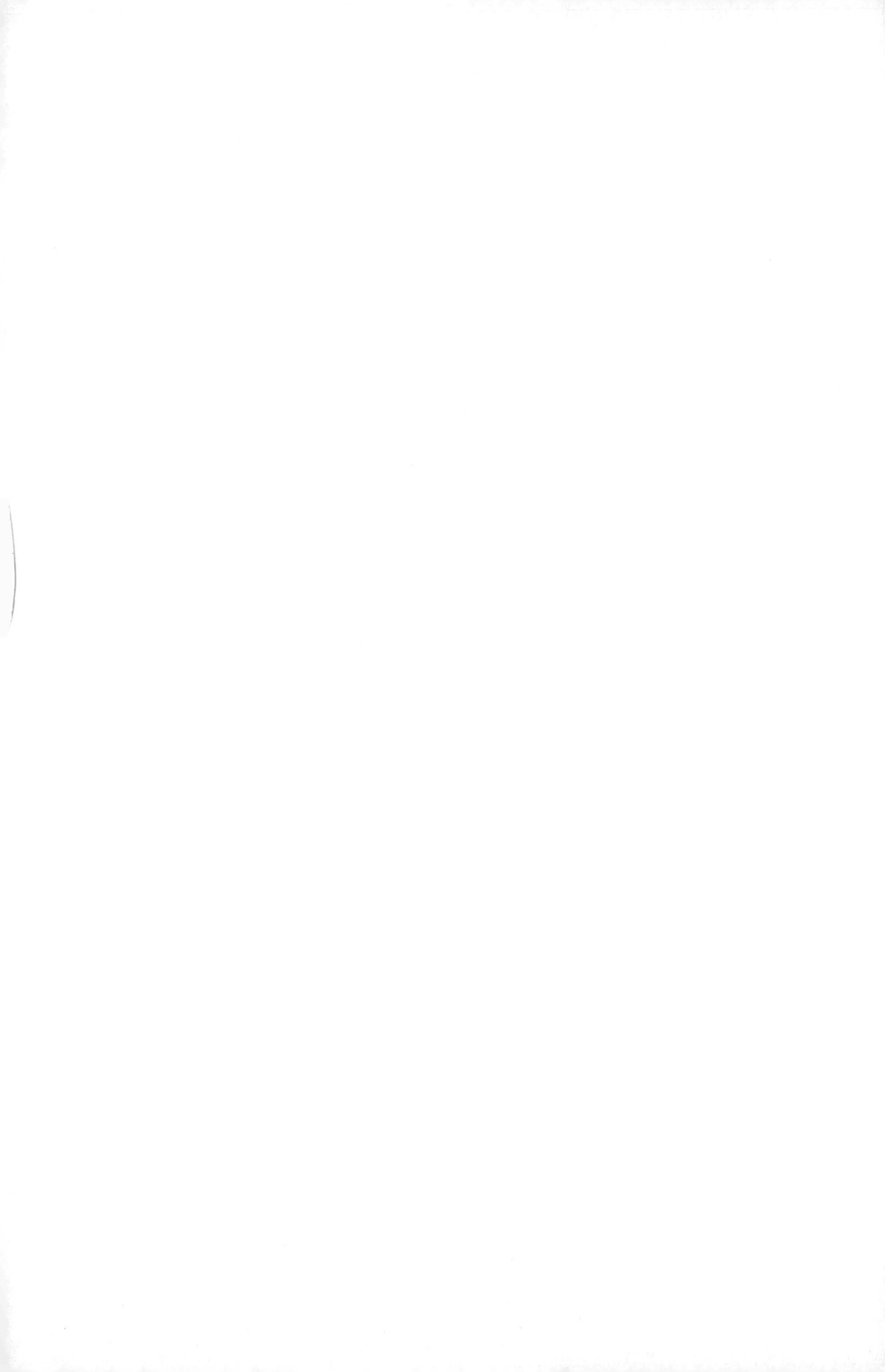